Thomas R. Köhler

Die Internetfalle

Thomas R. Köhler

Die Internetfalle

Was wir online unbewusst über uns preisgeben
und wie wir das World Wide Web sicher für uns
nutzen können

Frankfurter Allgemeine Buch

Bibliografische Information der Deutschen Nationalbibliothek
Die Deutsche Nationalbibliothek verzeichnet diese Publikation
in der Deutschen Nationalbibliografie; detaillierte bibliografische
Daten sind im Internet über http://dnb.d-nb.de abrufbar.

Thomas R. Köhler

Die Internetfalle

Was wir online unbewusst über uns preisgeben
und wie wir das World Wide Web sicher für uns nutzen können

F.A.Z.-Institut für Management-,
Markt- und Medieninformationen,
Frankfurt am Main 2010

ISBN 978-3-89981-230-5

𝔉rankfurter 𝔄llgemeine Buch

Copyright:	F.A.Z.-Institut für Management-, Markt- und Medieninformationen GmbH Mainzer Landstraße 199 60326 Frankfurt am Main
Gestaltung/Satz	
Umschlag:	F.A.Z., Verlagsgrafik
Coverbild:	iStock, Feng Yu
Satz Innen:	Angela Kottke
Druck und Bindung:	Messedruck Leipzig GmbH, Leipzig

Printed in Germany

Inhalt

Gewidmet einer Person, die aus Datenschutzgründen
nicht namentlich genannt werden möchte

Vorwort

Jeder Internetnutzer kennt die Situation: Man besucht zum wiederholten Mal eine Internetseite oder einen Onlineshop und wird persönlich begrüßt, manchmal sogar mit dem eigenen Namen. Vielleicht hat man in ebendiesem Shop einen iPod gekauft und findet es nun wirklich nützlich, das neueste Zubehör – von der Schutzhülle bis zum Ladekabel – direkt beim nächsten Besuch angeboten zu bekommen.

Positive Erinnerungen kommen da auf, etwa an den Besitzer des Zeitungskiosks um die Ecke, der – wenn ich seinen kleinen Laden betrat – bereits vor mir wusste, dass ich an einem Dienstag unbedingt die F.A.Z. haben muss – wegen des famosen Technik-Sonderteils. Genauso wusste er, dass mittwochs immer zusätzlich die Lokalzeitung mit dem Immobilienteil von mir gewünscht wird. Als Kunde fühlt man sich da respektiert und hochwillkommen.

Aber dieses heimelige „Tante-Emma"-Gefühl kann im Internet sehr schnell kippen.

Nehmen wir einmal an, Sie haben sich auf einer Fahrradwebsite ausgiebig nach einem neuen fahrbaren Untersatz umgesehen und nun verfolgt Sie Fahrradwerbung auf Ihrem Weg durchs World Wide Web. Ob Nachrichtenportal oder Hobby-Community: Überall wo Sie hinsurfen, prangt bereits die Werbung des von Ihnen betrachteten, aber nicht gekauften Produktes samt Link zum Shop. Woher wissen die, dass Sie ...?

Möglicherweise sind auch Sie dem aktuellen Hype um das Social Network „Facebook" gefolgt und haben sich gerade dort angemeldet und gewundert, wie passgenau die Personenvorschläge sind, von denen die Software behauptet, dass Sie diese kennen könnten. Sie sind zum allerersten Mal dort, und schon weiß Facebook, wer Sie sind und mit wem Sie Kontakt haben. Gespenstisch, finden Sie nicht?

Vielleicht ist alles aber noch viel schlimmer, und Ihnen geht es wie einer unglücklichen Bekannten des Autors. Diese musste kürzlich feststellen, dass sie es – ganz ohne ihr direktes Zutun – im Internet bereits zu einiger „Berühmtheit" gebracht hatte: Private Fotos von ihr, die sie selbst als „Jugendsünden" bezeichnet, waren auf diversen Websites und Social Networks aufgetaucht – immer verlinkt mit ihrem Namen. Gepostet ganz offensichtlich von einem verschmähten „Ex". Eine mehr als unfreundliche Aktion mit langanhaltenden Auswirkungen. Zumal es gar nicht so einfach, wenn nicht gar unmöglich ist, derartige Inhalte wieder rückstandslos zu entfernen.

Sicher ist das letztgenannte Beispiel nicht alltäglich, aber beileibe kein Einzelfall. Leider. Das Internet und insbesondere das Social Web sind zu einer riesigen Sammel- und Verwertungsstelle von persönlichen Daten geworden, die wir unbewusst über uns preisgeben – ganz einfach, indem wir bestimmte Websites besuchen oder Beiträge hochladen, die teils aber auch von Dritten – ohne unser Zutun – gefüttert wird. Das Internet weiß manchmal mehr über uns, als uns lieb ist.

Wie geht man damit um? Dem Internet und den neuen Medien per „Stecker raus" den Rücken zukehren – wie es verschiedentlich propagiert wird – ist sicher keine Lösung. So fehlt jede Kontrolle, was über einen selbst geschrieben oder welche Fotos oder Videos mit Personenbezug eventuell von Dritten hochgeladen werden. Unerwünschte Rückwirkungen auf die „Offline-Welt" – etwa bei der nächsten Bewerbung um eine Arbeitsstelle oder einen neuen Auftrag – sind nicht ausgeschlossen.

Dieses Buch beschreibt einen anderen – vielversprechenderen – Weg: „Die Internetfalle" steht für den aktiven Umgang mit den Risiken und Nebenwirkungen des Internets und des Social Web. Nur wer die Zusammenhänge und Wirkungsmechanismen der neuen Onlinewelten versteht, kann die richtigen Entscheidungen treffen und die typischen „Internetfallen" vermeiden. Sich gegebenenfalls wehren gegen Datensammelwut, Identitätsdiebstahl und Online-Mobbing – technisch und unter Umständen auch juristisch.

Vor allen Dingen hilft der Blick hinter die Kulissen der Webwelt in diesem Buch dabei, die vielfältigen Chancen und Optionen, die im Social Web stecken, zu erkennen und für sich selbst zu nutzen – im Berufs- wie im Privatleben.

München   Thomas R. Köhler

PS: Sämtliche im Buch genannten Links waren zur Drucklegung des Buches nach bestem Wissen und Gewissen recherchiert. Vorsorglich sei jedoch darauf hingewiesen, dass sich ebendiese Links in unseren schnelllebigen Zeiten genauso schnell auch wieder ändern können oder möglicherweise im Netz nicht mehr auffindbar sind.

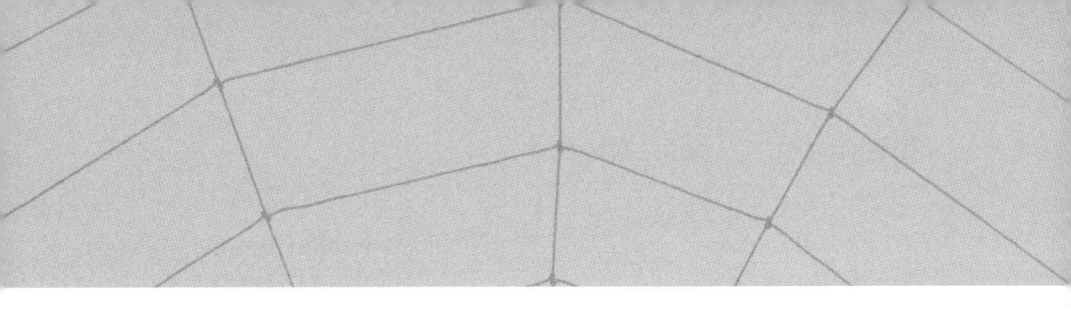

I ✦ Phänomen Social Media

Phänomen Social Media

„Facebook ist ein wichtiger Teil unserer sozialen Identität geworden. Ein großer Teil meiner Kommunikation und sozialen Interaktion läuft über Facebook. Auch wenn die Änderungen in Sachen Privatsphäre bei Facebook erschreckend sind, ist das Löschen meines Profils keine Option für mich – wenn ich weiterhin ein unbeeinträchtigtes Sozialleben haben möchte. Viele Events, Partys, Treffen usw. werden allein über Facebook koordiniert. Mir fällt in meinem Freundeskreis niemand ein, der kein Profil dort hat."

Nutzerkommentar zur Facebook Privacy Diskussion
auf Slashdot.org 4/2010

Wie konnte es dazu kommen? Was steckt dahinter, dass heute mehr als eine halbe Milliarde Menschen weltweit eine Onlineanwendung nutzen, die in den Jahren 2003 bis 2004 im Zimmer eines Studentenwohnheims von einem damals 19-Jährigen zusammengebastelt wurde?

Was steckt hinter der anhaltenden Begeisterung für Social Media und dem unglaublichen Zustrom an Nutzern, den einige wenige große Onlineplattformen erreichen? Was bringt die Anwender dazu, täglich mehr als 3 Millionen Fotos auf Flickr und 35.000 Stunden Videomaterial auf Youtube hochzuladen?

Ganz offensichtlich steckt ein ganz besonderer – anderswo nicht zu findender – Nutzen in den zahlreichen Onlineangeboten des Social Web, die sich in den „Nullerjahren", besonders ab circa 2004, breitgemacht haben. Ob Schüler oder Manager: Sie alle nutzen das Netz, um „in Kontakt zu bleiben", das heißt, Kontakte zu pflegen oder neue Kontakte aufzubauen, vielleicht gar neue Kunden zu gewinnen oder sich für eine Beförderung oder eine neue berufliche Herausforderung zu empfehlen.

Den Motiven für die Nutzung des Social Web hat der Branchenverband Bitkom etwas detaillierter (in einer repräsentativen Befragung in Deutschland, 2010) nachgespürt. Als Gründe für die Teilnahme wurden von den Befragten genannt:

- Kontaktpflege mit Freunden und Bekannten: 78 Prozent,
- Austausch zu gleichen Interessen: 41 Prozent,
- Finden neuer Freunde und Bekannte: 30 Prozent,
- Kontaktpflege für den Beruf: 7 Prozent,
- Gewinnen neuer Kunden: 4 Prozent,

- Finden eines Lebenspartners: 4 Prozent,

- Suche nach erotischer Abwechslung: 4 Prozent.

Nach Angaben der Bitkom-Studie hat jeder zweite Nutzer (51 Prozent) bereits neue private Kontakte geknüpft. 40 Prozent haben interessante Einladungen zu Treffen oder Veranstaltungen erhalten.

Neben dem bereits genannten bekanntesten Vertreter der neuen Online-plattformen „Facebook" fallen einem hier spontan Namen wie „Xing", „LinkedIn", „Myspace", „Schüler- und StudiVZ", „Wer-kennt-wen", „Loka-listen" und einige andere Anwendungen ein, denen eines gemeinsam ist: Sie alle entwickeln eine starke Anziehungskraft, der man sich kaum entziehen kann. Und das gilt nicht nur für den Schüler oder Studenten, der zum Außenseiter wird, wenn er nicht im entsprechenden „Ver-zeichnis" (VZ!) steht, sondern auch für den gestandenen Geschäftsmann, der gut daran tut, die überwältigende Präsenz der Kollegen in seiner Branche in Xing zum Anlass zu nehmen, dort schnellstens selbst beizu-treten. Nach verschiedenen Schätzungen sind bereits rund 80 Prozent aller Führungskräfte in Deutschland bei Xing vertreten. Insgesamt betrachtet sind rund 30 Millionen Deutsche ab 14 Jahren in Online-Com-munities aktiv (Bitkom-Studie, 2010).

Der Netzwerkeffekt

Aber wie erklärt man diesen scheinbar unwiderstehlichen Sog, den der-zeit vor allem einige wenige große Web-2.0-Plattformen auf die Nutzer-ströme ausüben? Schließlich könnte man als „Internetveteran" durch-aus mit Recht anmerken: „alles schon mal dagewesen" oder „anderswo gibt es das schon lange", und hätte doch nur zum Teil damit recht, denn in der Tat gibt es Diskussionsforen, private Websites und Kurznach-richtenversand tatsächlich, seit das Internet „laufen gelernt hat" – also seit Mitte der 1990er Jahre auf verschiedensten Websites.

Das Phänomen Social Web lässt sich nur erklären, wenn man etwas wei-ter ausholt und sich dem nähert, was gemeinhin mit dem Begriff: „Netz-werkeffekt" recht grob umrissen wird.

Versuchen wir, dies anhand einer „alten" Kommunikationstechnologie, die jeder zu Genüge kennt, nachzuvollziehen: Wie hat sich wohl der erste Besitzer eines Faxgerätes gefühlt? Besitzerstolz über die exklusive Erwerbung, wie man sie etwa beim Ersteigentümer eines neuen Sport-wagens aus deutscher oder italienischer Produktion voraussetzen kann? Wohl kaum. Vermutlich eher Frust über die mangelnden Einsatzmög-lichkeiten und die fehlenden passenden Gegenstellen, mit denen man hätte Faxe austauschen können. Damit ist eigentlich das Wesentliche schon gesagt: Unter dem Stichwort „Netzeffekt" oder „Netzwerkeffekt" erschließt sich ein Phänomen, das prägend ist für die vernetzte Gesellschaft: Der Nutzen eines Netzwerk-Gutes oder -Services steigt mit der Anzahl der anderen Verwender an. Je mehr Personen etwa einen Telefonanschluss haben und somit für einen Teilnehmer erreichbar sind, umso wertvoller ist für jeden einzelnen Teilnehmer der Zugang zum Telefonnetz. Speziell beim Telefon denkt nur niemand mehr darüber nach, da man inzwischen einfach voraussetzt, dass jeder eins hat.

Eine Firma ohne Telefon, Fax und E-Mail? Nimmt man den ein oder anderen Kiosk oder ambulanten Würstchenstand mal aus, so sind praktisch alle Branchen durchgängig versorgt. Durch die erdrückende Reichweite gibt es praktisch einen Zwang für alle die, die noch nicht Dienstnutzer sind, sich anzuschließen.

Auch für die Nutzung von Social-Media-Diensten ist es ähnlich: In bestimmten (wenn auch noch nicht in allen) Branchen kommt man nicht an Xing vorbei, und wie es etwa um Facebook bestellt ist, zeigt das eingangs genutzte Zitat überdeutlich.

Kernmerkmal des Social Web ist die Möglichkeit, dass sich Nutzer untereinander austauschen. Damit entstehen Beziehungen zwischen den Teilnehmern, also nicht mehr wie beim Radio oder Fernsehen zwischen einem Sender und mehreren Empfängern, sondern „unter Gleichen", den sogenannten „Peers". Der Begriff taucht wieder auf, wenn von „Peer-to-peer-Netzen" die Rede ist, von Netzwerken gleichberechtigter Teilnehmer. Im Social-Web-Umfeld kann man nun beobachten, dass innerhalb der „Peers" Gruppen entstehen, die von besonderem persönlichen Nutzen sind – etwa weil sich dort bestehende Kontakte finden oder andere, bisher fremde, Personen, die die gleichen Interessen und Hobbys teilen wie der Nutzer selbst.

Hat eine solche Struktur einmal eine bestimmte kritische Größe erreicht, dann wird sie damit quasi unwiderstehlich für andere und zieht weiteres Wachstum nach sich. Das bedeutet auch, dass etwa der zweite Anbieter eines inkompatiblen Netzes gegenüber einem ersten bereits erstarkten Netz kaum noch eine Chance hat, da ein neuer Nutzer – wenn er die Wahl hat – praktisch immer zu dem erheblichen nutzenstärkeren Netz oder Dienst tendieren wird. Damit ist auch erklärt, warum es nur einen E-Mail-Standard oder nur eine große Auktionsplattform gibt – und das trotz der Nachteile wie etwa der Flut unerwünschter Werbebotschaften (Spam) bei E-Mails oder den hohen Kosten (Ebay).

Eine Vielzahl von Wissenschaftlern und Autoren hat sich in den vergangenen Jahren mit der Verfeinerung der hier kurz diskutierten Netzwerktheorie beschäftigt. Die Diskussion ist längst noch nicht abgeschlossen.

Aber auch ohne in die Details gehen zu müssen, kann man durchaus nachvollziehen, was am Social Web so anziehend ist, dass man es nicht mehr missen mag, wenn man einmal damit in Berührung gekommen ist. Im Zweifel reicht einmaliges Ausprobieren und man ist „infiziert" und fortan damit beschäftigt, eigene Bilder hochzuladen, andere Bilder zu kommentieren, Statusmeldungen abzusetzen, alte Freunde wiederzutreffen und neue Bekanntschaften zu machen.

Die Spuren im Netz

Dabei vergisst man allzu leicht, dass man mit jeder Aktion im Netz eine Datenspur hinterlässt, die jahre- wenn nicht jahrzehntelang erhalten bleibt. Man übersieht auch, dass man seine persönlichsten Daten einem Unternehmen anvertraut, dessen Geschäftsmodell in der Auswertung eben dieser Daten liegt und dessen Firmensitz zumeist im Ausland liegt – mit vollkommen anderen Vorstellungen von Datenschutz, wie sie in Europa vorherrschen. Man vergisst leicht, dass jedes Mehr an persönlichen Daten im Netz auch bedeuten kann, leichter zum Verbrechensopfer zu werden. Cyberstalking und Identitätsdiebstahl sind hier nur die Spitze des Eisbergs. Die daraus entstehenden Risiken und Gefahren für jeden einzelnen Nutzer im Social Web sind Kern dieses Buches und werden – nach der Einführung ins Social Web, seiner Wirkungsmechanismen und Nutzungsmöglichkeiten – in den Kapiteln VI und VII umfassend diskutiert. Kapitel VIII widmet sich dann darauf aufbauend den Chancen und Potentialen der richtigen Nutzung von Social Media sowohl im Beruf als auch privat.

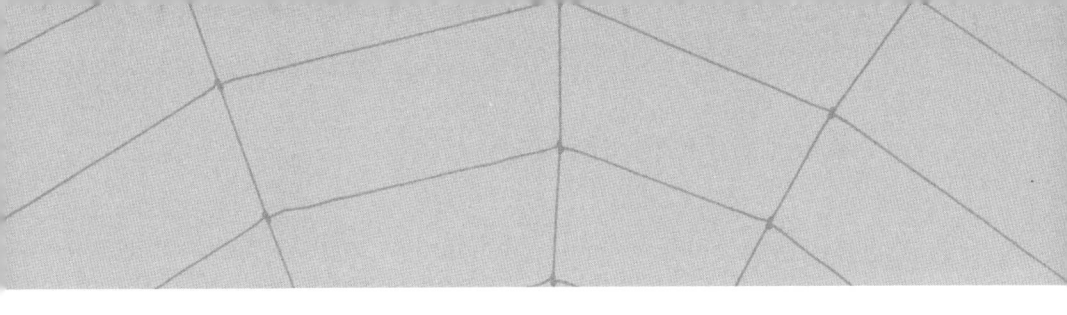

II · Schöne neue Onlinewelt

1   Alles auf Knopfdruck

Ob Börsenkurse, Bahn- oder Zugverbindungen, Wetterinfos, Geschichts-
daten, Fachinformationen oder der neueste Promiklatsch – alles Wissen
dieser Welt ist nur wenige Mausklicks oder Suchabfragen entfernt. So
einfach ist dieses zugänglich, dass mancher Schüler inzwischen unter
der Bank mit dem Internetbrowser auf dem Smartphone nachsieht, ob
die Aussagen seines Lehrers nicht vielleicht doch anzweifelbar sind.

Der Umbruch, der mit diesem extrem erleichterten Zugang zu Information einhergeht, ist überall spürbar – besonders intensiv etwa in der
Reisebranche: Bahn- und Flugverbindungen, Hotels, Mietwagen – alles,
was mit Reisen zu tun hat, lebt von dem Zugang zu Informationen. Bis
vor wenigen Jahren war der Zugang zu diesen Informationen elitär und
nur beim Reisebüro oder der firmeneigenen Reisestelle im Großunternehmen möglich. Die mit dem Internet einhergegangene Transparenz
hat die Spielregeln geändert, mit dramatischen Folgen für die Branche.
Immer mehr Verkehrsmittel oder Hotels werden vom Endverbraucher
oder Mitarbeiter im Unternehmen direkt online beim Anbieter gebucht
– zum Leidwesen der Reisebüroinhaber. Schlechte Leistungen, etwa in
der Hotellerie in Urlaubsländern, bleiben nicht länger unbekannt, sondern tauchen auf Hotelbewertungsportalen und anderen Websites
gleichsam als Warnung für den aktiven Verbraucher auf.

Zahlreiche andere Bereiche des täglichen Lebens – auf die wir im Ver-
laufe des Buches noch eingehen wollen – sind ebenso betroffen. Selbst
die Praxis des wissenschaftlichen Arbeitens hat sich in den vergangenen
Jahren massiv verändert. Während man früher nicht selten per Fern-
leihe oder Kopierservice mit wochenlangen Wartezeiten bestimmte
Fachaufsätze beschaffen musste, findet heute ein Großteil der Fachdis-
kussion auf vielen Fachgebieten im Internet statt. Der Austausch von
Wissen beschleunigt sich damit massiv. Der Zugang zu Quellen vereinfacht sich weltweit.

Es steht außer Frage, dass Internetnutzer heute besser informiert sein
können als der Endverbraucher oder Mitarbeiter im Vor-Internet-Zeital-
ter oder der Technikverweigerer heute.

Von beinahe überall auf der Welt lässt sich zu jedem denkbaren Thema
eine Vielfalt an Informationen abrufen. So viel, dass bereits oft von
einer Informationsüberflutung („Information overload") die Rede ist.
Der Begriff „Information overload" bringt als Suchbegriff bei Google
übrigens 1,1 Millionen und bei Bing sogar 14 Millionen Treffer
(www.google.de, www.bing.com, jeweils abgerufen am 18.4.2010).

Aber haben sich die Zugangsmöglichkeiten zu Informationen nur quantitativ – wie viele Kritiker anmerken – oder auch qualitativ verbessert?

Allen beeindruckenden Trefferzahlen zum Trotz sind Suchmaschinen nach wie vor dumm. Sie geben vor, gute Ergebnisse zu liefern, scheitern aber bereits am einfachen Verstehen von Inhalten.

Denn die grundlegenden Funktionsweisen und Mechanismen haben sich seit den Anfangstagen des World Wide Web kaum geändert. Nach wie vor durchsuchen sogenannte „Robots" oder „Spiders" alle zugänglichen Seiten und indizieren die Inhalte in den Datenbanken der Suchanbieter. Auf Basis dieses Datenbestandes werden dann die Suchergebnisse und die Reihenfolge der Suchtreffer in der Ergebnisliste gebildet. Die letzte wesentliche Innovation hier war gleichzeitig maßgeblich für den Welterfolg von Google. Dort wurde die Idee umgesetzt, dass die Bedeutung einer Website von der Anzahl der Verlinkungen abhängig sein könnte. Kurz gesagt: Je mehr Websites auf eine Website verlinken, umso bedeutender ist dieses Dokument für den Suchbegriff und umso höher steht diese daher in der Trefferliste von Google.

Aber dass besonders populäre Angebote nicht notwendigerweise die besonders hochwertigen sind, lässt sich schon an den Einschaltquoten bestimmter TV-Formate dokumentieren. Im Internet ist es nicht anders. Und so werden fachlich tiefgehende Informationen zu einem Thema nicht selten von oberflächlichen Beiträgen überlagert, das heißt in der Liste der Suchtreffer auf hintere Plätze verwiesen, wo sie vom typischen Suchmaschinennutzer kaum noch wahrgenommen werden. Kaum ein Benutzer klickt mehr als 10 oder 20 Suchtreffer durch, auch wenn es etwa einige Tausend zu einem bestimmten Thema gibt.

Trivialität im Trend?

Dies machen sich Inhalteanbieter wie „Demand Media" zunutze, die speziell auf typische Suchabfragen hin erstellte Inhalte ins Netz stellen, um in deren Umfeld Werbung zu verkaufen. Über dieses Unternehmen berichtet zum Beispiel die Frankfurter Allgemeine Zeitung am 16.2.2010 unter dem Titel „Journalismus von der Resterampe" mit beeindruckenden Zahlen. So werden täglich im Schnitt rund 4.000 neue Beiträge ins Netz gestellt. Die Themenauswahl erfolgt dabei softwaregestützt durch die Auswertung von Google-Suchabfragen. Ziel ist es, den Werbeumsatz zu optimieren. Dabei kommen Beiträge zur Hundepflege oder zur Reinigung verstopfter Toiletten ebenso vor wie die Frage, wie man Millionär wird. Die Erkenntnisse darin sind zumeist sachdienlich, aber trivial.

Letztendlich verdeckt die schiere Masse derartiger Beiträge in den Trefferlisten der Suchmaschinen aber die möglicherweise relevanteren Inhalte.

Man könnte Demand Media und ähnliche Anbieter als modernste Form des „Suchmaschinen-Spamming" bezeichnen. Damit war ursprünglich gemeint, Trefferlisten zugunsten der eigenen Angebote zu manipulieren, wie es in den Anfangstagen des Internets etwa durch wiederholte Nennung der Suchbegriffe im Text oder der Darstellung von entsprechenden Textinhalten in farbiger Schrift auf gleichfarbigem Hintergrund praktiziert wurde. Heutige Methoden sind fortgeschrittener. Entsprechende Dienstleister versuchen sich zunehmend den Anstrich des seriösen „Suchmaschinenmarketing"-Anbieters zu geben. Jeder Internetnutzer kennt die Nebenwirkungen etwa bei der Suche nach Produktinformationen, bei denen Google und andere Suchmaschinen zunächst seitenweise Preisvergleichsdienste etc. auswerfen.

Der „elektronische Reporter"

Dieser gefährliche Trend könnte sich verstärken, wenn die automatisierte Texterstellung einen Durchbruch erzielt. Als Suchmaschinennutzer kennen Sie das sicher: Seiten, auf denen mehr oder weniger sinnfreie Sätze stehen und die allein zu dem Zweck generiert wurden, Nutzer auf die Seiten zu locken, um darauf wiederum Werbung zu schalten. Ein nicht unerheblicher Teil der Blogs ist inzwischen von dieser Art von Spam verseucht. Immerhin: Derartige Absichten erkennt man zumeist sofort und verlässt die Seite wieder. Das war auch nicht gemeint, wenn hier von „automatisierter Texterstellung" die Rede ist. Stattdessen bieten Firmen wie „Narrative Science" automatisierte Inhaltserstellung auf der Basis von Datenbeständen wie:

• Ergebnisse von Sportereignissen,

• Verbrechensstatistiken und Polizeiberichte,

• Ergebnissen medizinischer Studien,

• Börsenberichten

und anderen datenintensiven Themen an.

Nach Angaben der Businessweek (29.4.2010) hat „Narrative Science" bereits drei Kunden, darunter eine große Website für Sportberichterstattung.

Der Unterschied zu den nur für Suchmaschinen erstellten Seiten mit sinnfreien Texten liegt auf der Hand. Hinreichende Qualität vorausgesetzt, werden auf absehbare Zeit wohl nicht unerhebliche Teile der Gebrauchstexte auf diese Weise erstellt. Nach der Massenproduktion von Demand Media ist die Automatisierung die nächste Herausforderung für die Inhaltserstellung im Internet. Es steht zu befürchten, dass zukünftig in der zu erwartenden Masse derartiger Beiträge „echte" Inhalte zunehmend untergehen oder an den Rand gedrängt werden. Aber selbst wenn man beide Entwicklungen als derzeit nicht relevant betrachtet, so bleiben Zweifel an dem „Suchmaschinenkult" des Internets.

Man könnte aus einer anderen Perspektive heraus auch einwenden, dass punktuelle Suchergebnisse durch das Herauslösen oder Herausreißen aus dem Bedeutungszusammenhang häufig an Aussagekraft verlieren, aber das ist nicht Gegenstand dieses Buches. Spannender scheint es an dieser Stelle, einen Blick auf die möglichen Entwicklungsrichtungen der Suchwerkzeuge zu werfen.

Internetsuche heute wird dominiert von der Suche nach Textinhalten in mehr oder weniger alten Dokumenten im World Wide Web. Zwei wesentliche neue Trends zeichnen sich hier ab: die Suche nach Bildinhalten einerseits und die Echtzeitsuche andererseits. Bei der Suche nach Bildinhalten ist besonders die Entwicklung im Bereich Gesichtserkennung von Bedeutung. So wird es in absehbarer Zeit möglich sein, auch nach Bildern nicht prominenter, ganz „normaler" Internetanwender zu suchen, die etwa auf Bildwebsites wie Flickr oder auch auf Facebook hochgeladen wurden.

Zweiter wesentlicher Trend ist die Echtzeitsuche. Damit ist nicht gemeint, dass die oben beschriebene Suchrobotertechnologie nun für Websites abgelöst wird, das ist technisch schlicht unmöglich, stattdessen bedeutet Echtzeitsuche, dass auch Dienstangebote für Echtzeitkommunikation, wie etwa Twitter, durchsuchbar werden und in kurzer Zeit nach Veröffentlichung auch über Suchmaschinentrefferlisten erschließbar sind. Der Zugang zu aktuellen Informationen wird damit weiter erleichtert.

2   Die Eingeborenen des Internets

Von den „Digital Natives", den „Eingeborenen" des Internets, ist häufig die Rede. Man spricht hier im Allgemeinen von jenen Internetnutzern, die mit Internet und Mobiltelefonie aufgewachsen und somit also jetzt im Teenager- oder Twen-Alter sind. Genutzt wird der Begriff meist, um eine mehr oder weniger künstliche Abgrenzung von den „Digital Immigrants" oder „Visitors", also den „Zuwanderern" oder „Besuchern" herbeizuführen. Unter Letzteren versteht man naheliegenderweise die „Älteren", also diejenigen, die – man könnte fast vereinfachend sagen – über dreißig sind, wie der Autor. Unterstellt wird damit ganz automatisch, dass sich die „Natives" in der Welle neuer Entwicklungen einfach besser zurechtfinden. Gleichzeitig wird fatalerweise den „Alten" ganz automatisch eine Internet- oder Web-2.0-Kompetenz abgesprochen.

Der (inzwischen verstorbene) britische Science-Fiction-Autor Douglas Adams, den „Älteren" noch durch sein Buch „Per Anhalter durch die Galaxis" bekannt, galt als einer der Vordenker des Internets. In seinen Büchern war es ein elektronisches Buch, in dem alles Wissen zum Universum gespeichert war („The Hitch Hikers Guide to the Galaxy" – so auch der Originaltitel). Er ging in einer späteren Veröffentlichung davon aus, dass es tatsächlich so etwas wie eine Altersgrenze gibt, bis zu der man Innovation aktiv an- und ins eigene Leben aufnimmt. Diese liegt seiner Auffassung nach bei etwa 35 Jahren. In einem höheren Alter bekämpft man diese eher.

Zu einer etwas differenzierteren Einschätzung kommt eine Studie der „Initiative D21" (TNS Infratest aus der Internetworld 08/2010). Diese unterscheidet nach den Gruppen Berufsnutzer, Digitale Avantgarde, Digitale Außenseiter, Gelegenheitsnutzer, Digitale Profis und Trendnutzer und kommt zu folgender Verteilung (Altersdurchschnitt der Nutzergruppe/Prozentanteile der Nutzergruppe an den Gesamtnutzern = 100 Prozent):

- Berufsnutzer (42,2 Jahre): 9 Prozent,
- Digitale Avantgarde (30,5 Jahre): 3 Prozent,
- Digitale Außenseiter (62,4 Jahre): 35 Prozent,
- Gelegenheitsnutzer (41,9 Jahre): 30 Prozent,
- Digitale Profis (36,1 Jahre): 12 Prozent,
- Trendnutzer (35,9 Jahre): 11 Prozent.

Digitale Profis und Trendnutzer sind überwiegend jung, männlich, berufstätig und weisen eine hohe Schulbildung auf. Die Adamssche These greift demnach zwar zu kurz, ist aber im Grunde richtig. Was im Umkehrschluss natürlich nicht heißt, dass alle Jüngeren aktive Onliner sind.

Genauso wie es aktive Anwender auch im hohen Alter gibt, ist ein – nicht zu kleiner Teil – der Jungen nicht onlineaffin oder zählt sich selbst zu der bei TNS Infratest nicht abgefragten, aber aus Sicht des Autors wichtigen Gruppe der Online- beziehungsweise Technikverweigerer. In Sachen Onlinenutzung verhalten sich diese abstinent. Dennoch wird auch deren Leben massiv vom Social Web beeinflusst werden, wie im weiteren Verlauf des Buches noch diskutiert wird.

3 Arbeiten im 21. Jahrhundert

Wir stecken zweifellos schon mittendrin in einem unaufhaltsamen Prozess der Vermischung von Arbeit und Freizeit. Nicht nur, dass uns unser Arbeitsleben dank Laptop – den man praktischerweise mit nach Hause oder auf Geschäftsreise nehmen und somit von überall mit dem Firmennetz verbinden kann –, Mobiltelefon und E-Mail mit Blackberry und Co quasi 7x24 verfolgt. Auch der Arbeitsalltag selbst verändert sich. In vielen Unternehmen wird es inzwischen gestattet, mal eben nach seinem Social Network zu sehen – auch wenn gerade formell Arbeitszeit angesagt wäre.

Auch die Art, wie wir arbeiten, ist einem beständigen Wandel ausgesetzt. Lebenslanges Lernen – das Schlagwort von gestern – ist längst selbstverständlich.

Das eigene Sekretariat – früher das Zeichen des Aufstiegs – hat, wenn es nicht durch „Selbertippen" ersetzt wurde, längst einen anderen Anspruch und ist nicht unbedingt räumlich am gleichen Ort. Der „Personal Assistant" in Indien oder Osteuropa ist nicht unbedingt mehr die Ausnahme in einer globalisierten Welt.

Für Menschen, die trotz Reorganisation immer noch mit den zähen Strukturen großer Unternehmen arbeiten, wird die Arbeit zunehmend zur Herausforderung, für jede Teilaufgabe den richtigen Spezialisten zu finden, egal ob der lieber täglich in ein Büro kommt oder in einer Finca auf Mallorca seiner Tätigkeit nachgeht. Gefunden wird dieser zumeist mit Hilfe des Social Web. *Man kennt da jemanden, der jemanden kennt* ist häufig die Basis für eine spätere erfolgreiche Kooperation oder Lieferantenbeziehung.

Auch der Autor selbst hat bei einem früheren Buchprojekt von den neuen Möglichkeiten Gebrauch gemacht und die Übersetzung seines 2004 ursprünglich nur in deutscher Sprache erschienenen Buches zum Thema „Unternehmensnetze" ins Englische zusammen mit einem neuseeländischen Netzwerkspezialisten realisiert. Die Zusammenarbeit entsprach hier dem „Follow-the-Sun"-Prinzip. Die jeweils vorbereiteten Teilkapitel wurden abends von Deutschland nach Neuseeland gemailt, dort bearbeitet und lagen am nächsten Morgen wieder vor.

III ◆ Das Mitmach-Internet

1 Die Welt ist klein

Eine der wesentlichen Erkenntnisse, die hinter dem aktuellen Boom der Social-Media-Anwendungen steckt, ist das sogenannte „Kleine-Welt-Phänomen".

Nach diesem vom US-amerikanischen Psychologen Stanley Milgram beschriebenen Effekt ist jeder Mensch mit jedem anderen über eine überraschend kurze Kette von Bekanntschaftsbeziehungen verbunden. Milgram spricht von sechs Verbindungen, die dafür notwendig sind. Dieser Zusammenhang wurde vor nunmehr über 40 Jahren als Ergebnis eines in der Fachwelt umstrittenen Experiments hergeleitet. Unter dem Titel „Six degrees of separation" wurde das Phänomen 2004 – praktischerweise rechtzeitig zur Web-2.0-Welle – von Duncan J. Watts, einem leitenden Wissenschaftler bei Yahoo, „wiederentdeckt", oder vielleicht sollte man besser sagen: „wiederaufgewärmt".

Praktisch alle gängigen Social Networks machen sich diesen Zusammenhang als Grundlage ihrer Aktivitäten zunutze und bieten Möglichkeiten zur Verwaltung von Kontakten. Beim Social Network Xing sieht man sogar auf seiner eigenen Startseite die Reichweite der eigenen Kontakte bis zur 3. Ebene. Im Falle des Autors sind es bei gut 500 direkten Kontakten rund 1,8 Millionen Kontakte dritten Grades.

Zu beobachten ist bei allen nachfolgend beschriebenen Netzwerken eine Tendenz zur Konsolidierung in immer größeren Gebilden – entsprechend der eingangs beschriebenen Netzwerktheorie. Daneben existiert eine Vielzahl von kleinen sozialen Netzwerken, die sich auf verschiedenste Einzelthemen wie Elternschaft, IT, Sport oder anderes fokussieren. Die Betrachtung in diesem Buch konzentriert sich auf die großen Anbieter, liefert aber ebenso Anhaltspunkte, die auf kleinere hier nicht vertretene Anbieter übertragen werden können, da die Wirkungsmechanismen stets ähnlich sind.

Vom Empfänger zum Sender

Das sogenannte Social Web hat nicht nur bewirkt, dass Kommunikationsbeziehungen immer vielschichtiger werden, sondern sorgt auch dafür, dass die Grenze zwischen Produktion und Konsum – etwa bei Internetinhalten – zunehmend verschwimmt. Der Internetanwender wird immer mehr zum „Prosumenten" (neue Wortschöpfung aus Produzent und Konsument), in dem er eigene Inhalte bereitstellt. Dabei entsteht „Produsage" (als neue Kombination von „Produktion" und „Usage").

Egal ob die Mitwirkung nun im Hochladen von Bildern, dem Schreiben eines Wiki-Beitrags oder der Mitarbeit an der Entwicklung des Linux-Betriebssystems besteht, es geht immer um offene Kollaboration. Für den Nutzer selbst bleibt der von ihm geleistete Beitrag im Regelfall ohne Folgen, das heißt, das Ergebnis seiner Mühen ist nicht oder nicht mehr sein Besitz. Denn beinahe alle Onlineanbieter lassen sich von den Teilnehmern wesentliche Rechte an den eingesendeten Materialien einräumen und verwenden diese weiter oder fassen Inhalte zusammen und bauen darauf ihre Geschäftsmodelle. Dies kann auf verschiedene Weise geschehen: Im einfachsten Fall bilden nutzergenerierte Inhalte die Grundlage für zusätzliche Dienste, wobei Rechte und Arbeitseinsatz der Ersteller respektiert werden (zum Beispiel Aggregatoren wie Technorati oder Delicious).

Ebenfalls gängig ist die Kombination von nutzergenerierten Inhalten beziehungsweise die Erweiterung dieser Teile um zusätzliche Leistungen. Linux-Distributionen, wie etwa die von „Red Hat", arbeiten häufig nach diesem Modell.

Der dritte gängige Weg ist quasi als Tauschgeschäft zu sehen: Nutzergenerierte Inhalte werden verbreitet, im Gegenzug müssen Rechte an den Inhalten zumindest teilweise an den Betreiber der Plattform abgetreten werden. Youtube wäre das bekannteste Beispiel eines Anbieters, der nach diesem Modell arbeitet.

Nur in wenigen Fällen profitiert der Nutzer auch finanziell, etwa durch (kleine) Beteiligung an Werbung, die im Kontext mit seinem Inhalt geschaltet wurde, durch Lizenzierung der Leistungen an Dritte (etwa bei Fotoplattformen wie iStockphoto oder Fotolia; siehe auch Kapitel VI, 7) oder durch eine Prämierung eines besonderen Beitrags.

Trittbrettfahrer

Bei allem öffentlichen Hype um das „Mitmachweb" ist es überraschend, dass bei genauerer Betrachtung tatsächlich nur ein relativ geringer Teil der Nutzer aktiv Inhalte bereitstellt. Seit den Anfangstagen des Internets gibt es unter Webentwicklern die „90-9-1"-Faustregel, die auf Jakob Nielsen – einem der bekanntesten Experten für Web-Benutzeroberflächen – zurückgehen soll. Demnach sind in den meisten Communities 90 Prozent der Nutzer sogenannte „Lurker" (vom englischen „lurk" für lauern, herumschleichen), die niemals Beiträge verfassen, also nur Inhalte konsumieren, 9 Prozent der Nutzer tragen wenig bei (im Regelfall durch Kommentare zu den Beiträgen anderer), und nur rund 1 Prozent sorgt für praktisch alle Inhalte.

Dieses „Trittbrettfahrer"-Phänomen zeigt sich nicht nur in den frühen Foren der ersten Internetwelle, sondern auch in (etwas abgemilderter Form) bei einer Vielzahl von sozialen Plattformen, wie Youtube und Wikipedia:

- 52 Prozent der Onlinenutzer greifen zumindest gelegentlich auf die Videoplattform Youtube zu, aber nur ein kleiner Teil von circa 11 Prozent dieser Gruppe (und damit insgesamt nur 6 Prozent der deutschen Onlinenutzer) hat bereits selbst Videos hochgeladen (Zahlen aus der ARD/ZDF-Onlinestudie 2009).

- 65 Prozent der Internetanwender nutzen Wikipedia mindestens gelegentlich, doch nur 6 Prozent davon tragen auch aktiv dazu bei, das heißt, sie korrigieren existierende Beiträge oder stellen selbst Beiträge ein (ebd.).

- Insgesamt gilt: Circa 1 Prozent der Wikipedia-Nutzer ist für rund 70 Prozent aller Beitragsedits verantwortlich (vgl. Stegbauer/Rausch 2008).

Das Verhältnis von Anwendern zu Beitragenden dürfte bei über das Web koordinierten Open-Source-Softwareprojekten, etwa Linux, noch extremer sein.

Um ein Vielfaches ausgewogener ist das Verhältnis nur bei den personenorientierten Plattformen wie Facebook, StudiVz oder Xing. Hier ist es ohne großen Aufwand möglich, eigene Inhalte einzustellen, beziehungsweise sogar nötig, zumindest ein Minimum an Angaben zu machen, um überhaupt Zugriff zu haben.

Die Marktforschungsfirma Forrester differenziert die Nutzer von Social Media noch etwas genauer entsprechend ihren Aktivitäten von „inaktiv" bis „Macher" und hat dazu ein Stufenmodell entwickelt, die sogenannte „Social Technographics Ladder":

- *Inaktive:* Diese zeichnen sich dadurch aus, dass sie Social Media weder konsumieren noch aktiv nutzen.

- *Zuschauer* sind Nutzer von Social-Media-Inhalten, das heißt, sie lesen Blogs, sehen sich Videos an, hören Podcasts, lesen in Onlineforen und von Nutzern erstellte Ratings, Rankings und Produktbewertungen.

- *Mitmacher* verbinden sich in sozialen Netzwerken, sie besuchen Social Networking Websites und erstellen dort eigene Profile.

- *Sammler* organisieren Inhalte für sich und andere. Sie versehen Webseiten und Fotos mit Anmerkungen (sogenannten Tags), nutzen RSS-Feeds, um Informationen zu abonnieren, und nehmen an Abstimmungen teil.

- *Kritiker* oder *Beantworter* reagieren aktiv auf Inhalte von anderen. Sie veröffentlichen eigene Produktbewertungen, erstellen Kommentare in Blogs, liefern Beiträge in Onlineforen und arbeiten an Beiträgen für Wikis mit.

- *Aktive* erstellen Inhalte, haben zum Beispiel einen eigenen Blog, eine eigene Website, erstellen und veröffentlichen Videos, erstellen und veröffentlichen Musik und schreiben eigene Artikel in Foren oder Wikipedia.

2 Mitmachen, aber wie?
Die wichtigsten Dienste und Konzepte im Überblick

Das Mitmach-Web findet Ausdruck in einer Vielzahl von Anwendungen und dahinterliegenden Konzepten, von denen die meisten zumindest namentlich bekannt sind. Dieses Kapitel beschreibt die für den Anwender wesentlichen.

Die Welt ist ein Wiki

Wikipedia sieht sich als freies Onlineuniversallexikon. Nach eigenen Angaben umfasst die deutsche Wikipedia bereits über eine Million und die englischsprachige Wikipedia über erstaunliche drei Millionen Einträge.

Alle Einträge werden von den Nutzern unentgeltlich erstellt. Wikipedia spricht von einer weltweiten Autorengemeinschaft. Dabei kann jeder Wikipedia-Artikel überarbeiten, der sich dafür für berufen hält. Genauso kann auch jeder die Löschung von nicht relevanten Beiträgen beantragen. Zum Erstellen und Bearbeiten der Artikel existiert ein offener Bearbeitungsprozess.

Zu jeder Wiki-Seite besteht eine automatisch mitgeführte Diskussionsseite, die dem Austausch von Autoren über den Inhalt der eigentlichen Wiki-Seiten dient. Erstellt werden die Beiträge nach den Wikipedia-Grundprinzipien, die natürlich auch über Wikipedia abgerufen werden können (de.wikipedia.org/wiki/Wikipedia:Grundprinzipien). Wikipedia ist kein kommerzielles Unternehmen, sondern wird von der gemeinnützigen Wikimedia-Foundation getragen.

Die Qualität der Beiträge in Wikipedia ist häufig Gegenstand der Diskussion. Zu manchen Themen entwickeln sich massive Streitigkeiten unter den Autoren, man spricht auch von „Edit-Wars", die der Qualität der Beiträge nicht unbedingt zuträglich sind. Jaron Lanier, einer der amerikanischen Internet-Vordenker, nennt Wikipedia gar das „eingebildete Orakel".

Ungeachtet der Debatte gilt: Die der Wikipedia zugrunde liegende Technologie des Wikis kann auch anderweitig genutzt werden, etwa für Dokumentation, Helpdesk und Support, in Intranets sowie beim E-Learning.

Wikis sind immer dort besonders gut einsetzbar, wo mehrere Personen Informationen unkompliziert und schnell zusammentragen oder austauschen möchten.

Blogs – ich schreibe, also bin ich

Einer der oft genutzten Begriffe der Web-2.0-Welt ist „Blog" oder „Weblog". Aber was genau versteht man darunter?

Die Herkunft des Ausdrucks ist leicht zu ermitteln: Web plus Logbuch ergibt kurz Weblog oder noch kürzer Blog. Gemeint ist damit eine Website, auf der wiederkehrend neue Beiträge veröffentlicht werden. Diese werden in umgekehrter chronologischer Reihenfolge angezeigt (der neueste Beitrag erscheint stets ganz oben).

Von regelmäßigen Beiträgen ist als Merkmal eines Blogs zwar oft die Rede, dennoch darf man darunter keine zeitlich fixe Abfolge wie bei einer Tageszeitung (werktäglich neue Ausgabe) oder Zeitschrift (wöchentlich, zweiwöchentlich, monatlich) ausgehen. Die Veröffentlichungshäufigkeit ist typischerweise ereignisgetrieben oder ruht – insbesondere bei privat betriebenen Blogs – auch schon mal mehrere Wochen oder gar Monate.

Blogs sind nicht wirklich ein neues Phänomen. Die ersten Onlinetagebücher lassen sich durchaus bereits in den 90er Jahren des letzten Jahrhunderts verorten. Der große Durchbruch ist jedoch eng mit dem Boom des Web 2.0 verbunden.

Seit der Jahrtausendwende nimmt die Zahl der Blogs enorm zu. Studien sprechen von einer Vervielfachung der Blogs, wobei eine präzise Erfassung der tatsächlichen Anzahl schwierig ist, insbesondere da ein Großteil der Blogs als Hobby betrieben und häufig bereits nach wenigen Beiträgen nicht mehr fortgeführt werden.

Blogs lassen sich nach verschiedenen Kriterien unterscheiden:

- nach privat oder „offiziell",
- nach Themenfeld,
- nach zeitlichen Kriterien (z. B. Reiseblogs),
- nach Art der Veröffentlichung: „traditionell" über Computer oder per Handy („Moblog"),
- nach Medium: Konzentration auf Fotos, Links, Audiobeiträge („Podcasts") oder Videos („Webcasts").

Während eine erhebliche Zahl der Weblogs der privaten Meinungsäußerung zuzurechnen ist, haben sich in den letzten Jahren Unternehmensweblogs etabliert. Dabei bloggen Mitarbeiter im offiziellen Auftrag ihres Unternehmens. Bei Selbständigen ist eine Unterscheidung zwischen privat und beruflich nicht immer einfach zu treffen.

Nicht wenige Blogs konzentrieren sich auch auf bestimmte Themen, wie etwa der lesenswerte Blog des Social-Media-Experten Klaus Eck. Unter der Internetadresse „www.pr-blogger.de" berichtet er über Anwendungen des Web 2.0 im Unternehmensumfeld und stellt gleichzeitig seine Leistungen als Berater und Autor vor.

Für eine differenzierte Betrachtung der Themen, die in Weblogs aufgegriffen werden, lohnt sich der Blick auf die eine oder andere Studie. Folgend die Ergebnisse einer umfangreichen Studie in Deutschland zu den „Themenbereichen in Weblogs":

- Berichte, Episoden, Anekdoten aus meinem Privatleben: 76,0 Prozent,

- Eigene Bilder oder Fotos: 73,9 Prozent,

- Links zu „Fundstücken" im Netz mit eigenem Kommentar: 70,0 Prozent,

- Artikel zu Filmen, Büchern und/oder Musik: 49,4 Prozent,

- Artikel zu meinen Hobbys: 49,3 Prozent,

- Berichte, Episoden, Anekdoten aus meinem Arbeitsleben: 45,1 Prozent,

- Artikel über Ereignisse oder Themen aus meiner Stadt/meiner Region: 41,5 Prozent,

- Artikel zu beruflichen, schulischen oder studienbezogenen Themen: 41,4 Prozent,

- Artikel zu aktuellen politischen Themen: 35,7 Prozent,

- Gedichte, Liedtexte, Kurzgeschichten: 31,6 Prozent,

- Berichte, Episoden, Anekdoten aus Studium oder Schule: 30,8 Prozent,

- Andere Inhalte: 11,8 Prozent,

- Eigene Filmdateien oder Videoclips 11,4 Prozent,

- Podcasts 6,4 Prozent.

(Quelle: Schmidt, Jan/Matthias Paetzolt/Martin Wilbers: Stabilität und Dynamik von Weblog-Praktiken. Berichte der Forschungsstelle „Neue Kommunikationsmedien", Nr. 06-03, Bamberg 2006)

Das Erfolgsgeheimnis von Weblogs liegt ganz klar in der einfachen Art der Onlineveröffentlichung. Blogs werden zumeist mit Hilfe einfacher Content-Management-Systeme (CMS) betrieben. Von Content-Management-Systemen spricht man immer dann, wenn es um die Verwaltung von Websiteinhalten geht. Ein CMS für einen Weblog bietet hier vor allem einen reduzierten Funktionsumfang, der auf die typischen Blogfunktionen zugeschnitten ist.

Die bekannteste und meistgenutzte Software für Blogs ist Wordpress, für das es eine Vielzahl von Gestaltungsvarianten und -möglichkeiten gibt. Daneben existieren Onlineanbieter, die die Nutzung vorinstallierter Blogsoftware ermöglichen.

Typische Bestandteile von Weblogs sind:

• Kommentarfunktion,

• Permalinks,

• Kategorien (auch „Tags"),

• Trackbacks,

• Blogrolls,

• RSS-Feeds.

Neben Weblogs, die einiges an Aufwand für eine Beitragserstellung erfordern, hat sich mit dem nachfolgend diskutierten Dienst „Twitter" ein Social-Web-Angebot entwickelt, das ausschließlich auf kurze Texte setzt. Keine echte Alternative zu einem Weblog, sondern eher eine interessante Ergänzung.

Twitter – SMS an die Welt

Ein ganz besonderes Phänomen in der Internetwelt ist der sogenannte „Micro-Blogging"-Dienst Twitter. Dabei lassen sich Kurznachrichten – sogenannte Tweets – mit bis zu 140 Zeichen Länge durch den Nutzer versenden. Empfangen werden diese von den sogenannten „Followern", also einer Art Abonnenten von Twitter-Nachrichten. Gleichzeitig sind die Tweets auch über die Twitter-Suchmaschine abfragbar. Durch die Vielzahl der Nutzer findet sich etwa zu aktuellen Ereignissen eine Vielzahl von Tweets.

Abbildung 1: Twitter

Anders als in den meisten anderen sozialen Netzwerken gibt es bei Twitter keine Freundschaft (zweiseitige Beziehung), sondern nur das einseitige „Follower". Um jemandem folgen zu können, ist keine Zustimmung notwendig. Natürlich kann man sich auch gegenseitig folgen, es ist jedoch kein Muss.

Betrachtet man typische Strukturen bei Twitter, so stellt man fest, dass Twitter nur zum Teil die Mechanismen eines sozialen Beziehungsgefüges abbildet und in weiten Teilen einem klassischen Nachrichtenmedium ähnelt. Dies lässt sich etwa daran erkennen, dass viele Tweets öffentlich interessante Ereignisse oder politische Themen beinhalten. Am deutlichsten wird es aber, wenn man die Personen mit den meisten Followern betrachtet. Hier dominieren global Schauspieler, Fernsehstars und Politiker (allen voran der US-amerikanische Präsident). Diesen herausgehobenen Twitter-Nutzern gelingt es, direkt ein großes Publikum zu adressieren.

Interessant ist auch die Weiterverbreitung von Inhalten durch „Mundpropaganda" – im Twitterjargon Retweets. Auch hieran lässt sich feststellen, dass Twitter eine Sonderrolle besitzt. Diese Einschätzung belegen auch neuere Studien, wie die von Forschern aus Korea (an.kaist.ac.kr/traces/WWW2010.html), die Twitter-Datenbestände dahingehend analysiert haben.

Nähert man sich dem Thema Twitter von der Zahlen-Daten-Fakten-Seite, so liest man fast überall vom rasanten Wachstum der Plattform. Die nachfolgenden Angaben beziehen sich dabei auf eine Datensammlung von Website-Monitoring (www.website-monitoring.com/blog/2010/05/04/twitter-facts-and-figures-history-statistics/).

Bereits im Frühjahr 2010 hatte Twitter demnach mehr als 100 Millionen Nutzer (bis zum Erscheinen dieses Buches oder zu dem Zeitpunkt, zu dem Sie diese Seiten lesen, dürften es einige mehr sein). Zum gleichen Zeitpunkt wurden 55 Millionen Tweets pro Tag versendet bei rund 600 Millionen Abfragen der Twitter-Suchmaschine im selben Zeitraum.

Klassifiziert man die Nachrichten nach Inhalt, so ergibt sich in etwa folgendes Bild:

- 30 Prozent sind Statusinformationen á la: „bin auf der Party bei ...“ oder „... auf der Konferenz ...“
- 27 Prozent der Tweets beziehen sich auf private Konversationen.
- 10 Prozent sind Links auf Nachrichten oder Blog-Artikel.
- 6 Prozent sind Links auf Bilder oder Videos oder andere Webinhalte.
- 6 Prozent beziehen sich auf Sport, Politik und aktuelle Events.
- Jeweils 4 Prozent gehen auf die drei Gruppen Produktempfehlungen/Beschwerden, Werbung und Spam.

Der Rest lässt sich nicht in eine der Gruppen einordnen.

Tweets lassen sich übrigens nicht nur über das Twitter-Webinterface, sondern über eine Vielzahl von Applikationen, etwa auf dem Mobiltelefon, eingeben oder sogar automatisch generieren – etwa durch automatische Weitersendung von Xing-Statusmeldungen als Tweets oder Maschinen und Geräte, die Systemdaten per Tweet weitergeben (mehr zu Maschine-zu-Maschine-Kommunikation im Schlusskapitel).

Willst Du mein Freund sein? Von Facebook, StudiVZ und Co

„Freundschaft" ist das prägende Kernelement einer Vielzahl von Diensten des Social Web, die dem Nutzer den Aufbau und die Pflege von Kontaktlisten erlauben. Bei in manchen Fällen mehreren Tausend gelisteten Kontakten darf dabei schon die Frage erlaubt sein, inwieweit der Begriff eines „Freundes" hier angebracht ist. Tatsächlich sind es wohl überwiegend schwache Bindungen, die in derartigen Strukturen als „Sozialer Graph" abgebildet werden. Die Bekanntschaft von der letzten Party oder aus der Business Lounge wird man wohl kaum als Freund bezeichnen, sie aber vielleicht als Kontakt ins eigene Netzwerk aufnehmen – wer weiß, wann man wieder übereinander stolpert oder wozu dieser Kontakt einmal gut ist.

Facebook – meine Freunde und ich

Facebook gilt heute als das soziale Netzwerk mit den meisten Nutzern (mehr als 500 Millionen nach Unternehmensangaben) weltweit.

Jeder Facebook-Nutzer hat eine eigene Profilwebsite für die persönliche Vorstellung und die Bereitstellung von Fotos und Videos. Zudem kann er Statusmeldungen beziehungsweise Blogbeiträge veröffentlichen. Benutzer können Nachrichten in einer Art Gästebuch (bei Facebook: „Pinwand") hinterlassen. Nutzer können sich darüber hinaus auch untereinander private Nachrichten senden. Facebook eignet sich auch zum Einladen von anderen zu Events. Benutzer beziehungsweise Kontakte werden nach Zugehörigkeit zu Schule, Universität, Arbeitsplatz etc. eingeteilt. Durch die hohe Marktdurchdringung und fein granulare Kriterien erhält der Anbieter einen guten Überblick über weite Teile der Onlinenutzer, deren Vorlieben und deren Beziehungen untereinander.

Auch Unternehmen können eigene Seiten in Facebook für ihre Produkte und Dienstleistungen einstellen. Folgende Abbildung zeigt aus Datenschutzgründen keine Personen-, sondern eine solche Unternehmensseite.

Abbildung 2: Facebook

Einen besonderen Boom hat Facebook durch die Öffnung seines Systems für andere Entwickler erhalten. Inzwischen ist Facebook – etwa über die „I like"-Funktion – mit zahlreichen anderen Websites verknüpft. Umfangreiche Suchfunktionen helfen dabei, die Datenmenge zu erschließen.

„Was machst Du gerade?" – Facebook und auch andere soziale Netze fordern den Nutzer geradezu dazu auf, Äußerungen zu tätigen. In deutscher Sprache wird so etwas als „Statusmeldung" bezeichnet. Klingt technisch – wie etwa eine „Wasserstandsmeldung" der Wasser- und Schifffahrtsdirektion –, ist aber sehr persönlich gemeint. Die eigenen Kontakte sehen dann bei ihrem nächsten Besuch ebendiese Meldung; ob der Inhalt nun „schlafe meinen Rausch aus" oder „ärgere mich über bekloppte Kollegen" heißt, ist dabei unerheblich. Bestimmt sind die Inhalte ja nur für die eigenen Kontakte. In Probleme kann der Nutzer hier schon geraten, wenn er – wie die meisten Anwender –, nicht zwischen rein privaten und beruflichen Kontakten differenziert und ein Kollege die Aussagen vielleicht weiterträgt. Ergänzt um das ein oder andere Missverständnis oder eine unglückliche Ausdrucksweise kann man sich auch ohne kritische Inhalte zum Gespött machen und sich auf entsprechende Kommentare einstellen. Eine schöne Sammlung derartiger Entgleisungen und peinlicher Momente findet sich etwa auf www.lamebook.com.

Jenseits der gerade skizzierten Grundfunktionen liefert Facebook aber noch einen weiteren Grund für Bedenken: die Vielzahl von Applikationen, die sich in Facebook integrieren oder auf Daten von Facebook zugreifen. In der Diskussion sind hier insbesondere Onlinespiele.

Social Gaming – gemeinsam einsam

Bekanntester Vertreter dieser neuen Generation von Browsergames – das sind Onlinespiele, die direkt im Webbrowser gespielt werden – ist Farmville. Das Spiel kreist um einen virtuellen Bauernhof. Hierbei geht es um das Anlegen von Feldern und das Versorgen von Tieren – immer im Vergleich mit anderen Farmville-Spielern aus dem Freundeskreis. Mit erfolgreichem Wirtschaften kann man im Rahmen der virtuellen Währung des Spiels Gewinne erzielen und diese wiederum in die Erweiterung der Farm investieren. Beschleunigen kann man die Aktivitäten in diesem Onlinespiel (und in vielen anderen), indem man reales Geld einzahlt und damit Objekte erwirbt beziehungsweise seine Farm erweitert.

Grundlegend erinnert die Spielidee an das legendäre Elektronikspielzeug „Tamagotchi" aus den 90er Jahren des vergangenen Jahrhunderts. Kern des Spielgeräts war die Aufzucht eines virtuellen Kükens durch richtige Berücksichtigung von dessen Bedürfnissen, wie Schlafen, Trinken, Essen und Zuwendung. Während die erste Version keine Interaktion zuließ, bot die (wenig erfolgreiche) Neuauflage die Verknüpfung mit anderen Spielern – mittels Infrarotverbindung. Heutige Nachfolger derartiger Spielzeuge sind etwa „NintenDogs" von Nintendo für deren tragbare Spielekonsole, bei der die Aufzucht von Hundewelpen das bestimmende Element ist.

Farmville, aber mehr noch andere Facebook-Spiele wie Petville oder Fishville, übersetzen diesen Gedanken nun in die Neuzeit. Wie der Name bereits nahelegt, geht es bei Fishville um den Aufbau und die Ausgestaltung eines Aquariums und bei Petville um ein virtuelles Haustier. Auch jenseits der Hege und Pflege von Tier und Pflanzen gibt es Facebook-Games, wie etwa Poker, Mafiawars (eine Art „Unterwelt"-Simulation) und ganz neu „Treasure Isle" (Schatzsuche nach virtuellem Reichtum).

Klingt harmlos. Ist es aber eher nicht.

Wer das Spiel mit seinem Facebook-Profil verbindet, erlaubt dem Unternehmen Zynga den Zugriff unter anderem auf die eigenen Profilinformationen, Fotos und Informationen über Freunde.

Dieses Unternehmen erstellt ein Profil der Nutzer, für das es Daten aus verschiedenen Quellen zusammensetzt und dauerhaft speichert. Nach Angaben auf der Zynga-Website dienen „Zeitungen, Internetquellen wie Blogs, Kurzmitteilungsdiensten, Zynga-Spielern und von anderen Zynga-Nutzern" als Grundlage für die Profilbildung. Hinzu kommt die Auswertung von Browser-Informationen. Die Anwendung ist klar: gezielte Werbung (www.zeit.de/newsticker/2010/2/1/iptc-bdt-20100201-5-23724892xml?page=1).

Die Vertragsbedingungen des Spieleanbieters finden sich hier: www.zynga.com/about/privacy-policy.php/.

Myspace – Kunst trifft Wahn

Myspace (von englisch „my space", „mein Raum") war ursprünglich nur ein Anbieter von kostenlosem Speicherplatz und ist mit dem Anbieten von Funktionen zur Pflege von eigenen Profilen und Kontakten sowie zum Upload von Fotos, Videos und Blogbeiträgen sowie einer Art Gästebuchfunktion zum Social Network geworden.

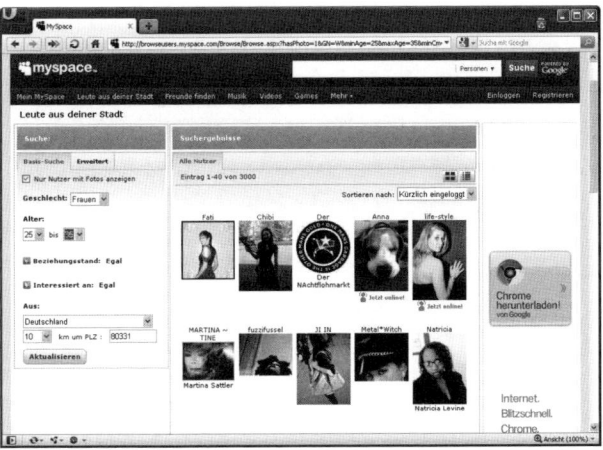

Abbildung 3: Myspace

Die Anwendung ist heute mehrsprachig und werbefinanziert. Neben einem eigenen Bereich Myspace Music, in dem sich Musiker und Bands samt online abspielbarer Demosongs präsentieren können, dominiert bei Myspace heute die private Nutzung. Zahlreiche Profile verwenden Pseudonyme und nicht wenige werden genutzt, um alle denk- und undenkbaren Leidenschaften mehr oder weniger öffentlich auszuleben. Anders als viele andere Anwendungen, wie etwa Facebook, verlangt Myspace ausdrücklich keine Realnamen für die Anmeldung.

„Kunst trifft Wahn" wäre daher eine durchaus zutreffende Beschreibung für dieses seltsame Konglomerat aus schrägen Vorlieben und schrillem Webdesign.

Xing – ein Muss fürs Geschäft

Xing ist ein Social Network, in dem Nutzer geschäftliche (aber auch private) Kontakte zu anderen Personen verwalten können. Ursprünglich hieß das Onlinenetzwerk OpenBC (für Open Business Club), wurde aber im Zuge der Internationalisierung umbenannt.

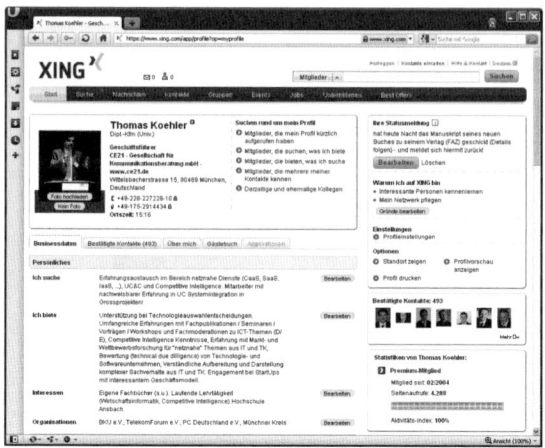

Abbildung 4: Xing

Kernfunktion ist das Sichtbarmachen des Beziehungsnetzes zwischen den Nutzern. Ein Benutzer kann abfragen, über „wie viele Kontaktebenen" – also über welche anderen Mitglieder – er einen anderen kontaktieren kann. Dabei wird das bereits vorgestellte Kleine-Welt-Phänomen sichtbar.

Daneben bietet das System zahlreiche Community-Funktionen wie Profilseite, Suche nach Namen, Firmen und Interessengebieten, etliche Tausend Fachforen und die Möglichkeit, Unternehmenswebseiten oder sogar unternehmensspezifische Untergruppen einzurichten. Die gegenüber anderen Xing-Nutzern (und dem World Wide Web) bekanntgegebenen Daten können auf einfache Weise beschränkt werden.

Die Xing-Mitgliedschaft bedingt eine Registrierung. Die kostenlose Basismitgliedschaft bietet nur stark eingeschränkte Funktionalitäten. So sind Nachrichtenversand wie Suchfunktion nur sehr begrenzt möglich. Der volle Funktionsumfang steht nur in der kostenpflichtigen „Premium"-Mitgliedschaft zur Verfügung. Durch die breite Basis zahlender Nutzer steht Xing anders als andere soziale Netzwerke unter keinem besonderen Druck, Nutzerdaten zu verkaufen, und ist diesbezüglich auch nie in der Presse auffällig geworden. Eine Beendigung einer Xing-Mitgliedschaft ist problemlos möglich. Das Konto wird – nach Angaben des Anbieters – mit allen eingegebenen Daten vollständig gelöscht.

Insgesamt ein erfreuliches Bild und in gewisser Weise eine Antithese zum Eindruck, den man von Facebook gewinnen kann.

Social Bookmarking – gemeinsam klicken

Praktisch jeder Internetnutzer hat eine mehr oder weniger lange Liste von Bookmarks oder Favoriten in seinem Webbrowser. Packt man nun die Bookmarksammlungen verschiedener Nutzer zusammen und schafft eine gewisse Ordnung beziehungsweise Zuordnung der Links zu einzelnen Themen, so erhält man eine Linkdatenbank in der Größenordnung eines Webverzeichnisdienstes – nur mit den tatsächlichen Favoriten der Anwender und nicht entsprechend den Vorlieben einer unter Umständen tendenziös agierenden Redaktion. Auf dieser Basis agieren Social-Bookmark-Dienste wie Mr. Wong (www.mister-wong.de) oder del.icio.us (del.icio.us).

Kein gänzlich neuer Gedanke, es sind eher die dienstältesten Vertreter des Web 2.0, die hier versammelt sind.

Chatroulette – der Reiz des Zufalls

Seit den Kindertagen des Internets ist Chat eine der beliebtesten Applikationen. Der direkte Dialog – von Tastatur zu Tastatur – erfreut sich ungebrochener Beliebtheit. Chat hat sich ausgehend von dieser Urform weiterentwickelt, etwa mit der Integration von Video. In den Monitoroder Laptoprand eingebaute Kameras oder günstige Webcams stehen praktisch überall zur Verfügung. Die notwendige Internet-Bandbreite ist vielerorts kostengünstig zu beziehen.

Eine der interessantesten, aber auch verstörendsten Anwendungen in diesem Umfeld ist Chatroulette. Das von einem russischen Teenager entwickelte System schaltet Chatpartner (inklusive Video) zufallsgesteuert zusammen. Sollte einem das Gegenüber nicht gefallen oder langweilig werden, kann jeder Teilnehmer sich einfach weiterklicken – zum nächsten Überraschungsdialogpartner.

Dies kann durchaus positiv sein und neue interessante Kontakte bringen, es besteht aber die akute Gefahr, dass in der (scheinbaren) Anonymität des Systems etwa Minderjährige an das Online-Äquivalent eines Exhibitionisten oder Ähnliches gelangen.

Mit mehreren Millionen Nutzern ist Chatroulette eine aus dem Social-Media-Umfeld nicht mehr wegzudenkende Alternative.

Und der ganze Rest

Die gerade genannten Dienste stehen beispielhaft für eine große Vielfalt an ähnlichen Dienstangeboten, bei denen es eigentlich immer um eines geht: die persönliche Vernetzung und den Austausch von Erfahrungen und Informationen. Ob unter Schülern und Studenten (SchülerVZ, StudiVZ) oder Eltern, Radfahrern oder Smart-Besitzern: Für praktisch jede Gruppe oder Interessenslage gibt es eine oder mehrere Communities. Es würde den Rahmen des Buchs sprengen, auf alle einzugehen. Entscheidend für dieses Buch sind die dahinterliegenden Strukturen und Mechanismen, und diese lassen sich anhand der hier genannten wesentlichen Vertreter des Social Web gut erkennen.

Ranking und Rating – ich bewerte, also bin ich

Sie kennen es vielleicht: Vergessen Sie bei Ebay Ihre Transaktion zu bewerten, werden Sie ermahnt. Aber auch anderswo wird fleißig bewertet und „gerankt". Portale wie „Spickmich.de" bewerten Lehrer, „meinprof.de" widmet sich dem Hochschulpersonal, „topmedic" der Ärzteschaft. Die Internetnutzerschaft scheint besessen zu sein vom Gedanken der Bewertung.

Buchbewertungen

Eines der Erfolgsgeheimnisse vom Onlinebuchhändler Amazon ist zweifellos die Möglichkeit der Rezension von Büchern und anderen Produkten durch den Anwender. Jeder kann Rezensent sein. Eine für viele verlockende Vorstellung, denen die Literaturkritik in den Feuilletons zu abgehoben erscheint.

Lesen Sie auch die Kundenrezensionen? Dann sind Sie in guter Gesellschaft. Zahlreiche Nutzer steuern gezielt Amazon (und keinen der zahlreichen anderen Buchläden) wegen der Rezensionen als Orientierungsgeber vor dem Kauf an. Zwar haben Buch.de und einige andere auch Rezensionen eingeführt, der Vorsprung durch die starke Basis scheint aber nicht aufholbar.

Grundlegend gilt: Kundenrezensionen entscheiden über den Verkaufserfolg von Büchern. Natürlich nicht ausschließlich. Bei Sach- und Fachliteratur jedoch sehen sich Käufer häufig nach einem anderen Buch um, wenn die negativen Töne der Rezensionen überwiegen. Auch gibt es Käufer, die sich erst bei Amazon nach Rezensionen umsehen und dann im stationären Buchhandel kaufen. Das wissen natürlich auch die Autoren und deren Verleger.

Betrachtet man Amazons Rezensionssystem genauer, so sticht einiges ins Auge. Zum Beispiel das „Ranking" der Rezensenten. Der Amazon-„Top-Rezensent" hat (Stand 6/2010 nach „klassischer Rangliste") bereits beachtliche 2.230 – Sie haben richtig gelesen: zweitausendzweihundertdreißig – Rezensionen verfasst. In eigenen Worten (aus seiner Selbstdarstellung auf Amazon.de): „Bücher erzählen Geschichten. Und welche Spuren sie bei mir hinterlassen, fließt in meine Rezensionen ein. Dass diese wiederum Geschichten auslösen, ist der Reiz, auf Amazon zu schreiben. [...] Und weil ich oft gefragt werde, wem ich die Zeit fürs Lesen und Schreiben stehle, hier die Antwort: Der Nacht. Außerdem lese ich schnell und bei Sachbüchern nach einem System, das die Aufmerksamkeit auf das mir wesentlich Erscheinende richtet. Aber Obsessionen sollte man gar nicht erklären. Bin übrigens fernseh-, aber nicht kritiklos."

Der hier beispielhaft genannte „Top-Rezensent" ist übrigens auch Autor beziehungsweise Co-Autor einiger Marketingbücher.

Glaubt man diversen Presseberichten, so haben verschiedene Verlage und einige Autoren das Amazon-Bewertungssystem bereits als Spielfeld für „Guerilla-Marketing" entdeckt. „Guerilla-Marketing" steht für eine ursprünglich vom US-Autor Jay Levinson geprägte Marketing-Spielart, bei der mit kleinem Budget ungewöhnliche Ideen für die Vermarktung von Produkten in Angriff genommen werden.

Hier steht der Begriff als etwas euphemistische Beschreibung für Marketingmaßnahmen, die teilweise unter die Gürtellinie gehen können, indem etwa Bücher der Konkurrenz gezielt „heruntergeschrieben", das heißt durch negative Rezensionen schlechtgemacht werden, wie es etwa der Fachverlag Galileo Press immer wieder beklagt (www.galileo-press. de/artikel/gp/artikelID-345).

In gleichem Maße werden natürlich von manchen Anbietern die Bücher des eigenen Verlages durch positive Rezensionen gelobt. Die Grenze von „gutem Marketing" zu „Bauernfängerei" verläuft hier fließend, insbesondere da der Leser nicht erkennen kann, in welchem Zusammenhang Rezensent und Autor stehen.

In dem besonders betroffenen Bereich der IT-Bücher sind – nach Galileo-Press-Angaben – zahlreiche Rezensionen gefälscht. Man geht dort von circa 1.000 gefälschten Rezensionen und mehr als 150 betroffenen Büchern aus und will rund 100 gefälschte Identitäten von Rezensenten ausfindig gemacht haben. Demnach ist die neueste perfide Masche nicht das Niederschreiben, sondern eine „Lobhudelei" auf Basis auffällig schlecht geschriebener Bewertungen – perfide, perfide.

Übrigens fallen immer wieder auch Autoren auf, die sich selbst mit Höchstwertungen beurteilen. Selbst dabei ertappt, hat nicht jeder ein schlechtes Gewissen. John Rechy, Autor von „City of Night", verteidigte sich, nachdem ruchbar wurde, dass er sein neues Buch mit 5 von 5 Sternen bewertet hatte: „Es ist schlicht absurd, dass jedermann anonym mein Buch runterschreiben kann. Aber wie wehrt man sich? Einfach jede einzelne [Kritik] widerlegen" (www.guardian.co.uk/technology/2004/feb/15/books.booksnews).

Bei den oben bereits erwähnten Amazon-Top-Rezensenten scheint es übrigens auch nicht immer mit rechten Dingen zuzugehen. Neben der Anzahl der Rezensionen, die bei einzelnen Rezensenten schon Zweifel aufkommen lässt, ob er oder sie die Zeit für das Lesen überhaupt hätte haben können, ist für das Ranking der Rezensenten auch noch der Anteil der Websitebesucher, der die einzelne Rezension als „hilfreich" bewertet hat, relevant. Hier scheint eine Art „Krieg" zwischen Rezensenten ausgebrochen zu sein, der Außenstehende kopfschüttelnd zurücklässt (Details unter: rezensionen.yuku.com).

Ebay-Rating

Würden Sie von einem wildfremden Menschen, der ganz woanders wohnt und lebt, etwas kaufen, ihm vorab dafür Geld überweisen und dann geduldig auf die Lieferung per Post oder Spedition warten? Vor Jahren hätte man derartiges sicher empört zurückgewiesen. Der Onlinemarktplatz Ebay hat das geschafft und damit die Basis für ein Multimilliardengeschäft gelegt. Kern dieser neu entwickelten Vertrauenskultur ist das Bewertungssystem, in dem Mitglieder entsprechend ihrer Transaktionen in der Vergangenheit bewertet werden mit „positiv", „neutral" oder „negativ" – sowohl als Verkäufer wie auch als Käufer. Wie genau das – in den vergangenen Jahren mehrfach überarbeitete – System funktioniert, ist nicht Gegenstand dieses Buches, kann aber bei Interesse hier: pages.ebay.de/services/forum/feedback.html in der aktuellen Fassung nachgelesen werden.

Grundlegend gilt: Bewertungen über ein Ebay-Mitglied sind die wesentliche Möglichkeit, etwas über die Seriosität seines Vertragspartners zu erfahren. Daneben hilft allenfalls noch ein Blick in den Angebotstext des jeweiligen Artikels, aus dem manchmal bereits anhand der Formulierung und der gewählten Abbildungen deutlich wird, dass hier eigentlich etwas verschleiert werden soll, dabei herauszufinden, ob es sich lohnt, das Risiko eines Erwerbs bei diesem speziellen Anbieter einzugehen.

Gute Bewertungen allein bürgen aber nicht unbedingt immer für eine reibungslose Transaktion. Dies hat eine aufsehenerregende Studie der Johannes Gutenberg-Universität Mainz bereits 2006 gezeigt (wallaby.de/news/auktionshaus/studie-ebay-als-plattform-für-produktfälscher-p22.html). Dabei hatte man den Markt für Parfüms bei Ebay untersucht und rund 250 Auktionen beobachtet. Knapp 85 Prozent der angebotenen Duftwässer entpuppten sich als Fälschungen und nur 7 Prozent wurden als Original identifiziert. Dramatische Zahlen. Das eigentlich Interessante hier: Praktisch alle Käufer der Fälschungen bewerteten positiv (99 Prozent), trotz eindeutiger Unterscheidung zum Originalprodukt.

Wie viel ist dann eine positive Bewertung wert? Kann man diese Bewertungen erklären? Versuchen wir es mal:

• Ein Teil der Käufer kennt den Unterschied nicht.

• Ein Teil der Käufer geht – aufgrund des Preises – von Fälschungen aus und ist dadurch ohnehin zufrieden.

• Ein Teil der Käufer erkennt die Fälschung und traut sich nicht, negativ zu bewerten, aus Furcht vor sogenannten „Rachebewertungen".

Auch wenn zwischenzeitlich das Bewertungssystem überarbeitet wurde, so dass Rachebewertungen erschwert wurden, bleiben Fragen offen, inwieweit man den Bewertungen trauen kann. Insofern sind Garantie- oder Versicherungsleistungen, wie der „Käuferschutz", der allerdings nur gewährt wird, wenn mit dem Ebay-eigenen Zahlungsdienst Paypal gezahlt wird, zusätzlich wichtig.

Eine der interessantesten Nebenwirkungen der Ebay-Nutzung ist die Datenspur, die man dabei hinterlässt.

De facto hat Ebay eine praktisch monopolartige Stellung im Onlinege- brauchtwarenhandel. Zunehmend werden auch immer mehr Transak- tionen mit Neuwaren darüber geführt. Wer, wann, was und zu welchem Kaufpreis erworben hat, ist Ebay wohlbekannt. Die Kombination dieser Daten mit den Daten des Ebay-eigenen Zahlungssystems Paypal führen zu einer hohen Informationsdichte über den Kunden.

Ein klein wenig Informationsmacht erhält der Nutzer aber auch. Zumin- dest für einige Wochen lassen sich nämlich nicht nur die getroffenen Bewertungen und die Person des Bewertenden einsehen, sondern auch die Artikel, auf die sich diese bezog. Wenn man den Ebay-Namen einer Person kennt, reicht das aus, um zu sehen, was der oder diejenige gekauft hat. Nicht immer will man daran vielleicht die Öffentlichkeit teilhaben lassen.

Hotels und Restaurants

Wer kennt das nicht: Die Urlaubswirklichkeit   nig bis gar nichts mit der Prospektprosa zu tun. „50 Meter zun   l" verschweigt die dazwischenliegende Küstenautobahn, der „beheizbare Pool" ist zwar beheizbar, wird aber aus Kostengründen eher nicht beheizt, und die „lebhafte Umgebung" ist voll von lautstark feiernden Touristen.

In kaum einer Branche liegen Versprechen und Realität so weit auseinander wie bei Pauschalreisen. Diesen Eindruck muss man zumindest gewinnen, wenn man sich Fernsehberichte zum Thema ansieht oder mit Juristen spricht, die „Urlauber" gegen Reiseveranstalter vertreten. Hier tut Transparenz gut und kann dabei helfen, teure Fehlentscheidungen für die schönsten Wochen des Jahres zu vermeiden. Genau das versprechen uns Hotelbewertungsportale wie „Holidaycheck", „Tripadvisor", „Myhotel", „Zoover" und viele andere.

Die Mechanismen sind dabei ganz einfach. Jeder, der sich anmeldet, kann bewerten und beispielsweise bei Holidaycheck etwa 0 bis 6 „Sternchen" vergeben für die Kriterien:

- Hotel allgemein,
- Zimmer,
- Service,
- Lage & Umgebung,
- Gastronomie,
- Sport & Unterhaltung.

Daraus ermittelt sich dann eine Gesamtbewertung durch den Nutzer. Über alle Nutzer wiederum wird ein Mittel gebildet. Zusätzlich wird eine Weiterempfehlungsrate errechnet, und natürlich gibt es ein Freitextfeld für persönliche Eindrücke. Ihr Geld verdienen die Bewertungsportale für Hotels mit Werbeinblendung auf den Seiten und der Vermittlung von Reiseleistungen.

Schwachpunkt der meisten Angebote ist die Manipulationsmöglichkeit. So gelingt es Testern mit schöner Regelmäßigkeit, geschönte Bewertungen unterzubringen. Skrupellose Hoteliers dürften diese Möglichkeit schon lange für sich entdeckt und verdeckt durch eigene Mitarbeiter oder eigens angeheuerte Agenturen, die ganz offen Internet-Imagepflege offerieren, betrieben haben. Wurden nur einige wenige negative Bewertungen abgegeben, so gehen diese dann schon mal in einer Flut positiver Berichte unter.

Auch die Hotelbuchungsplattform HRS bietet ein Bewertungsschema. Dort hat man sich eine einfache, aber wirksame Lösung zum Schutz von Fehlbewertungen einfallen lassen: Bewerten darf nur der, der tatsächlich im Hotel übernachtet hat. HRS kann das feststellen, da der ganze Buchungsprozess über die HRS-Systeme läuft und HRS von den Hoteliers eine prozentuale Provision je verkaufter Übernachtung erhält. Anders ist das bei den Hotelbewertungsportalen, bei denen im Regelfall keine Transaktion erfolgt. Es bleibt zu ergänzen, dass es ebenso einfach ist, das Hotel eines Konkurrenten per Bewertung zu verreißen wie das eigene zu loben.

Und doch kann die Bewertung von Hotels und Reiseangeboten für den Kunden einen Mehrwert bringen – davon ist der Autor als Vielreisender überzeugt. Auch der ein oder andere Hotelbetreiber hat die positiven Potentiale erkannt und fordert seine Gäste auf, auf Bewertungsplattformen aktiv zu werden. Eine schöne Sache, wenn man sein Haus „in Ordnung" hat.

Lehrer und Professoren unter der Lupe

Mit dem Portal Spickmich – nach eigener Aussage „die interaktive Schüler-Plattform zum Lehrer benoten" – ändert sich das Machtverhältnis im Klassenzimmer. Nach eigenen Angaben des Betreibers nutzten 3/2010 bereits 1,6 Millionen Schüler diese Plattform.

Abbildung 5: Spick mich

Auf Spickmich.de können Schüler ihre Lehrer nach Kriterien wie fachliche Kompetenz, Motivation, Beliebtheit, Bekleidung, faire Prüfungen und Auftreten mit Schulnoten von eins bis sechs bewerten – anonym. Nach Angaben der Betreiber werden Spaß- und Rachebewertungen weitestmöglich herausgefiltert, zudem müssen mindestens zehn Schüler einer Schule einen Lehrer bewertet haben, damit dessen Wertung sichtbar wird. Kritiker dieses Verfahrens merken an, dass sich jeder als Schüler einer speziellen Schule anmelden kann, ohne dass die Identität überprüft wird, und damit Bewertungen abgeben darf. Das mag vielleicht auch so manchen ehemaligen Schüler auf die Idee bringen, den verhassten Fachlehrer, der einen um entscheidende Punkte beim Abitur gebracht hat, nachträglich noch dafür abzustrafen.

Neben der Lehrerbewertung lässt sich auch die Schule insgesamt nach einer Reihe von Kriterien wie technische Ausstattung, Gebäudezustand, Fächerangebot und Schulleitung bewerten. Spätestens hier wird es aber auch für den wohlmeinendsten Betrachter kritisch, denn welcher Schüler hat schon eine Vergleichsmöglichkeit für verschiedene Schulen, die eine solche Bewertung rechtfertigt.

Naturgemäß sehen Lehrerverbände die Bewertung von Lehrkräften durch die Schüler kritisch. Bedenken von Datenschützern hinsichtlich der Persönlichkeitsrechte der Lehrer wie auch Klagen von Lehrern gegen das Portal blieben bislang ohne Ergebnis.

Ein in den Grundzügen gleiches Konzept findet sich für die Hochschullandschaft unter meinprof.de (mit Ablegern auch in Österreich und der Schweiz). Auch die Hochschullehrer und deren Vertreter sind im Regelfall nicht glücklich und versuchen, gegen Bewertungen oder auch gegen die Aufnahme der Dozenten in die Bewertungen aktiv vorzugehen. Auch die Datenschützer haben Bedenken. Bei näherer Betrachtung sieht man auch, warum: Die umfassende Kommentarmöglichkeit wird teils zu beleidigenden Äußerungen genutzt. Dennoch versuchen die Betreiber, die Plattform auch dem Lehrpersonal anzudienen:

Bei meinprof.de können sich auch Dozenten registrieren, um das Feedback auf die eigenen Veranstaltungen zu sehen und mit den Studenten in Kontakt zu treten, oder ein eigenes Profil anlegen und auf Lehrveranstaltungen hinweisen. Mindestens Letzteres dürfte redundant zu den Informationen sein, die ohnehin in dem Hochschulinformationssystem oder auf der Hochschulwebsite gepflegt werden.

Ärzte unter dem Mikroskop

Nicht nur das Nachrichtenmagazin „Focus" hat inzwischen eine Liste der besten Ärzte. Auch im Internet gibt es mittlerweile Empfehlungsportale, die medizinische Leistungsträger bewerten, zum Beispiel bei Topmedic durch Schulnoten bei diesen Kriterien:

• Organisation & Service,

• Erscheinungsbild,

• Personal,

• Arzt/Ärztin (Leistung),

• Weiterempfehlung.

Zudem lässt sich ein Freitext auf die Frage: „Warum würden Sie die Praxis empfehlen bzw. nicht empfehlen" eingeben.

Auch hier stellt sich die Frage: Kann der Patient tatsächlich die Leistungen der Ärzte vergleichen, oder orientiert sich seine Bewertung nicht eher – ob unbewusst oder unbewusst – an seinem eigenen Krankheitsverlauf beziehungsweise seiner Gesundung?

Abbildung 6: Topmedic

Anwälte im Check

Auch vor der Juristenzunft machen die Bewertungsportale nicht halt. Das Schema ähnelt dem der Arztbewertungen. Zahlreiche Portale buhlen um Kundschaft. Anwalt.de – seit 2004 am Markt – bietet die Suche nach geeigneten Anwälten ebenso an wie direkte telefonische Anwaltsservices via Telefon-Mehrwertdienstnummer (1,99 Euro/Minute) und bietet auch Bewertungsmöglichkeiten – mit „Sternchen" – ähnlich einer Hotelbewertung, was bei näherer Betrachtung nicht weiter verwundert, sind doch laut Website die Gründer eine „Gruppe Unternehmer aus dem Investoren- und Management-Umfeld der hotel.de AG, einem führenden Hotelreservierungsservice".

Anwaltvergleich24 bietet etwas andere Kriterien an, die der Mandant bei seinem Anwalt bewerten kann:

- Freundlichkeit,
- Schnelligkeit,
- Zuverlässigkeit,
- Kostentransparenz,
- Risiko/Chancenaufklärung.

Aus diesen mit Schulnoten zu bewertenden Einzelkriterien errechnet sich dann eine Gesamtnote.

Zusätzlich gibt es dann einen Freitext, in dem man – in einem zufällig herausgegriffenen Fall – zum Beispiel folgenden Text (Auszug aus der Bewertung in einem Onlineportal) lesen kann: „Die hübsche Rechtsanwältin macht Richtern und Staatsanwälten schöne Augen [...]. Sie erreicht damit die Inhaftierung Unschuldiger und hohe Abstandszahlungen für ihre Mandanten."

Ob man das als Organ der Rechtspflege über sich lesen möchte, soll hier nicht diskutiert werden.

Arbeitgeber im Fokus

Welches Unternehmen steht nicht gerne auf der Liste der Arbeitgeber, bei denen Hochschulabgänger und Aufsteiger gerne arbeiten wollen? Verschiedene Wirtschaftszeitschriften veröffentlichen regelmäßig aus Umfragen gewonnene Erkenntnisse in ihren Rankings.

Ab und an liegen zwischen Wunschvorstellung und Realität aber Hindernisse. Eine Reihe von gerade neu entstehenden Arbeitgeberbewertungsportalen versucht diese Lücke zu schließen. Ein Beispiel ist das österreichische Startup: „Kununu". Es erlaubt auf seiner Website die anonyme Bewertung von Arbeitgebern beziehungsweise Arbeitsverhältnissen im Unternehmen durch den Arbeitnehmer.

Wir bewerten alles

Ratingwebsites müssen nicht immer auf einzelne Produkte oder Themen fixiert sein. So versucht der Anbieter „KennstDueinen.de" Bewertungsmodelle auf alle möglichen Dienstleister auszuweiten, sozusagen alles, was sich an Service ranken lässt, soll dort vertreten sein. Derzeit krankt die Seite jedoch an der lückenhaften Abdeckung wesentlicher Branchen selbst in Großstädten. Die Richtung ist jedoch klar. Weder der Anbieter eines Produktes noch ein Dienstleister kann sich der Bewertungsmanie entziehen.

Bewertungsportale als Pranger des Internets

Bewertungsportale sind inzwischen Alltag im Web und Bestandteil der Geschäftskultur. Die wesentliche Gefahr dabei: Nicht selten werden dabei das Internet auch zum Pranger und die Bewertung zum Teil eines „Rachefeldzugs", wenn man sich falsch oder ungerecht behandelt fühlt. Dies liegt zum Teil in der Natur der Sache: Wer kann schon die Leistung seines Arztes objektiv bewerten oder die Lehrmethodik seines Informatikprofessors vergleichen.

Es gibt durchaus auch Portale, die gezielt die Negativaspekte nach vorne stellen. So konnte man unter www.rottenneighbor.com seinen Nachbarn anschwärzen oder bei „kundezahltnicht" säumige Schuldner an den Pranger stellen (beide Portale sind nicht mehr existent). Noch verfügbar und sehr beliebt ist „Don'tdatehimGirl(until you check him out first)", das sich – positiv formuliert – dem Rating von (männlichen) Date-Partnern verschrieben hat.

Neben Informationen und dem Austausch der Nutzer zu Beziehungsfragen gibt es die Möglichkeit, Männer anonym zu bewerten. Die bewerteten Männer stehen mit vollständigem Namen, Wohnort und teilweise auch mit Bild online. Eine beliebig herausgegriffene Bewertung liest sich dann so: „Dieser Typ schläft mit jeder. Er ist charmant, wie die meisten Männer, die Betrüger sind. Nach Angaben seines Nachbarn bringt er fast jeden Tag ein anderes Mädchen mit nach Hause [...]." Den Rest des Beitrags inklusive der Würdigung der sexuellen Kompetenzen erspare ich Ihnen. Und das war noch eine der harmloseren Wertungen auf dem Portal. Onlinepranger ist hier sicher der richtige Ausdruck.

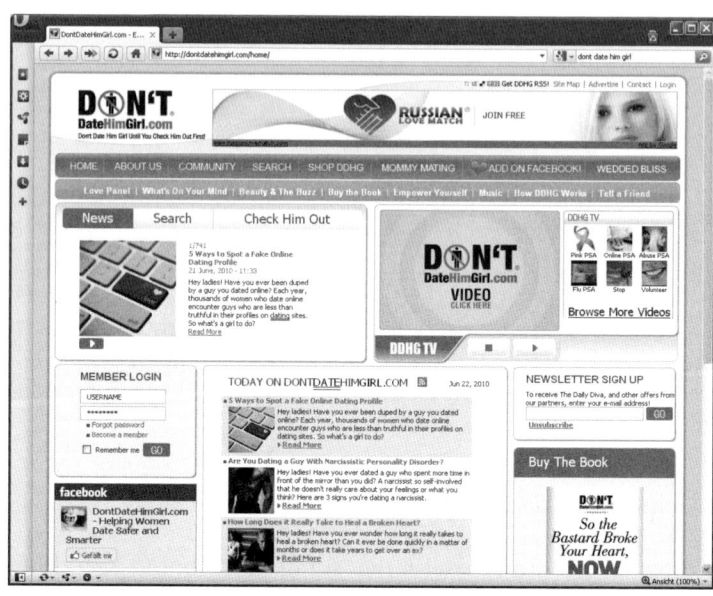

Abbildung 7: Don'tdatehimGirl

Megatrend Ranking & Rating

Der Web-Monitoring-Anbieter Infospeed geht für Deutschland (nach einer Erhebung aus 4/2008) von mehr als 100 aktiven Bewertungsportalen aus. Darüber hinaus sollen – nach der gleichen Quelle – circa 12.500 Shops in Deutschland Produktbewertungsfunktionen und über 160.000 Foren Bewertungen zumindest zum Teil zum Foreninhalt haben.

Wer will da noch den Überblick behalten?

Open Innovation & Co-Creation

Eine Bewertung abzugeben ist ein erster kleiner Schritt zur aktiven Teilnahme im Social Web. Sehr viel mehr Aufwand erfordert das aktive Mitmachen bei dem, was – mangels besserer Begriffe – häufig mit Co-Creation beschrieben wird. Hierbei geht es um Mitarbeit, aber weniger um Mitarbeit im Sinne eines Berufes, sondern mehr um Berufung.

Linux – die Community macht's

Eine ganz besondere Art der Co-Creation über das Internet ist sicher Linux. Das offene Betriebssystem liefert mit einer Reihe von darauf auf-bauenden Tools die Basis für einen erheblichen Teil der Internetanwen-dungen. In Entwicklerkreisen sprach man lange Zeit von LAMP-Umge-bungen, als Abkürzung für Linux, Apache (der weltbekannte Webserver), mysql (die Datenbank) und PHP (die Programmiersprache für Weban-wendungen) als Grundlage aller Webwelten. Heute gibt es zugegebe-nermaßen weit mehr Tools, aber Linux bleibt die Grundlage der meisten Anwendungen und ist ebenso damit die Basis für die meisten Erfolgs-storys von Startups im Internet. Auch wenn es kostenlos zur Verfügung steht, hat es einen Wert.

Aber was ist Linux wert? Eine Möglichkeit, sich dem zu nähern, ist es, mit Hilfe von Softwareplanungsverfahren zu bemessen, wie viel Aufwand dort drinsteckt. Die Linuxfoundation hat hierzu beeindruckende Zahlen errechnet (www.linuxfoundation.org/news-media/announcements/ 2008/10/linux-foundation-publishes-study-estimating-value-linux):

Dort kommt man auf 1,4 Milliarden US-Dollar für die Entwicklung des Linux Kernel (also der Basis des Systems) und erstaunliche 10,8 Milliar-den US-Dollar für die Linux-Distribution „Fedora 9" – jeweils gerechnet in heutigen Entwicklungskosten. Eine Linux-Distribution umfasst dabei den Betriebssystemkern („Kernel") und weitere Software, die notwendig ist, um daraus ein Betriebssystem zu bilden.

Linux ist sicher der überzeugendste Beweis für das Potential, das im Internet in Sachen Zusammenarbeit steckt. Aber es geht auch ohne Pro-grammierkenntnisse, etwa durch das Einbringen von eigenen Ideen. Aus Sicht der nutznießenden Unternehmen spricht man dabei von „Open Innovation".

Kaffeesatz lesen für die Zukunft

Kaffee-Röster Tchibo ist jedem Leser bekannt. Nicht notwendigerweise nur für Kaffee, sondern vielfach für seine innovativen Produktsorti-mente, die „jede Woche eine neue Welt" versprechen und von Kleidung bis Haushaltswaren über Gartenmöbel bis zur Unterhaltungselektronik übers Jahr gesehen alles Denkbare und manchmal auch Undenkbare abbilden. Zunehmend werden dabei nicht nur bestehende Waren kom-biniert, sondern auch eigene Ideen und Designs entworfen und durch Auftragsproduzenten in aller Welt in Produktform gebracht.

Abbildung 8: Tchibo-Ideas

Dafür setzt man inzwischen auch auf nutzerbasierte Innovationen und hat dazu die Plattform Tchibo-Ideas ins Netz gestellt.

Probleme aus dem privaten Lebensumfeld lassen sich – ebenso wie Lösungsideen dazu – beschreiben und auf die Plattform hochladen. Tchibo erhält damit im Zweifel einen exklusiven Zugriff auf die Idee oder das Konzept des Anwenders, wie die FAQ beschreiben:

„[...] wenn du mit Tchibo kooperieren willst, dann verpflichtest du dich, deine Lösung Tchibo exklusiv zur Verfügung zu stellen – und dies für einen bestimmten, in einem gesonderten Vertrag geregelten Zeitraum. [...] Bereits nach dem Einstellen deiner Lösung auf Tchibo ideas, also während der Prüfungsphase durch Tchibo, verpflichtest du dich, deine Lösung geheimzuhalten und auch sonst weder zu veröffentlichen noch anzubieten."

Das finanzielle Potential erscheint für die Art „Hausfrauen- oder Hausmännererfindung", die Tchibo hier offensichtlich vorschwebt, durchaus beschränkt zu sein.

Einerseits gibt es ein Voting – eine Bewertung der Ideen durch die anderen Mitglieder der Ideen-Community – mit der Chance auf ein wenig „Haushaltsgeld" oder in der Sprache der FAQ:

„Erhält deine Aufgabe von der Community die meisten Stimmen, kannst du mit 1.200 Euro rechnen. Schafft es deine Lösung unter die ersten drei, gibt es 500 Euro, 1.500 Euro bzw. 2.000 Euro – jeweils für den dritten bis ersten Platz. Der Jahresgewinner wird mit satten 10.000 Euro geehrt. [...]

Dein persönliches Preisgeld setzt sich nun wie folgt zusammen: Die Prämien für Platz eins (2.000 Euro), Platz zwei (1.500 Euro) und Platz drei (500 Euro) werden addiert. Anschließend wird die Summe (4.000 Euro) durch die Anzahl der Erstplatzierten (in diesem Fall vier Personen) geteilt. Also bekommt jeder 1.000 Euro. [...]" Aha!

Andererseits gibt es die Möglichkeit, dass Tchibo eine eingereichte Idee „lizenziert". Dafür gilt (ebenfalls aus den FAQ auf der Seite zitiert, Hervorhebungen durch den Autor):

„Sollte Tchibo aufgrund der Popularität deiner Lösung in der Community deine Lösung oder Teile deiner Lösung umsetzen und vermarkten und deine Lösung Schutzrechten (wie z. B. Urheberrechten, Patenten oder Geschmacksmustern) unterliegen bzw. schutzrechtsfähig sein, wird Tchibo einen gesonderten Vertrag mit dir schließen, der eine **angemessene** Vergütung vorsieht. Voraussetzung hierfür ist allerdings, dass die Lösung auch (technisch) umsetzbar ist.

Wenn deine Lösung keinen Schutzrechten (mehr) unterliegt, ihr also weder Urheberrechtsschutz, noch die Möglichkeit des Schutzes als Patent, Gebrauchsmuster, Geschmacksmuster, Marke oder sonstiges Schutzrecht zukommt, die Lösung aber Tchibo bisher nicht bekannt ist und Tchibo die Lösung gerne vermarkten möchte, kann Tchibo dir **nach eigenem Ermessen eine einmalige Pauschalsumme** für die Benutzung deiner Lösung zahlen."

Immerhin gibt es auch ein Voting für gestellte „Aufgaben".

Ob sich nun jemand findet, der eine „Rückenkraulmaschine" baut, die sich „ninifee70" so sehnlich wünscht, oder sich der „Gesichtsbräuner für den PC-Bildschirm" von „Angelika26" realisieren lässt (beides sind Ideen von 6/2010 auf Tchibo-Ideas), muss an der Stelle offenbleiben.

Der Nachschub an Tchibo-Aktionsartikeln scheint aber gesichert.

Dell im Ideensturm

Bereits seit Mitte der 2000er-Jahre experimentiert der Computerbauer Dell mit Social Media. Nach frühen Versuchen mit einem Weblog, in dem Dell teilweise heftig von unzufriedenen Kunden angefeindet wurde – man sprach in den Medien bereits von „Dell-Hell" – fokussieren sich die Aktivitäten heute vor allem auf eine „Ideastorm" genannte Website (www.ideastorm.com). Ähnlich wie bei dem Beispiel von Tchibo versucht man, damit Ideen für Produkte und Dienstleistungen von Endnutzern zu erhalten.

Die Eintragungen sind für verschiedene Kategorien (Produktideen, Ideen für das Business von Dell, Neue Themen) möglich und können von anderen Teilnehmern gerankt werden.

„Top-Idee" während der Buchrecherche war der Hinweis, man möge doch den Kundenservice nicht weiter in Offshore-Länder vergeben. Auch andere – teils gravierende – Beschwerden finden teilweise sehr prominenten Zuspruch und schaffen es auf die Liste der „Top Ideas". Neben der Sammlung von Ideen ist die „Ideastorm-Website" damit auch ganz offensichtlich ein Werkzeug für die Kanalisierung von Beschwerden beziehungsweise das Beschwerdemanagement.

Neu bei Dell gegenüber sonstigen Ansätzen sind die sogenannten „Storm Sessions". Dies sind Live-Sessions, in denen – alle paar Wochen zu definierten Uhrzeiten – Themen live in einer Art Webkonferenz diskutiert werden.

Navigation selbstgemacht

Bis vor wenigen Jahren galten Kartendaten für Navigationssysteme als wertvolles Gut. Der niederländische Navigationssystemhersteller Tom-Tom und der finnische Handybauer Nokia gaben jeweils Milliarden für den Ankauf der großen Anbieter von Kartendaten aus (2007: Nokia kauft Navteq für 5,7 Milliarden Euro/TomTom kauft Teleatlas für 2,9 Milliarden Euro) und dann kam Google und mit Google sukzessive kostenlose Kartendaten (etwa zur Einbindung in Websites) und Navigation (etwa auf dem Mobiltelefon).

Die Benutzung der Karten von Google und anderer Anbieter wie Microsoft (Bing Maps) ist zwar im Allgemeinen kostenlos, aber an Bedingungen geknüpft. Im Regelfall müssen die Websites oder APIs (Programmierschnittstellen) des Anbieters genutzt werden, bereits das Ausdrucken ist nicht immer erlaubt, vom Zugriff auf zugrunde liegende Geodaten oder Routing-Algorithmen ganz zu schweigen. Hier kann man stets nur die Vorgaben des Anbieters befolgen (und hoffen, dass der angebotene Dienst dauerhaft kostenfrei bleibt) oder davon Abstand nehmen und gleich wieder auf ein kommerzielles Produkt setzen.

In diese Lücke stößt nun Openstreetmap als ein Co-Creation-Projekt mit dem Ziel, eine freie – also nicht nur kostenlose – Weltkarte zu erschaffen. Dazu sammeln die Mitglieder der Community weltweit Daten über Straßen, Eisenbahnen, Flüsse, Wälder, Häuser und andere Kartenmerkmale. Aufgrund der Neuerhebung der Daten liegen die Rechte beim Openstreetmap-Projekt.

Die damit erfassten Daten darf jeder lizenzkostenfrei einsetzen und beliebig weiterverarbeiten – etwa als Anfahrtsskizze für die eigene Website oder als Abdruck in einem Buch. Auch ein Navigationsgerät lässt sich damit – zumindest theoretisch – mit aktuellem Kartenmaterial versorgen.

Der geneigte Leser hat vielleicht auch bereits die Erfahrung machen müssen, dass ein Update von Kartendaten für ein existierendes Navigationssystem beim Originalanbieter durchaus teurer sein kann als der Neukauf eines Navigationsgerätes mit aktuellem Kartenmaterial.

Mit einer einfachen Anmeldung bei Openstreetmap kann nun jeder einen aktiven Beitrag durch das Dokumentieren und Weitersenden von Kartendaten („Mapping") wie auch durch das Korrigieren von Fehlern in existierenden Kartensegmenten („Openstreetbugs") leisten. Alternativ ist es möglich, zum Beispiel Luftbilder abzuzeichnen und damit die „am Boden" erfassten Daten zu vervollständigen.

Auch die Mitarbeit in der Softwareentwicklung ist bei OpenStreetMap denkbar – etwa bei der Weiterentwicklung der zentralen Datenbank, den Editoren, an der Software selbst, die die Karten zeichnet, und an verschiedenen Hilfsprogrammen. Und auch als Datenspender ist man herzlich willkommen, etwa durch Bereitstellung von Luftbildern oder alten Stadtplänen, deren Copyright abgelaufen ist, oder der Übermittlung der GPS-Tracks von Kurierfahrzeugen.

OpenStreetMap sammelt die Daten und nutzt sie zum Ausbau des eigenen „Geo-Wikis".

„We are producteurs.com"

Der bekannte französische Filmemacher und Produzent Luc Besson („Das Fünfte Element") geht auf seiner mit Unterstützung eines französischen Telekommunikationsunternehmens eingerichteten Website „weareproducteurs.com" neue Wege für das Filmgeschäft.

Registrierte Nutzer haben ein (eingeschränktes) Mitspracherecht bei der inhaltlichen Ausrichtung des anstehenden Filmes (u.a. bei Drehbuch, Regisseur, Schauspielern). Zudem dürfen sie sich kleinteilig über Anteile im Wert zwischen 10 und 500 Euro beteiligen.

Ein interessanter Ansatz und sicher mehr als ein Marketinggag, wie man vielleicht vorschnell zu unterstellen geneigt ist.

Social Commerce/Social Shopping

Social Commerce beziehungsweise Social Shopping ist der Oberbegriff für eine Vielfalt von einzelnen Themen, die jeweils als Kombination von E-Commerce – also elektronischem Handel – mit dem Social Web betrachtet werden können. In jedem Fall kommt es auf die aktive Beteiligung des Kunden an, am Design, Verkauf und/oder der Vermarktung, zum Beispiel über Kaufempfehlungen. Dazu gehören etwa alle E-Commerce-Angebote, die Wunsch- oder Empfehlungslisten der Teilnehmer bündeln.

Daneben existieren Websites, auf denen Händler und Produkte bewertet werden können. Der Anwender gibt dabei anderen Nutzern Orientierung bei speziellen Produkten und Dienstleistungen. Bewertungsmechanismen sind seit vielen Jahren etwa bei Ebay (Käufer- bzw. Verkäuferbewertung) oder Amazon (Buch- und Produktbewertungssystem) bekannt.

Derartige Hilfen zur Orientierung durch den Angebotsdschungel, die von Nutzern für Nutzer erbracht werden, bezeichnet man auch als Soziale Navigation.

Auch die (Mit-)Gestaltung von Produkten durch den Anwender fällt unter Social Commerce. Insofern gibt es hier eine enge Verwandtschaft zu dem im nächsten Abschnitt beschriebenen Begriff der „Mass Customization".

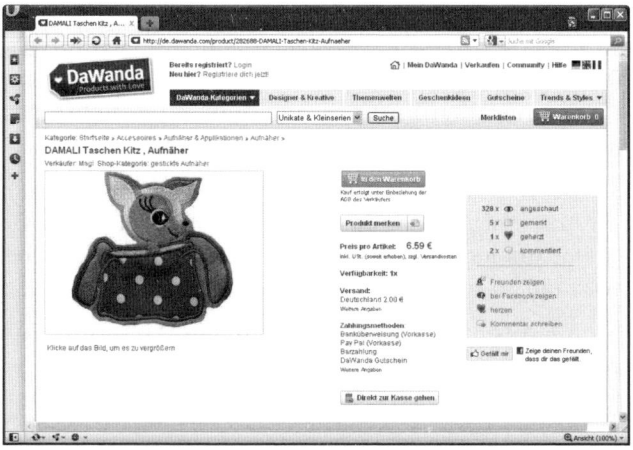

Abbildung 9: Dawanda

Aber auch das Gegenteil von Masse taucht beim Social Shopping auf. Individuelle Produkte, die von kreativen Individuen als Einzelstück oder Kleinserie gebastelt, geschneidert, geschreinert oder sonst erzeugt werden, werden auf speziellen Plattformen wie Dawanda angeboten.

Funktionen für die Abgabe von Kommentaren und Weiterempfehlungen sind wesentlicher Bestandteil dieser Lösungen und machen das „Soziale" im Social Commerce aus.

Mashups – auf die Kombination kommt es an

Von einem „Mashup" spricht man ganz allgemein, wenn neue Inhalte durch die Kombination bereits existierender Inhalte entstehen. In der Kunstwelt wäre dies etwa eine Collage. Im Internet wird die Kombination von Webinhalten und -anwendungen entsprechend als Mashup bezeichnet, dabei werden offene Programmierschnittstellen, die andere Webanwendungen bereitstellen, sogenannte APIs (API = Application Programming Interface), genutzt.

Bekanntestes Beispiel sind Anwendungen auf Basis von Google Maps oder Microsoft Bing Maps. So lassen sich eigene Lokationen mit Hilfe der vom Anbieter bereitgestellten Kartendaten anzeigen beziehungsweise mit diesen verbinden, wie das Beispiel der Händlersuche bei Autoscout24 (siehe Abbildung) zeigt.

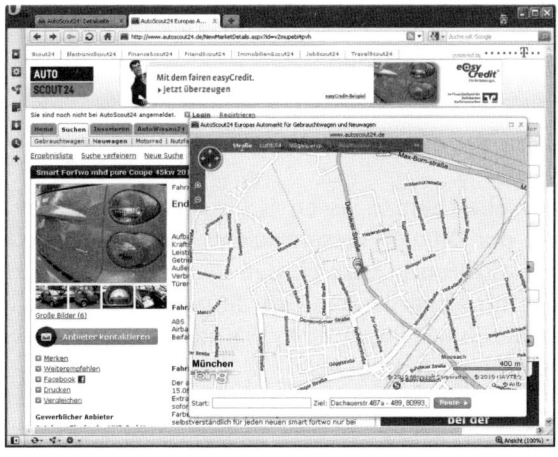

Abbildung 10: Autoscout24

Mit Hilfe der Funktion findet man bei Autoscout24 – im Unterschied etwa zum sonst ähnlichen Angebot von Mobile.de – nicht nur die Telefonnummer und Anschrift zum Fahrzeug, sondern kann sich diese direkt auf der Karte anzeigen und eine Route dorthin berechnen lassen.

Beispiel: Nordschleife

Auch im privaten Umfeld lassen sich Mashups aus vorhandenen Daten anfertigen und auf interessante Weise visualisieren. So liefern bestimmte Ausführungen von Porsche-Fahrzeugen Daten über Fahrzustände (u.a. Geschwindigkeit, gewählter Gang und Drehzahl sowie Positionsdaten) über die sogenannte „Sport Chrono Funktion". Diese Daten lassen sich später auslesen und auswerten.

Auf www.borgmann.tv/tools/map-test-1.html findet sich beispielsweise ein einfaches Mashup der Fahrdaten mit einer Strecke in der Eifel – von einem computerkundigen Nutzer auf relativ einfache Weise selbst erstellt, experimentell aber durchaus eindrucksvoll. Die Strecke hat der motorsportinteressierte Leser natürlich längst anhand des Bildausschnitts als „Nordschleife" oder „Grüne Hölle" identifiziert.

Allen anderen sei vorsorglich gesagt: Es handelt sich um eine der berühmtesten Renn- und Teststrecken der Welt. Auf dieser gilt Ein-Richtungsbetrieb und keine allgemeine Geschwindigkeitsbegrenzung, so dass hier vom Fahrer – soweit aus den Daten ersichtlich – an keiner Stelle gegen Gesetze verstoßen wurde.

Anders sähe die Sache aus, würde man solche Daten auf normalen Straßen erheben und ins Internet stellen. Dies wäre ähnlich unverantwortlich und dumm, wie etwa sich bei nicht straßenverkehrsordnungskonformem Fahren zu filmen und etwa auf Youtube oder andere Videoplattformen hochzuladen.

Beispiel: Vesseltracker

Auch kommerzielle Dienste lassen sich durch Mashups realisieren. So verbindet etwa der Dienst „Vesseltracker" Daten über die Position von Schiffen aus dem AIS mit Kartendaten. Über das AIS-System tauschen alle entsprechend ausgerüsteten Schiffe per Funk kontinuierlich ihre aktuellen Fahrdaten wie Position, Kurs und Geschwindigkeit sowie weitere relevante Informationen aus.

Über Vesseltracker wird das Nachverfolgen der Fahrtroute eines Schiffes ebenso möglich wie ein automatischer Benachrichtigungsservice, wenn etwa ein Schiff einen Hafen erreicht hat. Beides Informationen, die für Reedereien und andere am Transportweg Beteiligte wichtig sind.

Wenn Ihnen die maritime Welt zu weit von der Vorstellungswelt entfernt erscheint, dann besuchen Sie doch mal www.swisstrains.ch. Dort sehen Sie Zugbewegungen in der Schweiz – live und in Farbe.

Für den Mashup-Entwickler ist die Situation, in der er seine Entwicklung realisiert, durchaus ein zweischneidiges Schwert: Er erhält Zugriff auf leistungsfähige Anwendungsteile und teilweise auch auf vorhandene Daten hoher Qualität. Die Anwendung lässt sich schnell und zu geringen Kosten realisieren (siehe oben etwa das Beispiel des privaten Mashups mit den Kfz-Fahrdaten).

Der Entwickler ist aber von der dauerhaften Bereitstellung der Anwendungsbasis durch den Anbieter abhängig.

Ein wesentlicher Nachteil ist auch das: „Anbieter liest mit", das heißt, durch die Nutzung der Schnittstelle erhält der Anbieter Zugriff auf Daten des Mashups und kann diese sammeln und für eigene Belange auswerten.

Für den Endanwender (den Nutzer einer Website) ist übrigens nicht immer klar, dass seine Daten auch an Dritte – also den oder die Anbieter von in einer Webanwendung per Mashup integrierten Fremdanwendungen – gehen, wenn er diese auf einer Website eingibt.

Mass Customization

In nicht wenigen Fällen beschränkt sich das Mitmachen im Internet auf die Äußerung individueller Wünsche zur Ausgestaltung eines Produktes oder Dienstes – man spricht hier von „Mass Customization" beziehungsweise „Kundenindividuelle Massenfertigung".

Der Begriff geht auf einen ursprünglich wissenschaftlichen Ansatz aus den 90er Jahren des vergangenen Jahrhunderts zurück, der dem Käufer eines Produktes oder einer Dienstleistung eine höhere Individualität seiner Neuerwerbung verspricht, als es üblicherweise in der industriellen Massenfertigung möglich ist.

Das klingt gut, ist aber primär aus wirtschaftlichen Motiven getrieben. Kerngedanke bei der Entwicklung des Konzeptes war nämlich, dass man als Hersteller von Gütern höhere Preise für individualisierte Produkte durchsetzen und sich dadurch zumindest zum Teil einem Preiswettbewerb entziehen kann. Erst durch den Einsatz von Informationsverarbeitung ist dieser Gedanke durchsetzbar, ohne dass mit der Individualisierung der Leistungen auch die Kosten explodieren.

Insbesondere das Internet hat dabei geholfen, Kundenwünsche der Nutzer automatisch aufzunehmen, zu filtern, zu organisieren und so aufzubereiten, dass sie für die Produktion umsetzbar sind.

Das klingt zunächst eher abgehoben, ist aber ganz einfach, wenn man das passende Beispiel heranzieht:

Bei MyMuesli.com etwa – einem deutschen Startup – kann sich jeder Nutzer seine individuelle Müslimischung komponieren und bekommt diese dann „frei Haus" geliefert. Der Preis liegt deutlich über dem eines fertiggemischten Müslis aus dem Lebensmittelmarkt.

Abbildung 11: MyMuesli

Da die Wahlmöglichkeiten viele Kunden – insbesondere Neukunden – überfordern, bietet Mymuesli diverse Hilfestellungen, wie etwa für bestimmte Zielgruppen (Sportler etc.) vorbereitete Mischungen, an.

Neben MyMuesli ein weiterer bekannter Vertreter der Individualisierungswelle ist Spreadshirt: ein Anbieter, bei dem man individuelle T-Shirts designen, also im Wesentlichen die Farbe oder Farbkombination und den Aufdruck bestimmen, kann. Spreadshirt erlaubt daneben auch, einen eigenen Onlineshop für die eigenen Designs anzulegen, der vom Anbieter vollständig betrieben wird – samt Produktion, Logistik und Bestellabwicklung.

Das Internet wird auch zukünftig eine entscheidende Rolle beim Fortschritt der Individualisierung von Produkten spielen. So etwa auch bei Gütern, die – über das Internet mit dem Hersteller verbunden – sich auch nach dem Kauf noch individualisieren lassen. Der Autobauer Audi hat für einen zukünftigen A2 angekündigt, dass man hierfür Funktionen wird freischalten lassen können, wie etwa einen Tempomat oder Bordcomputer, wenn man nach dem Kauf feststellt, dass man das Extra doch gerne gehabt hätte. Bestellt wird im Internet – aktiviert wird die Funktion dann direkt über das Internet am Fahrzeug. Die Individualisierung ist hier natürlich keine echte. Das Fahrzeug bringt von Hause aus alle denkbaren softwarebasierten Extras mit und erlaubt lediglich die Nutzung derjenigen Teile, die lizenziert sind. Konzepte, die aus der Softwarebranche bekannt sind, sollen hier auf das Auto übertragen werden.

Ohne in diesem Rahmen das weitläufige Thema „Mass Customization" vollständig abdecken zu können, sei an dieser Stelle noch auf einige aktuelle Varianten hingewiesen. So spricht man von kollaborativen Ansätzen, bei denen der Kunde in die Produktentwicklung und/oder die Designgestaltung miteinbezogen wird (Co-Creation) und das Produkt entsprechend produziert wird. Häufiger sind adaptive Ansätze, bei denen der Händler, der ausliefernde Dienstleister oder der Kunde selbst die Individualisierung vornimmt. Das Produkt selbst ist hier von Haus aus standardisiert.

Marketing wäre nicht Marketing, wenn es nicht auch noch eine Variante mit der Bezeichnung „kosmetische Individualisierung" geben würde. Dabei wird ein standardisiertes Produkt an verschiedene Kunden in unterschiedlicher Art vermarktet und lediglich der Eindruck der Individualisierung erweckt. In Wahrheit ist hier nur das Marketing individuell.

Protest im Social Web

Mit dem Social Web hat der einzelne Nutzer die Möglichkeit, sich auf vielfältige Weise – ob als Kommentar auf der Website eines Unternehmens, über einen Beitrag in einem Weblog oder in einem Diskussionsforum mit einem Videobeitrag auf Youtube – zu artikulieren. Davon profitiert der Nutzer auch in seiner Möglichkeit, seinen Unmut auszudrücken. Onlineprotest ist nicht nur möglich und vielfältig, sondern unter Umständen auch sehr wirksam und ausbaufähig, wie die nun folgenden Beispiele illustrieren.

Beispiel: United Airlines

Zu weltweiter Bekanntheit schaffte es ein Fall, in dem eine Fluggesellschaft die Verantwortung für eine auf dem Transportweg zerstörte Gitarre ablehnte. Betroffen war der Sänger einer Folk-Band, der seine Erfahrungen in drei Songs verarbeitet und diese auf Youtube hochgeladen hatte (Stand 5/2010). Allein der erste – „United breaks guitars" – wurde mehr als 8,5 Millionen Mal aufgerufen.

Hintergrund des kreativen Protestes: Nach eigenem Bekunden musste er vom Flugzeug aus zusehen, wie Transportarbeiter im Auftrag der Fluggesellschaft die Gitarre beim Umladen – durch Werfen – schwer beschädigten. Eine detaillierte Beschreibung zum Sachverhalt findet sich auf der Website des Musikers selbst: www.davecarrollmusic.com/ubg/ und auf zahlreichen Nachrichtenwebsites, die den Fall aufgegriffen haben.

Ein gutes Beispiel für die Möglichkeiten, die in viralen Effekten stecken.

Beispiel: BP

Mit Blick auf die Ölkatastrophe im Golf von Mexiko 2010 formierte sich auch im Internet Protest gegen den Ölkonzern BP (in Österreich unter eigener Marke vertreten, in Deutschland „Aral"). Neben den in solchen Fällen üblichen Protest- und Boykott-Aufrufen fällt ein besonders aktives Twitter-Angebot mit dem Namen „BPGlobalPR" auf, das zunächst den Eindruck erweckt, die offizielle Plattform für BP zu sein. Mit rund 170.000 Followern ist „BPGlobalPR" auch gut verdrahtet (Stand 6/2010).

Abbildung 12: BP Global PR

Beschäftigt man sich dann näher damit, so wird klar: Die versendeten Nachrichten stammen wohl kaum von BP selbst, sondern haben satirisch-protestorientierten Charakter. Klickt man dann auf die verlinkte Firmenwebsite, kann man ein T-Shirt mit durch einen Ölfleck „verzierten" Logo und Slogan von BP („BP cares") erwerben. Der Erlös kommt einer gemeinnützigen Einrichtung zugute.

Diesen Ansatz darf man durchaus als innovative Web-2.0-Protestform interpretieren, zumal im Vergleich dazu das offizielle BP-Statement-Twitter-Konto („BP_America") zum gleichen Zeitpunkt nicht einmal 10 Prozent der Follower des Fake-Accounts ausweist.

Abbildung 13: BP America

Vom deutschen BP-Ableger („BP_energie"), der nach Augenschein im Wesentlichen die Tweets von „BP_America" übernimmt, ist kaum die Rede – kein Wunder bei nur rund 500 Followern.

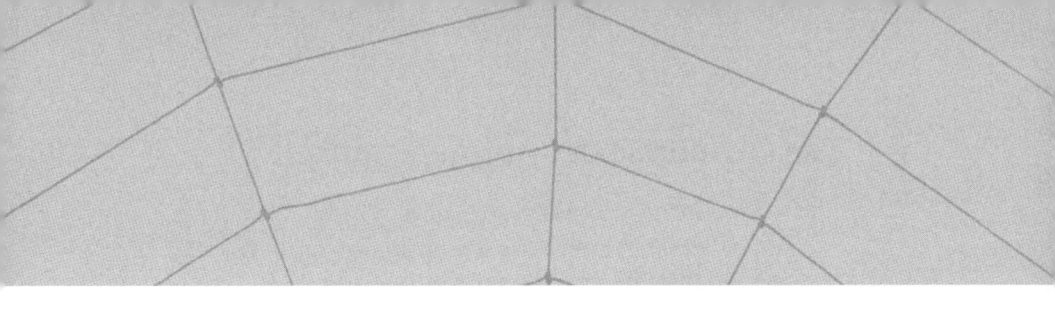

IV ◆ Hinter den Kulissen des Social Web

1 Die Ökonomie der Aufmerksamkeit

Aufmerksamkeit erzeugen ist eine wesentliche Voraussetzung, damit die im vorigen Kapitel beschriebenen Onlineproteste wahrgenommen werden.

Aber auch jeder andere Beitrag im Social Web lebt von der Aufmerksamkeit, die ihm zukommt. Der fachlich klügste Blogger hat keinen Einfluss, solange es ihm nicht gelingt, ein Publikum zu finden. Blogger wie Protestler konkurrieren um ein knappes Gut: die Aufmerksamkeit anderer Internetnutzer.

Das starke Wachstum an (zugänglichen) Informationen führt dazu, dass jeder einzelne Internet- und Mediennutzer seine zeitlich begrenzte Aufmerksamkeit dosiert verteilt. In gewisser Weise hat er damit das gleiche Problem wie ein vielbeschäftigter Manager im Großunternehmen, der notgedrungen den auf ihn einprasselnden Informationen einen Filter vorsetzen muss, sei es das Sekretariat oder eine Ebene „mittleres Management", das entsprechend Vorleistungen in der Verarbeitung und Filterung von Informationen erbringt.

Die „Ökonomie der Aufmerksamkeit" ist nicht erst mit dem Internet-Boom oder dem Social Web bekannt geworden, sondern wird in der Fachwelt bereits erheblich länger diskutiert, unter anderem von Georg Franck (www.heise.de/tp/r4/artikel/2/2003/1.html). Und besonders intensiv in den klassischen Medien, wenn es um Einschaltquoten (etwa von Radio- oder Fernsehsendungen) oder Auflagezahlen (von Zeitungen und Zeitschriften) geht. Die Idee dahinter ist eigentlich ziemlich profan: Der Anbieter möchte dauerhaft Aufmerksamkeit erzielen und darüber Werbung verkaufen. Unter Umständen handelt es sich dabei auch um ein Mischmodell, in dem der Nutzer für Inhalte – etwa einer Tageszeitung – bezahlt, aber häufig ist es ein einfacher Tausch: Aufmerksamkeit gegen relevante Inhalte.

Das Modell hat interessante Nebenwirkungen, etwa die Prominenz, die durch Präsenz in den Medien entsteht. Neben Fernsehmoderatoren, Sportlern, gekrönten Häuptern und Politikern haben die Medien bereits Prominente hervorgebracht, die ganz einfach um ihrer selbst willen prominent sind, ohne jemals eine besondere Leistung erbracht zu haben. Dennoch empfangen sie Zuwendungen in Form von Aufmerksamkeit.

Mit dem Internet und dem Wandel der Nutzer vom reinen Konsumenten zum (Mit-)Produzenten verschieben sich auch die Grenzen dieser Aufmerksamkeitsdebatte. Jeder wird damit zum Mit-Produzent und sucht entsprechend nach Aufmerksamkeit.

Dabei muss man unterscheiden zwischen dem Wert der Aufmerksamkeit an sich (etwa fürs eigene Ego eines Bloggers) oder eben dem Geldwert der Aufmerksamkeit durch den Verkauf von Werbefläche auf dem eigenen Blog oder durch das Gewinnen neuer Aufträge für die selbständige Tätigkeit oder dem Aufmerksamwerden von Headhuntern auf die eigene Existenz (die zu einer Chance auf einen neuen, besser bezahlten Job führt).

Natürlich versuchen auch die Anbieter des Web und des Web 2.0, möglichst viel Aufmerksamkeit auf sich zu ziehen, wenngleich auf unterschiedlichem Wege. Anbieter wie Facebook versuchen gezielt, den Nutzer zu einer längeren Verweildauer zu bewegen. Die Rechnung der großen Plattformen ist dabei ganz einfach: Je länger der Nutzer vor Ort ist, umso mehr Werbung kann ihm präsentiert werden und umso mehr Informationsspuren hinterlässt er.

Eine Sonderstellung nimmt dabei die Google-Suche ein. Google tauscht praktisch Relevanz gegen Aufmerksamkeit (und genaue Kenntnis der Präferenzen des Nutzers) in kleinen Häppchen. Längere Verweildauer auf der Suchseite unerwünscht – häufiges Wiederkommen entscheidet.

2 Der „Long-Tail"-Effekt

Im Zusammenhang mit dem Internet spricht man beim „Long Tail" (der lange Schweif) von einer Theorie, nach der man im Internet insbesondere auch mit Nischenprodukten erfolgreich sein kann, da anders als in der „realen Welt" der Regalplatz in einem Onlineshop oder einer Website im Prinzip beliebig erweiterbar ist. Die Kosten zur Vermarktung eines zusätzlichen Produktes oder einer zusätzlichen Produktvariante sind vernachlässigbar, während in einem klassischen Ladengeschäft zusätzliche Verkaufsfläche zur Bereithaltung des Produktes teuer bezahlt werden müsste und sich für viele Artikel schlicht nicht lohnt.

Wichtig für die Argumentation sind vor allem Bücher oder Musiktitel. Im Falle von Büchern muss sich jeder Buchladen – auch die „Megastores" der großen Ketten – notgedrungen auf eine Auswahl von Büchern – meist einige Tausend – beschränken und wird vermutlich geneigt sein, sich auf häufig verlangte Titel zu konzentrieren. Der „große Rest" der ebenfalls lieferbaren Bücher, die aber vergleichsweise wenig Zuspruch finden, steht dann nicht zur Ansicht zur Verfügung und wird in Folge auch nicht stationär verkauft.

Anders im Internet. Praktisch jeder Online-Buchladen bietet das vollständige Sortiment aller lieferbaren Bücher und zudem häufig noch eine große Vielfalt fremdsprachiger Bücher. Gleiches gilt für Musiktitel und andere Produkte und Dienstangebote für kleine Zielgruppen. Hier sind insbesondere noch TV- und Radioprogramme zu erwähnen. Aufgrund der Frequenzknappheit bei herkömmlicher Ausstrahlung kommt nur ein Teil der potentiellen Anbieter zum Zuge und kann eine Sendelizenz erwerben. Teure Studiotechnik tut ein Übriges dazu, um die Einstiegshürden hoch zu halten, so dass es schlicht nicht wirtschaftlich ist, ein Programm für eine Nischenzielgruppe bereitzustellen.

Mit dem Internet haben sich nun die Möglichkeiten für den Betrieb von TV und Radio vervielfacht. Frequenzknappheit spielt keine Rolle mehr. Auch die Technik ist billiger geworden. Zwar ist etwa ein Vollprogramm nach herkömmlichem Muster noch immer teuer zu produzieren, Formate für Nischenzielgruppen lassen sich jedoch häufig mit überschaubaren Investitionen realisieren. So haben Firmen die Möglichkeiten für sich entdeckt – wie etwa BMW (www.bmw.tv). Auch Blogger entdecken eigene Videobeiträge als Mittel der Kommunikation.

Für den einzelnen Internetnutzer bedeutet dieser Zusammenhang auch, dass jedes noch so seltene Interesse oder jede noch so bizarre Neigung Gleichgesinnte findet – die bloße Masse der Internetnutzer macht es nicht nur möglich, sondern sogar wahrscheinlich, dass irgendwo da draußen jemand ist, der ganz ähnlich tickt. Aus dem Dialog mit diesem Gegenüber entsteht unter Umständen eine persönliche Beziehung, vielleicht nimmt der Nutzer aber auch neue Erkenntnisse mit. Idealisiert betrachtet könnte man fragen: Wird er dadurch vielleicht sogar klüger?

3 Das Internet macht schlau

Das Internet macht schlau. Nicht wenige Wissenschaftler und Autoren sind der Überzeugung, dass das Internet uns schlauer oder intelligenter macht. Der US-Autor Clay Shirky geht etwa in seinem 2010 neu erschienenen Buch „Cognitive Surplus: Creativity and Generosity in a Connected Age" davon aus, dass die positiven Effekte bei weitem überwiegen.

Er vergleicht – wie andere Autoren auch – die Einführung des Netzes mit der Erfindung des Buchdruckes, die nach seiner Überzeugung langfristig den intellektuellen Output der Gesellschaft erhöhte, auch wenn kurzfristig viel „Amateurliteratur" den Blick darauf verstellte.

Shirky sieht mit dem Internet das durch den Buchdruck ermöglichte System des wissenschaftlichen Peer-Review aus den Fachkreisen auf die breite Masse an Texten überschwappen und nennt als Beispiel Wikipedia, das dieses Prinzip aufgreift und – nach Shirkys Recherchen – mit einem Gesamtaufwand von 1 Prozent der Mannstunden, die Amerikaner jährlich vor dem Fernsehen verbringen, aufgebaut wurde.

Er sieht entsprechend das Internet als Basis für die intellektuellen Leistungen des 21. Jahrhunderts und erwartet gar, dass das Internet junge Menschen vom Fernsehen befreit und dem Lesen und Schreiben zuführt. In Summe erwartet er – so suggeriert bereits sein Titel – einen intellektuellen Überfluss aus der Informationsflut des Internets.

Wenn man es etwas genauer haben möchte, dann findet sich sicher auch eine Studie – wie eben die der Universität Stirling (Schottland) –, in der nach Angaben der Forscherin Tracey Alloway ermittelt werden konnte, dass Facebook positiv auf die Intelligenz wirkt, während Twitter und Youtube den Nutzer eher verdummen (www.telegraph.co.uk/technology/twitter/6147668/Facebook-enhances-intelligence-but-Twitter-diminishes-it-claims-psychologist.html).

Surfen macht schlau, betitelte übrigens auch bereits die Frankfurter Allgemeine Zeitung einen Artikel von Urs Gasser am 25.1.2009. Gasser ist Professor für Informationsrecht an der Universität St. Gallen (Schweiz). Seine zentrale Aussage: „[Es] wurde festgestellt, dass die Intelligenz der Kinder und Jugendlichen gemäß standardisierten Tests von Generation zu Generation steigt – und nicht sinkt. Entscheidend ist aber, dass sorgfältige Analysen der Internetnutzung vielfältige Lernerfahrungen von Kindern und Jugendlichen im Cyberspace nachweisen."

Von ihren Anhängern durchaus ernst gemeint sind Thesen, nach denen das Internet etwa den Weltfrieden bringt (durch die Möglichkeit der Verständigung) oder unterdrückten Völkern die Freiheit. Dem sei entgegengehalten: China zeigt gerade, dass sich Internet und autoritäre Staatsführung durchaus gut vertragen.

Manchmal stößt man auf Thesen, die fast nach einer neuen Religion klingen, als würde man etwa Unsterblichkeit durch Hochladen in das Netzwerk erlangen können. Spinnerei oder nur ein Zeichen für ein Sinnvakuum, das die großen Weltreligionen nicht füllen konnten?

Wenn dann noch von den neuen Werten und geänderten Erfolgsmaßstäben die Rede ist, in denen die Zahl der Freunde und Follower – also die Reichweite des eigenen Netzwerkes – wichtiger ist als finanzieller Profit, dann liest sich das für diejenigen unter uns, die eine längere Interneterfahrung mitbringen, so ähnlich wie die Beschreibungen der New Economy kurz vor ihrem Ende zur vergangenen Jahrtausendwende.

Insofern tut man gut daran, sich nicht zu sehr an der großen Social-Web-Euphorie zu wärmen, sondern vielleicht auch einen Blick auf das zu riskieren, was die Kritiker zu sagen haben.

4   Das Internet macht dumm

Vielleicht war der Wissenschaftler Konrad Gessner einer der Ersten, der vor dem „Information Overload" gewarnt hat. In einem wegweisenden Buch beschreibt er, wie die moderne Welt die Menschen mit einer Überfülle an Daten überfordert und dass diese sowohl verwirrend als auch schädlich für den menschlichen Geist ist. Man muss dazu erwähnen, dass Gessner niemals eine E-Mail geschrieben hat und er sein Leben lang auch nicht die leiseste Ahnung von Computern oder dem Internet hatte. Nicht weil – so ließen seine Lehre vermuten – er dem ablehnend gegenüberstand, sondern weil er bereits 1565 starb. Eine seiner Lebensaufgaben war es, eine Bibliografie aller verfügbaren Bücher seines Jahrhunderts zu erstellen. Dies brachte ihn ganz offensichtlich zu seiner persönlichen Feststellung der „Informationsflut". Seine Warnungen bezogen sich letztendlich auf die Folgen der durch die Erfindung des Johannes Gutenberg – Buchdruck mit beweglichen Lettern – ausgelösten Revolution.

Warnungen vor der Informationsflut sind vielleicht aber noch viel älter. Der in der antiken Bildung halbwegs kundige Leser mag da gar an Sokrates denken, dem zugeschrieben wird, dass er davor gewarnt haben soll zu schreiben, weil es der Vergesslichkeit diene: „[...] wer dies lernt, dem pflanzt es durch Vernachlässigung des Gedächtnisses Vergesslichkeit in die Seele, weil er im Vertrauen auf die Schrift von außen her durch fremde Zeichen, nicht von innen her aus sich selbst die Erinnerung schöpft."

Seither hat sich in den Bedenken eigentlich immer nur der Tonfall geändert, von Jahrhundert zu Jahrhundert, von Generation zu Generation. So scheint es ausgemachte Sache zu sein, dass die Älteren vor neuen Technologien oder Medien warnen und die „gute alte Zeit" verherrlichen. Und das, ohne sich im Geringsten darüber bewusst zu sein, dass das, was sie als ihren Status quo zu erhalten suchen, ebenfalls früher in vielen Aspekten als „schädlich" diskreditiert wurde.

Ob Buchdruck im 16. Jahrhundert, die Verbreitung der Zeitung im 18. Jahrhundert, immer gab es Kritik an der Informationsflut. Im 19. Jahrhundert galt das exzessive Lesen bei Teilen der Medizinerschaft gar als häufiger Grund für den Wahnsinn. Mit dem Aufkommen des Radios wurde die dadurch entstehende Ablenkung kritisiert und bereits 1936 berichtete das US-Radiomagazin „The Grammophone" von dem Problem des „Multitasking". Der Begriff war zwar noch nicht erfunden, aber das damals diskutierte Phänomen der verteilten Aufmerksamkeit kann man durchaus darunter einordnen. Eine gewaltige Welle von Kritik brachte dann das Fernsehen mit sich – die den Höhepunkt fand in

Neil Postmans „Wir amüsieren uns zu Tode". Radiohören, Lesen, Unterhaltungen, das Familienleben, alles wurde durch das Fernsehen nach der herrschenden Meinung in Mitleidenschaft gezogen.

Mit der weiten Verbreitung von PC und Internet Anfang des 21. Jahrhunderts gab und gibt es erneut eine große Welle der Bedenken mit wilden Thesen, die bis hin zu Behauptungen reichten wie: „Social Media macht die Jugendlichen unfähig für Beziehungen" (immer wieder in Abwandlungen in der Diskussion), „E-Mail schadet dem IQ mehr als Drogenkonsum" (Ergebnis einer Studie einer Londoner Hochschule), „Google macht dumm" (Nicolas Carr) und erhöht übrigens auch das Selbstmordrisiko.

Die New York Times vermutete bereits 2003 in einem vieldiskutierten Artikel: „The Lure of Data: Is It Addictive?" (www.nytimes.com/2003/07/06/business/yourmoney/06WIRE.html) einen Zusammenhang zwischen Onlinenutzung und Aufmerksamkeitsdefizitsyndrom.

Problem bei den meisten dieser Artikel, aber auch bei einigen Büchern ist, dass sie einzelne Beobachtungen zusammenfassen oder sich bei ihrer Datenerhebung gar nur auf das eigene Erleben und die an sich selbst beobachtete Überforderung – sei sie nun real oder nur eingebildet – beschränken. Ironischerweise findet der Artikelschreiber oder Studienverfasser beim „Googlen" nach Belegen für seine These dann zumeist auch nur „passende" Informationen, die seinen Standpunkt unterstreichen. So auch bei Thesen, die dem Internet unterstellen, man müsse durch die ständige Möglichkeit, alles jederzeit nachzuschlagen, nichts mehr wirklich wissen.

Vermutlich etwas mehr dran ist an der These, dass das Internet die „Aufschieberitis" fördert, weil es immer noch etwas anderes zu entdecken gibt, was einen von der Arbeit trennt, immerhin gibt es in der populären Literatur ja inzwischen ganze Bücher, die zu diesem Thema verfasst wurden. Aus einer anderen Perspektive wird die Ablenkung, die mit der Kommunikation über E-Mail, Telefon und Instant Messaging einhergeht, als die Wurzel allen Übels angesehen.

Eine vielbeachtete Studie der Universität Kalifornien (UC Irvine, Researcher Gloria Mark) fand bereits Mitte dieses Jahrzehnts bei der Analyse der Tätigkeiten zufällig ausgewählter Angestellter in US-Unternehmen heraus, dass diese im Durchschnitt nur rund 11 Minuten an einem vorgegebenen Projekt arbeiten konnten, ohne unterbrochen zu werden. Erschreckende 25 Minuten dauerte es dann typischerweise bis zur Wiederaufnahme der unterbrochenen Tätigkeit. Man darf durchaus davon ausgehen, dass im deutschsprachigen Raum ähnliche Zahlen Geltung haben.

Wer hier nun auf die Verfügbarkeit der Technologie, die geringen Kosten (in der Praxis sind die Kosten für E-Mail, IM und auch Telefonanrufe praktisch null, sobald ein System erst mal zur Verfügung steht) und die mangelnde Disziplin der Sender (man denke an die vielen unnötigen „CC:"-Versendungen in großen Unternehmen) schimpft, übersieht die Hälfte des Problems: den Empfänger. Nicht selten ist der Drang, eine neu eingegangene E-Mail SOFORT lesen zu müssen, der eigentliche Störfaktor.

Aber ist es mit einem Appell an die Kommunikationsdisziplin getan? Kann man es sich denn leisten, *nicht* erreichbar zu sein? Als bekannter Großunternehmer, als exaltierter Autor oder in ähnlich herausgehobener Stellung vielleicht schon. Als „Arbeitsbiene" in den Waben eines Großraumbüros im Bankenturm aber wohl kaum.

Kritiker bemängeln, dass das dadurch ausgelöste Wechseln zwischen verschiedenen Aufgaben, um diese quasi zeitgleich voranzutreiben, zu Produktivitätsverlusten führt. Man arbeitet insgesamt langsamer bei gleichzeitig steigender Fehlerrate, und die liegt nach einer Studie der Universität of Michigan (David E. Meyer, Direktor des Brain, Cognition und Action Laboratory) um die 20 bis 40 Prozent. Grund ist die „technische" Beschränkung unseres Gehirns, „sich nicht auf zwei Dinge gleichzeitig konzentrieren zu können" (Rene Marois, Direktor Human Information Processing Lab at Vanderbilt University).

Aber ist daran das Internet schuld?

Kritische Stimmen sehen in Folge des Internetbooms auch bereits den Untergang bisheriger Schlüsselindustrien, insbesondere in der Autobranche: Mehr als eine Anekdote ist auch der aus den USA und Japan stammende ernstzunehmende Hinweis auf negative Auswirkungen des Internets auf die „Kultur des Autofahrens" (www.autonews.com/apps/ pbcs.dll/article?AID=/20100601/RETAIL03/100609990/1186). Nach Angaben des US Department of Transportation ging in der Altersklasse der bis 20-Jährigen der Führerscheinbesitzanteil deutlich gegenüber früheren Jahren zurück. Auch die gefahrenen Kilometer (dort natürlich: „Meilen") der 21- bis 30-Jährigen an der Gesamtfahrleistung ging zurück, obwohl die Gruppe bezogen auf die Gesamtbevölkerung gewachsen ist. Verknüpft wird dieser Rückgang durch einen mit dem Internet verbundenen gesellschaftlichen Wandel.

William A. Draves, Autor des Buches „Nine Shift" – in dem die digitale Revolution der 2000er Jahre mit dem Aufbruch ins Automobil-Zeitalter vor 100 Jahren verglichen wird –, sieht gar einen drastischen Wandel für unser gesamtes Leben. Seine Theorie: Durch digitale Technologien wird Autofahren weniger attraktiv und die Nutzung öffentlicher Verkehrsmittel dafür mehr relevant. Mobiltelefonieren im Auto ist vielfach verboten oder beschränkt – SMS und E-Mail-Nutzung gelten sogar als lebensgefährlich. Laptopnutzung ist unmöglich. Im Zug oder Bus ist das anders.

Die Marktforschungsfirma J.D. Power & Associates fand heraus, dass junge Leute der „Generation Y" sich im Internet viel weniger über Autos austauschen als ältere. Es ist einfach nicht mehr hip. Nach Draves gilt, dass der Wert der Zeit zunehmend positiv gesehen wird und das Potential, diese als Pendler während der US-typisch langen Pendlerzeiten im Zug zu nutzen, erkannt wurde. Auch aus Japan wird Ähnliches berichtet: Japanische Autohersteller sprechen bereits seit mehreren Jahren von „kuruma banare" oder „De-Motorisierung". Junge Erwachsene in Japan sind demnach häufig mehr an den neuesten Elektronik-Gadgets und Internetanwendungen als an Autos interessiert und viele zeigen – anders als die Generationen zuvor – keine Absichten, ein Auto zu erwerben.

Der Autohersteller Ford versucht mit seiner SYNC-Multimedia-Endgerätestrategie immerhin, sich auf veränderte Kommunikationsbedürfnisse einzustellen und bietet etwa die Möglichkeit an, nicht nur die neuesten Internet-Endgeräte zu verbinden, sondern zum Beispiel zu erlauben, dass Twitter-Meldungen während der Fahrt (!) abgesetzt werden können. Nur schade, dass junge Leute zumeist keine Neuwagen kaufen (das war schon immer so und ist sicher nicht die Schuld des Internets).

Das Internet als Killer der Autobranche? Vielleicht ein Grund von mehreren. Verschlechterte wirtschaftliche Rahmenbedingungen, Arbeitslosigkeit und die Klimadebatte haben sicher ebenso großen, wenn nicht deutlich größeren Anteil an der Entwicklung.

Computer verändern unser Denken

Aber zurück zum Kern der Debatte. Die neueste These lautet: Computer ändern unser Denken.

Der Neurologe Gary Small will herausgefunden haben, dass der Umgang mit Computer und Internet unser Denken nicht nur psychologisch, sondern neurologisch verändert. Also eine Art Evolution im Schnelldurchgang? Klingt für Sie nicht überzeugend? Schauen Sie mal in „What the Internet is doing to our brains" von Nicolas Carr.

Wenn Sie nun – ob der vielen Warnungen vor den Risiken und Nebenwirkungen des Internets – etwas den Überblick verloren haben, hier eine Zusammenfassung der aus den verschiedenen Ecken des Kulturpessimismus gegen Internet und Social Media vorgebrachten Aspekte:

Internet beziehungsweise Social Media führen damit zu:

- Informationsüberflutung,
- Verbreitung von Kinderpornografie,
- Digitales Mobbing,
- Verbreitung von Computerviren,
- Copyrightverletzungen für Musik- oder Filmstücke,
- Verlust der Privatsphäre,
- Entstehen von Plagiaten (etwa in Forschung und Lehre),
- Überwachung.

Fehlt noch was? Man kann fast sicher sein, dass den Gegnern noch einiges einfällt. Zumindest deren Denken verändert sich nicht in seiner Negativattitüde.

Letztendlich ist es ein Kampf zwischen technophil und technophob, der mit immer neuen Argumenten weitergefochten wird. Ein Ende ist nicht absehbar.

Wie sich das eigene Selbstbild zum digitalen Ich ändert, darüber informiert das nächste Kapitel – ganz ohne Schwarz-weiß-Malerei.

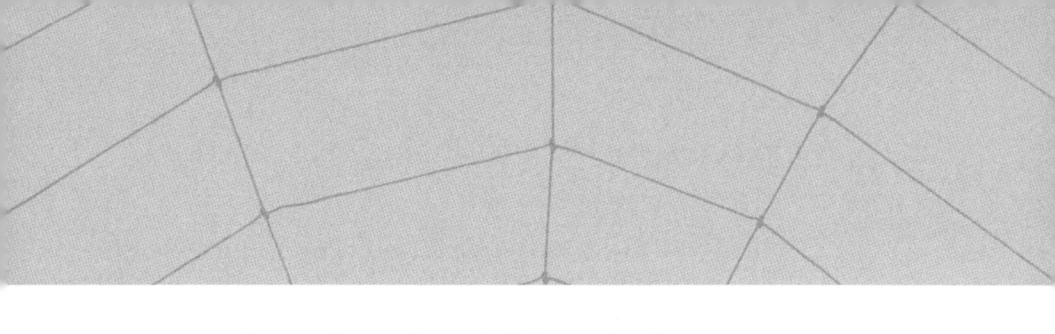

V ✦ Mein digitales Ebenbild und ich

1 Mein Haus, mein Auto, mein Onlineaccount

Ob wir es wollen oder nicht: Mit jedem Schritt in die Onlinewelt arbeiten wir mit an unserem digitalen Abbild. Jede Äußerung in einem Forum, jeder Einkauf, jede Produkt- und Dienstleistungsbewertung trägt dazu bei. Und das gilt natürlich noch viel mehr für jedes selbst erstellte Profil in einer Onlineplattform oder der eigene Filmbeitrag bei Youtube.

Aus dem heutigen Leben der 2010er Jahre ist das Internet nicht mehr wegzudenken. Man ertappt sich gelegentlich selbst bei der Frage: Wie hat man das früher nur alles machen können, so ganz ohne Internet? Die Buchung eines Flugs oder Mietwagens, die Recherche für einen Fachartikel oder ein Buch, das Wiederfinden der alten Schulkollegen für die Einladung zum Jahrgangstreffen? War man für das Kennenlernen einer potentiellen neuen Partnerin, eines potentiellen neuen Partners früher tatsächlich ausschließlich auf sein Umfeld zwischen (je nach Alter) Bushaltestelle, Jugendtreff, Disco, Kneipe, Sportverein oder Arbeitsplatz angewiesen?

Und wie hat man früher die Betriebssoftware von seinem DVD-Player aktualisiert, so ganz ohne Downloadmöglichkeit? Halt stopp, spätestens hier dämmert einem die Erkenntnis, dass man vielleicht ohne Internet das ein oder andere Problem gar nicht hätte. Vielleicht käme man gar nicht, wie der Autor, in Versuchung, das superkleine Sony Vaio Netbook zu kaufen, in der Hoffnung, der Hersteller stünde zu seinem Wort und würde die Kinderkrankheiten schon noch nachträglich ausbügeln und die Unzulänglichkeiten per Update beheben (Anmerkung: Zum Buchschreiben war es so oder so unbrauchbar).

In der Tat erinnern uns nicht nur die regelmäßig notwendigen Updates von Betriebssystem, PDF-Betrachter und anderer PC-Software daran, dass sich in den vergangenen Jahren etwas substantiell verändert hat in unserem Leben. So kündigt der eben genannte japanische Elektronikanbieter im Frühjahr 2010 einen BluRay-Player mit innovativen Funktionen an, nicht ohne im Kleingedruckten darauf hinzuweisen, dass diese beim Kauf noch nicht zur Verfügung stehen, sondern später – per sogenannten Firmwareupdate – nachgerüstet werden müssen. Vom Kunden. In dessen Freizeit.

In der Softwarebranche ist es seit Jahren üblich, von Bananensoftware zu sprechen: „Reift beim Kunden". Mit zunehmender Computerisierung und Vernetzung des Alltags hält diese Unreife immer mehr Einzug in unseren Alltag. Der Kunde wird dabei zum Handlanger und Befehlsempfänger des Herstellers und ist dauerbeschäftigt als Administrator seiner Infrastruktur. Ob Druckertreiber, LCD-Fernseher oder Handy – gefühlt sind überall Updates nötig, um nur die gröbsten Probleme zu beheben. Bis zum Ende der Lebensdauer.

Ab und an besteht noch die Möglichkeit, das zickige Gerät alternativ in ein Herstellerservicecenter zu senden. Um nicht wochenlang darauf verzichten zu müssen, spielt man dann zumeist notgedrungen das Spiel der Hersteller mit. Aus Sicht der Anbieter liegen die Vorteile auf der Hand. Onlinesupport ist die billigste Möglichkeit, Fehler in technischen Devices zu beseitigen. Man könnte auch unwidersprochen behaupten, ohne diese Möglichkeit wären die meisten Anbieter von Elektronik längst pleite, wenn sie in der Garantiezeit selbst für die Updates oder auch nur den Versand von Datenträgern zu diesem Zweck Sorge tragen müssten.

Nur eine technikgetriebene Branche blieb von diesem Update-Wahn bislang weitgehend verschont – die Autobranche. Hier stecken die Ansätze für ein Softwareupdate über die etwa in vielen Autos bereits eingebauten Mobiltelefonfunktionen noch in den Kinderschuhen. Zumindest bisher musste man für ein Update stets die Werkstatt ansteuern oder aus Herstellersicht einen kostspieligen Rückruf veranlassen. Die Folge waren bis dato in Sachen Elektronik relativ ausgereifte Produkte, sieht man mal vom großen Medienthema 2010 – dem Toyota-Bremsendebakel – ab.

Häufige „Updates" kann man sich hier schlicht nicht leisten – zumindest derzeit noch nicht!

Aber zurück zum Thema Social Media: Hat sich der Nutzer als Administrator erfolgreich bewährt und seinen eigenen „Technikzoo" im Griff, kann er sich den schönen neuen Onlineaktivitäten widmen. Bereits grundlegende Dinge wie durchgeführte Suchabfragen, getätigte Einkäufe oder Bewertungen und die eigenen Musik-Hörgewohnheiten formen dabei sein digitales Ebenbild.

Du bist, was Du suchst

Sag mir, was Du suchst, und ich sag Dir, wer Du bist. Die getätigten Onlinesuchen lassen weitgehende Rückschlüsse auf Persönlichkeit, Interessen und (Konsum-)Neigungen zu, insbesondere dann, wenn man die Suchen über einen längeren Zeitraum zusammenfasst. Im Normalfall teilt man diese als Anwender aber nicht irgendwelchen Dritten mit, nur eben dem Suchmaschinenbetreiber. Was das für Folgen haben kann, dazu mehr in Kapitel VI.

Du bist, was Du shoppst

Dass sich Gruppenzugehörigkeit auch über Konsumverhalten bestimmt, ist keine Überraschung. Die „richtigen" Turnschuhe in der Schule, die angesagte Designerjeans in der Clique, die Handtasche, die von der Frauenzeitschrift zur „It-Bag" stilisiert wird und in Folge zu vollen Kassen beim Hersteller führt, all diese Dinge sind Symptome des Zugehörigkeitswunsches zu einer bestimmten Gruppe oder Szene.

Online ist alles anders? Eher nicht. So kreist ein nicht unerheblicher Teil der Diskussionen in einschlägigen Foren um eben dieses richtige Accessoire, das richtige Outfit oder Auto. Wer was aber gekauft hat, ist zumeist eine Sache zwischen Anbieter beziehungsweise Shopbetreiber und dem Anwender. Außer vielleicht bei Ebay, wo ich anhand der Bewertungen über Monate nachvollziehen kann, wer etwas gekauft hat, und mir so ein Bild von dem Nutzer machen kann.

In eine gänzlich neue Dimension der Einkaufstransparenz bringt uns der Netzdienst Blippy. Über Blippy kann man – einmal eingerichtet – ganz automatisch seinen Kontakten übermitteln, was man mit seiner Kreditkarte geshoppt hat. Diese können die Einkäufe dann kommentieren. Bei einem hohen Anteil der Kreditkarteneinkäufe an den Gesamteinkäufen ergibt sich so – ganz nebenbei – ein interessantes Bild über das Konsumverhaltens eines bestimmten Individuums vom Musikeinkauf bei iTunes bis zur Anmeldung bei einer Online-Dating-Website. Auch unerwartete oder peinliche Zahlungen – bisher eine Sache zwischen Kreditkartennutzer und Kartengesellschaft – werden so öffentlich. Unter Umständen macht man sich damit auch zum Gespött, etwa bei einer Abbuchung von Strafzinsen für nicht rechtzeitiges Begleichen der Schulden, wie in einigen bekanntgewordenen Fällen.

Interessante Nebenwirkung: Damit Blippy diesen „Service" erbringen kann, muss man dem Anbieter Passwörter anvertrauen. Will man etwa der Welt mitteilen, welche Bücher man bei Amazon gekauft hat, so ist es notwendig, dem Dienstanbieter Blippy Zugang zum eigenen E-Mail-Postfach zu gewähren (!). Blippy extrahiert die Daten dann aus den Mails Ihrer Amazon-Bestellbestätigungen und teilt sie der Welt mit! Nach Unternehmensangaben hatte Blippy im März 2010 bereits rund 125.000 Besucher und 11 Millionen Dollar Venture Capital zum weiteren Ausbau des Geschäfts eingeworben. Offizielle „Geschäftsidee" ist die zukünftige Einwerbung von Provisionen für vermittelte Einkäufe, wenn sich Besucher, die die Kaufmitteilungen lesen, zu eigenen Käufen inspiriert fühlen. Bisheriger Umsatz: Null Euro. Hier drängt sich der Verdacht auf, dass hier wie anderswo das Vermarkten von Zahlungsdaten das eigentliche Geschäft sein wird.

Dennoch: Der Ansatz von Blippy scheint vielversprechend zu sein, denn die ersten Nachahmer dieses Ansatzes sind bereits in den Startlöchern (siehe: www.swipely.com).

Du bist, was Du siehst

Auch die TV-Sehgewohnheiten verraten einiges über den Anwender. Bei herkömmlichem TV über DVB-T oder Kabel besteht kein „Risiko", dass der Anwender über die eigenen Fernsehgewohnheiten Informationen erhält – mangels Rückkanal.

Anders bei IP-TV-Diensten. Beim sogenannten Internetfernsehen oder etwa dem Abruf von Filmclips aus Internetportalen wie Youtube, Sevenload und Co liegt es in der Natur der Sache, dass der Anbieter Informationen über die abgerufenen Inhalte erhält – er muss ja schließlich den Stream bereitstellen. Anhand von Cookies lassen sich so Profile von Zusehern bilden und unter Umständen auch für personalisierte Empfehlungen nutzen. Ist der IP-TV-Provider auch gleichzeitig der Anschlussanbieter – in Deutschland etwa bei den Diensten von Alice, T-Home und Vodafone – so lässt sich diese Zuordnung auf einfache Weise personalisieren: auf den Anschlussinhaber und seine Familie.

Interessanterweise ist die Profilbildung anhand der Sehgewohnheiten keine wirklich neue Entwicklung. Bereits 2002 (!) – also noch weit vor IP-TV als Massenmedium – wurde in einer Kolumne im Wall Street Journal unter dem Titel „My Tivo thinks I am gay" von den Tücken dieser Technologie berichtet. Tivo ist der führende Anbieter für digitale Videorekorder und besteht nicht nur aus Hardware, sondern auch einem Service, der Programmempfehlungen nicht nur liefert, sondern sogar automatisch für den Anwender vermeintlich interessante Programminhalte aufzeichnet. Gerade in der Anfangszeit hatte das System so seine Tücken, auf die sich der zitierte Beitragstitel bezieht. Datenschutzbedenken wurden in diesem Kontext damals übrigens nicht geäußert.

Du bist, was Du bewertest

Auch das Bewerten von Produkten oder Dienstleistungen erlaubt Rückschlüsse auf die Person. Ihre Bewertung etwa bei einem Hotelportal gibt Auskunft über Ihre Urlaubsziele, Ihre Vorlieben und Ihr Budget. Eine Buchbewertung bei Amazon vermittelt Einblicke in Ihre Lesegewohnheiten, Ihre Vorlieben für bestimmte Autoren oder Themen.

Bewertungen sind damit immer ein Spiegel – zumindest einer Facette einer Persönlichkeit: Du bist, was Du bewertest! Auch die anonyme Bewertung birgt Risiken, etwa dass durch einen Fehler, Datendiebstahl oder ein mathematisches Verfahren die Anonymität plötzlich auffliegt. Dazu später mehr.

Du bist, wen Du kennst

Auch wenn die vielen hundert „Freunde", die ein durchschnittlicher Nutzer eines sozialen Netzwerks inzwischen haben mag, eher als lose Bekanntschaften zu bewerten sind, lassen sich detaillierte Rückschlüsse auf eine Person durch die detaillierte Auswertung eines Kontaktnetzwerkes ziehen. Ob sich jemand dadurch eher im Rockermilieu oder im Konzertvereinsumfeld verortet, mag dabei auch Rückwirkungen auf die berufliche Zukunft haben.

Du bist, was Du hörst

Musik und Internet, das klingt für viele vermutlich zunächst nach illegalem Download und ähnlichen, die Medienberichterstattung dominierenden Themen aus den Anfangstagen der weiten Internetverbreitung. Genauso wie die Berichte über Tauschbörsennutzer, die abgemahnt und vor Gericht gebracht wurden. Gerichte stöhnen verschiedentlich immer noch über die Flut von Anträgen, die einzelne Rechteinhaber einreichen.

Nach Studien der GfK im Auftrag des Bundesverbands der Musikindustrie geht jedoch die Zahl der illegal heruntergeladenen Musiktitel seit 2007 bereits deutlich zurück (zitiert nach: www.welt.de/webwelt/ article1778819/Deutsche_klauen_deutlich_weniger_Musik.html). Und das bei gleichzeitig steigender Internetnutzerzahl! Die Akzeptanz legaler Musikangebote hat seither auch laufend zugelegt. Man kann also generell davon ausgehen, dass Nutzer sich im Allgemeinen in Bezug auf Musikdownloads vernünftig verhalten. Dass Musiktitel nicht mehr kopiert und weitergegeben werden, bleibt jedoch auf absehbare Zeit ein frommer Wunsch der Musikindustrie.

Vom Trend zur legalen Musik profitieren nicht nur die kommerziellen Angebote (allen voran der iTunes-Musikshop), sondern auch sogenannte Social-Radio-Dienste oder Streaming Websites wie Last.fm, Grooveshark oder Simfy. Mit herkömmlichen Internetradios, die ihr Radioprogramm, wie seit Erfindung des Radios üblich, an alle Anwender zeitgleich mit gleichem Inhalt übertragen, haben diese neuen Webangebote nur am Rande zu tun.

Stattdessen kann man Musik eigener Wahl hören, bei Grooveshark etwa fokussiert auf seinen Lieblingskünstler, oder auch alle Musikstücke verschiedenster Künstler, bei denen ein bestimmter Begriff im Titel vorkommt. Das Internet wird so zur gewaltigen Musikdatenbank.

Spannend ist der Ansatz von Last.fm, bei dem man zwar nicht alle Titel eines Künstlers oder Albums am Stück hören kann, dafür aber Empfehlungen bekommt. In Summe entsteht so ein individuelles Radioprogramm, das sich aus den Vorlieben aller Nutzer einer Plattform speist und, ähnlich wie das Amazon-Bewertungssystem, nun Hinweise auf zu den individuellen Vorstellungen von Musik passende Künstler gibt. Natürlich muss man sich für diese weitergehenden Funktionalitäten anmelden und hinterlässt so einen persönlichen „Musikabdruck". Ja und?

Die Tücke steckt im Detail. Man kann – um die Trefferquote der Musikempfehlungen zu erhöhen –, einen Dienst namens „Scrobbler" aktivieren, der zusätzlich zu den online geäußerten Präferenzen Daten von auf der Festplatte des Nutzer-PCs gespeicherten Musiktiteln erhebt und an Last.fm übermittelt. Aber mit Blick auf den wahrgenommenen Nutzen werden viele Nutzer dies wohl gerne akzeptieren.

Aber was ist mit Musiktiteln, die dort illegal sind? Man ist geneigt, solche Bedenken als theoretisch abzutun. Der renommierte US-Technikblog Techcrunch berichtet von zumindest einem Fall (techcrunch.com/2009/05/22/deny-this-lastfm/), in dem Daten von Last.fm in den USA an die RIAA, die Record Industry Association of America, beziehungsweise an eine zugehörige Plattenfirma, herausgegeben wurden.

Gesucht wurde anscheinend ganz gezielt nach unveröffentlichten Titeln oder Alben, denn hier ist sicher, dass diese nicht legal sein können, sondern vermutlich über dunkle Kanäle vorab „durchgesickert sind". Auch wenn in diesem zitierten Einzelfall keine Konsequenzen für Nutzer bekannt wurden, so sollte damit klar sein, dass jede Öffnung der eigenen Systeme für derartige Empfehlungsmechanismen für den Anwender riskant sein kann.

Auch Musikplayer-Pionier Apple setzt auf die direkte Beobachtung des Hörverhaltens: Welcher Titel wird wie oft angehört, was steht auf der Playlist, was kommt dazu, was wird rausgenommen?

Die Apple-eigene iTunes übermittelt derartige Angaben an Apple, sofern man die sogenannte „Genius"-Funktion aktiviert hat. Der Lohn für den Anwender sollen Empfehlungen für den eigenen Musikkonsum sein, wobei die Arbeitsweise des Empfehlungsmechanismus genauso wie die Speicherung der Nutzerdaten im Dunkeln bleibt.

Von unerwünschten Nebenwirkungen wie bei Last.fm ist aber (bisher) nichts bekannt.

2 Kleine Typologie der Internetnutzer

Die Beispiele im vorigen Abschnitt haben es gezeigt: Genauso wie jede Onlineaktivität durch die Auswertung der Datenspur, die der Nutzer damit hinterlässt, dazu beiträgt, ein digitales Ebenbild zu formen, lassen sich Aktivitätsmuster erkennen, die immer wieder auftauchen.

Eine Typologie der Internetnutzer? Da wird sich sogleich ein jeder wehren, in irgendwelche „Schubladen" gesteckt zu werden. Und dennoch ist der Gedanke interessant, die für Internetnutzer typischen Verhaltensweisen aufzuzeigen. Natürlich ist niemand nur „Sammler" oder „verspielt", sondern praktisch immer eine Mischung aus mehreren Charakteren. Aber jede Verhaltensweise hat bestimmte Nebenwirkungen und bringt Gefahren mit sich.

Der Sammler

Sie sammeln Kronkorken oder Bierdeckel? Harmlos. Sammler im Internet sammeln virtuelle Güter – ob MP3s, Kinofilme oder mehr oder weniger legale Software. Der Sammler sammelt Daten. Als Intensivnutzer einer Breitband-Flatrate ist er der Schrecken der Provider. Auch wenn er häufig so viel sammelt, dass er keine Chance hat, auch nur einen Bruchteil davon jemals anzusehen oder anzuhören. Klingt verrückt? Aber sicher kennen Sie auch so jemanden.

Wesentliche Gefahr: Aus Sicht der Musik- und Filmindustrie ein Feind.

Der Verspielte

Den Verspielten wiederum hat jeder im Bekanntenkreis. Vielleicht ist oder war man zumindest temporär in ähnlicher Situation: Onlinespiele – gleich ob Kriegerisches, wie etwa World of Warcraft, oder Putzig-Harmloses bei Farmville sind sein Leben und Streben. Darüber vergisst er schon mal den Rest des Internets und das wirkliche Leben.

Wesentliche Gefahr: Verlust des Realitätsbezugs, Probleme mit Ernährung und Hygiene.

Der Internetsüchtige

Praktisch immer online, aber kein Gamer – das Internet oder die Social-Media-Website wird zum dominanten Ziel der eigenen Onlineaktivitäten. Das nächste Status-Update, das Twittern über das eigene Leben werden wichtiger als das Leben selbst.

Wesentliche Gefahr: Verliert sich im Multitasking, bis er keine Teilaufgabe mehr gelöst bekommt.

Der Dunkle

Verlockt von den dunklen Ecken des Web beschäftigt er sich mit Hackertools, Serialz und ähnlichen Dingen.

Wesentliche Gefahr: Selbst Opfer von Malware zu werden.

Der Vorsichtige

Hat seine Aufgaben gemacht und surft mit gut gesichertem System. An Diskussionen beteiligt er sich nur selten und wenn dann erst nach ausgiebiger Beobachtung der lokalen Verhältnisse.

Wesentliche Gefahr: Chancen zu verpassen.

Der Paranoiker

Ein Verwandter des Vorsichtigen ist der Paranoiker. Er vermutet hinter jeder Website eine Schadsoftware oder einen Betrugsversuch. Im Internet bewegt er sich nur mit „voller Deckung". Er hat im Webbrowser stets alle Zusatzfunktionen wie Scripting oder Flash deaktiviert mit der Folge, dass er nur wenige Websites richtig ansehen oder benutzen kann.

Wesentliche Gefahr: Dass ihm der Himmel auf den Kopf fällt.

Der Besserwisser

Treibt sich gern in Foren herum und hat zu allem und jedem eine eigene Meinung, die er – gefragt oder ungefragt – jederzeit gerne wiederholt.

Häufig findet sich der Besserwisser auch auf Wikipedia und Co, wo er sich mit anderen seiner Sorte gerne tagelange „Edit-Wars" liefert – einen Krieg um die richtigen Worte –, ausgefochten bis zum letzten Tastenanschlag oder Mausklick.

Wesentliche Gefahr: Andere Besserwisser.

Der Troll

Ist eine Person, die in eigenen Beiträgen etwa in Diskussionsforen oder in der Kommentarfunktion zu anderen Beiträgen bewusst provoziert und damit die Kommunikation stört. Der Troll taucht häufig im Social Web auf. In jüngster Zeit wird das Phänomen auch wissenschaftlich untersucht. Nach Erkenntnis des Soziologen Peter Kollock ist das Trollen für den Autor ein Spiel, in dem das einzige Ziel das Erregen von möglichst erbosten und abschweifenden Antworten ist. Für alle anderen gilt die Empfehlung „Du sollst keine Trolle füttern" – sprich, am besten ist es, entsprechende Beiträge zu ignorieren und gerade *nicht* zu beantworten.

Wesentliche Gefahr: Niemand beachtet ihn.

Der Spezielle

Ist glücklich in seiner Nische bei seinem exklusiven Hobby oder seiner seltenen Profession. Findet Gleichgesinnte im Netz und fühlt sich verstanden.

Wesentliche Gefahr: Fasst zu schnell Vertrauen zu seinesgleichen oder vermeintlichen seinesgleichen und läuft daher häufig Gefahr, über den Tisch gezogen zu werden.

Der Angeber

Der Angeber prahlt gerne. Er twittert gerne über seine Erfolge oder vermeintlichen Erfolge. Vielleicht prahlt er mit seinem neuen Haus, Auto, Boot. Er lädt auch gerne seine gefilmten Taten auf Youtube hoch, wie etwa den Stunt mit dem neuen oder geliehenen Auto oder Motorrad – möglicherweise inklusive Verstößen gegen die Straßenverkehrsordnung.

Wesentliche Gefahr: Lügengebäude stürzen ein oder Finanzamt oder Ordnungshüter werden aufmerksam.

Der Aussteiger

Hat genug von der Informationsflut und versucht, abstinent zu leben.

Wesentliche Gefahr: Verpasst etwas und verliert privat oder beruflich den Anschluss.

Der Enthaltsame/Unfreiwillige

Er hat kein Interesse am Internet. Sein Biobauernhof läuft auch ohne E-Mail. In Onlinedingen ist er enthaltsam? Gut. Aber nicht gut genug.

Wesentliche Gefahr hier: Wer in der Öffentlichkeit steht – etwa als Inhaber eines auch noch so kleinen Unternehmens oder als Lehrer/Hochschullehrer – muss davon ausgehen, dass seine Leistung in irgendeiner Weise bewertet wird.

Für einen Hochschullehrer etwa wäre wie schon erwähnt www.meinprof.de eine solche Adresse. Für einen lokalen Dienstleister kann dies etwa www.kennstdueinen.de sein. Als Verweigerer der Onlinenutzung wird er oder sie davon unter Umständen nie etwas erfahren, es vielleicht aber an schrumpfenden Umsätzen oder Studentenzahlen spüren. Kann man wirklich davon ausgehen, dass alle diese Bewertungen fair sind und man sich nicht weiter darum kümmern muss?

Auch als Privatmann ohne Ambitionen in der Öffentlichkeit schützt Internetverweigerung nicht vor unerfreulichen Erlebnissen. Dies zeigt die kurze Karriere des inzwischen wieder eingestellten Dienstes „rottenneighbor.com", in dem man nach Lust und Laune unter dem Deckmantel der Anonymität Nachbarn anschwärzen konnte.

Der dem Web, wie wir es heute kennen, innewohnende Drang zur Bewertung kann alle treffen. Enthaltsamkeit ist keine Lösung.

Besser ist es, sich mit den Risiken und Nebenwirkungen des World Wide Web intensiv auseinander zu setzen und daran sein Verhalten zu überprüfen und gegebenenfalls anzupassen.

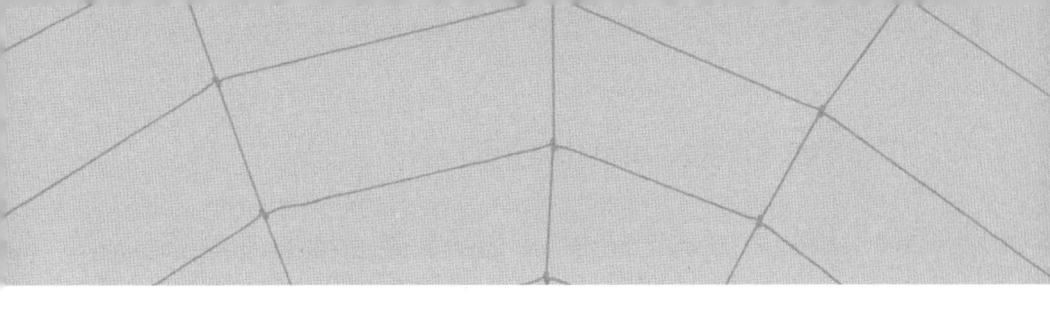

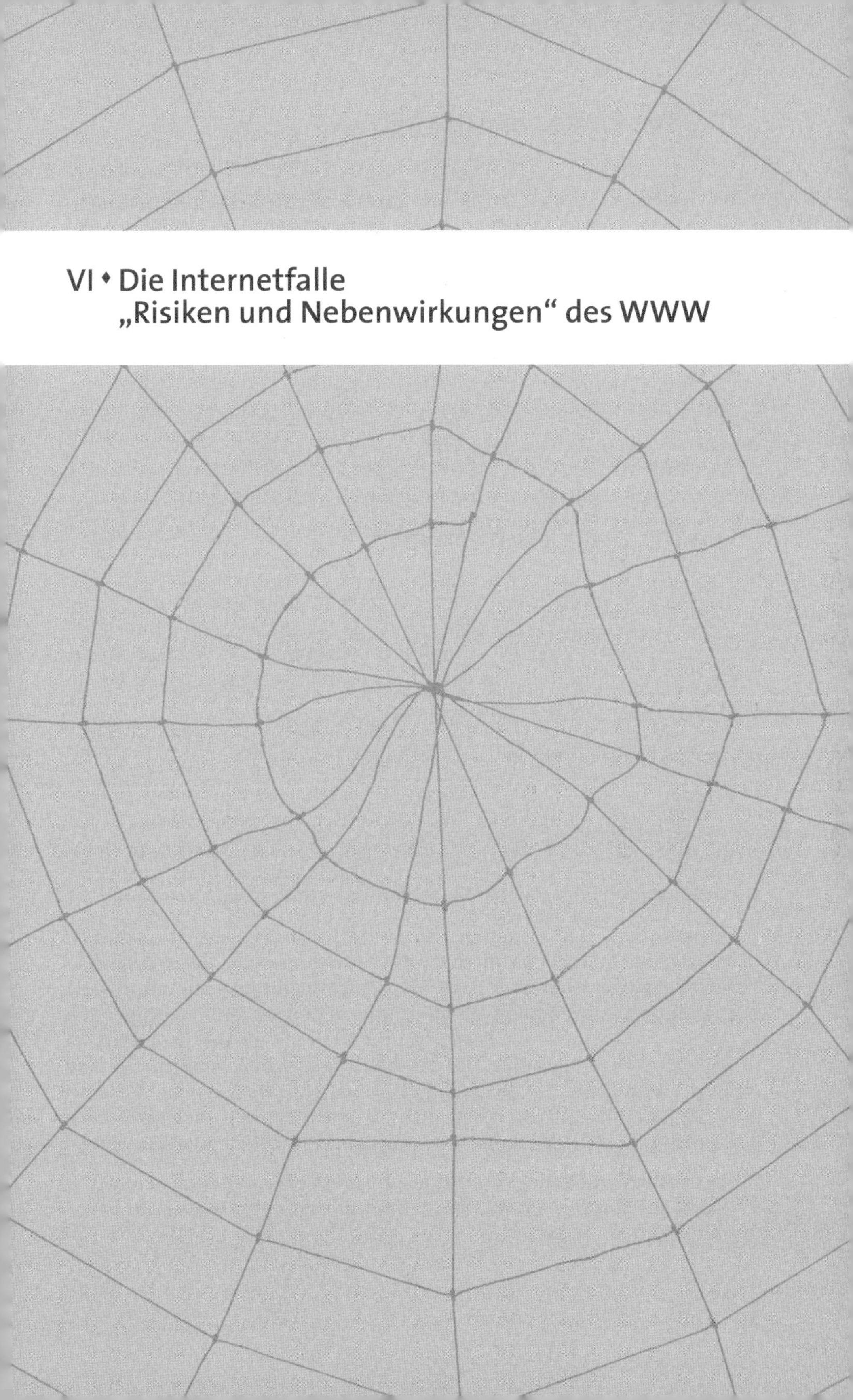

VI ✦ Die Internetfalle
„Risiken und Nebenwirkungen" des WWW

1 Die Risiken im Überblick

Im vorherigen Kapitel ist es bereits angeklungen: Die Nutzung des Internets bringt Risiken und Nebenwirkungen mit sich. Dabei spielt das persönliche Verhalten eine maßgebliche Rolle. Leider ist die Realität nicht so einfach, dass die Orientierung an einer bestimmten Handlungsempfehlung ausreichend wäre, die wesentlichen Risiken auszuschließen. Selbst das Nicht-Partizipieren im Internet birgt wie erwähnt Risiken. Es gibt kein Entkommen, sondern nur die Möglichkeit, sich mit den Umständen zu arrangieren. Daher ist es nötig, die wesentlichen Wirkungsmechanismen zu kennen, um für sich selbst, für das eigene Leben – online wie offline – die richtigen Schlüsse ziehen zu können. Sehen wir uns diese also nun im Detail an. Punkt für Punkt.

Vorsicht „Datenverschmutzung"

Bei jeder Nutzung eines rechnerbasierten Systems entstehen Daten. Daten sind praktisch ein Neben- oder Abfallprodukt jeder Informationsverarbeitung, egal ob wir im Internet Bücher bestellen, die Payback-Karte an der Tankstelle vorlegen, die Kreditkarte im Restaurant benutzen oder auch nur den Motor eines neuzeitlichen Autos anlassen. Immer hinterlassen wir eine Spur an Daten. Das ist keine neue Erkenntnis und überrascht Sie als Leser sicher nicht im Geringsten.

Was sich in den vergangenen Jahren geändert hat, ist, dass immer größere Anteile unserer Kommunikation elektronisch abgebildet werden. Es hat vor Jahren mit E-Mail und SMS angefangen, die Entwicklung ging weiter mit allen möglichen Formen von Instant Messaging und findet einen (vorläufigen) Höhepunkt in der Kommunikation über soziale Netzwerke.

Hinzu kommt, dass es immer billiger wird, Daten zu speichern und zu verarbeiten. Man denke allein an E-Mail-Archivierung. Es ist aufwendiger zu entscheiden, was gelöscht werden kann und was relevant ist und aufgehoben werden muss, als alle damit in Zusammenhang stehenden Daten – ungeachtet von Relevanz und Notwendigkeit – dauerhaft zu speichern. Die Folge: Alles wird dauerhaft gespeichert. Auch und gerade im privaten Umfeld. Anbieter von Online-E-Mail-Diensten wie Hotmail und Yahoo Mail bieten Ihnen nicht selten Gigabytes oder gar „unbegrenzten" Speicherplatz für Ihre Mails an. Wer will da noch löschen ...

Dies gilt natürlich nicht nur für E-Mails, sondern auch für alle anderen Daten, die mit *Ihren* Transaktionen oder *Ihren* Kommunikationsbeziehungen zu tun haben.

Das klingt abstrakt. Aber nehmen wir mal an, Sie gehen auf eine Geschäftsreise und fahren mit dem Auto zum Flughafen, fliegen dann zum Zielort und nehmen dort einen Mietwagen. Dabei entstehen (unter anderem) Daten:

- bei der Onlinebuchung von Flug und Mietwagen,
- bei der Erstellung des Parktickets im Flughafenparkhaus,
- beim Besuch der Airline-Lounge,
- beim Boarding zum Flug,
- beim Kauf einer Flasche Whiskey mit Kreditkarte/Vielfliegerkarte im „DutyFree"-Shop als Mitbringsel,
- bei Abholung, später dann auch beim Parken, Betanken und bei der Abrechnung des Mietwagens,
- beim Mobilfunkprovider für die Nutzung des Gerätes in verschiedenen Funkzellen des eigenen Netzes und gegebenenfalls bei einem Roaming-Partner in einem anderen Land,
- beim Versand einer Statusmeldung „bin jetzt in Stockholm" über Twitter,
- ...

Bei der Onlinebuchung von Flug und Mietwagen entstehen Daten – sowohl bei Fluggesellschaft und Mietwagenfirma als auch bei der Kreditkartenfirma, über die Sie Ihre Reisen abrechnen. Natürlich müssen die Beteiligten diese Daten von Ihnen erhalten, um ihren Teil der vertraglichen Vereinbarung (Flugtransport, Bereitstellung eines PKW und Abrechnung der Kosten auf bequemer monatlicher Basis) erbringen zu können.

Dies gilt in gleicher Weise für den Mobilfunkprovider und dessen internationalen Roamingpartner – auch diese brauchen die Daten für die Abrechnung.

Twitter braucht natürlich auch Ihre Dateneingabe für die Erbringung des Services.

In all diesen Fällen geht es um die Primärnutzung. Die Daten werden aus Nutzersicht zum eigentlichen Zweck (Bereitstellung der Services und damit einhergehende Abrechnung) verwendet.

Kritisch wird es dann bei der Zweitverwertung von Daten, etwa der Kundendaten Ihres Vielfliegerprofils. Ist die Vielfliegerkarte gleichzeitig noch eine Kreditkarte, über die Sie wesentliche Teile Ihrer Ausgaben abwickeln, weiß die Fluggesellschaft nicht mehr nur, wohin Sie fliegen, sondern auch, dass Sie gerne Whiskey trinken (oder zumindest kaufen) und welche Restaurants Sie in Stockholm besuchen. Setzen wir voraus, dass man dort mit unseren Daten sorgsam entsprechend den deutschen Gesetzen umgeht, so bleiben zumindest Profile von Viel- oder Wenigfliegern übrig, für die sich sicher Werbekunden interessieren. Für Lufthansa, Air Berlin, Sixt oder Europcar ist Lufttransport oder Autovermietung das Geschäftsmodell – auch wenn Daten anfallen und man sich dort sicher Gedanken über die Verwendung macht. Sie sind und bleiben dort der Kunde. Nicht wenige der Unternehmen, die in unsere Transaktionsbeziehungen eingeschaltet sind, sehen sich zudem als datenzentrische Firmen, für die nicht nur die Transaktionsdaten relevant sind, sondern die vor allem interessiert daran sind, möglichst umfassend Daten zu erheben und zu verwerten.

Daten sind nicht nur ein Nebenprodukt von Transaktionen. Auch unsere Kommunikation und sozialen Interaktionen hinterlassen immer mehr „Datenschatten", im gleichen Maße, wie die Kommunikation von Angesicht zu Angesicht („Face to Face") von elektronischer Kommunikation ergänzt oder ersetzt wird. Bei Google, Yahoo, Facebook, Twitter und den meisten anderen ist das Geschäftsmodell eben nicht der Betrieb einer Plattform, sondern die Verwertung der Daten.

Anders als Sie vielleicht vermutet haben, sind Sie dort *nicht* der Kunde. Der Kunde dieser Unternehmen ist das werbetreibende Unternehmen, das Nutzerprofile erwirbt, oder vielleicht sogar eine Regierungsorganisation, die ganz spezielle Nutzerdaten kauft. Letzteres ist übrigens mehr als eine Vermutung: Eine „Preisliste" von Yahoo für die Erbringung derartiger Dienste für Regierungsstellen in den USA ist Ende 2009 auf der Enthüllungs-Website Cryptome.org aufgetaucht.

Noch einmal: Sie sind nicht der Kunde. Sie sind nur der Datenlieferant. Insbesondere die US-amerikanischen Unternehmen – und das ist nun mal ein Großteil der hier genannten Internetunternehmen – haben für unser Verständnis eine recht eigenwillige Auffassung von der Hoheit über die Daten. Demnach „gehören" die Daten dem Unternehmen, das diese sammelt. Oder wie der amerikanische Security-Guru Bruce Schneier (www.schneier.com/) es bei seinen öffentlichen Auftritten formuliert: „Google owns your E-Mail."

Oder noch anders gesagt: Wir sind nicht Kunden bei Google, sondern wir, das heißt unsere Daten, sind Googles Produkt (für deren Kunden in der Werbebranche)! Gleiches gilt für Facebook und alle anderen Anbieter von überwiegend „kostenlosen" Diensten. Man könnte auch feststellen: Wir zahlen mit unseren privaten Daten in einer Art laufendem Micropayment dafür. Kostenlos ist nur vermeintlich kostenlos.

Im Umkehrschluss heißt das aber auch, dass kostenpflichtige Dienste nicht notwendigerweise besser sind, wenn es um den Umgang mit unseren Daten geht. So oder so geben wir Kontrolle ab.

Und fragen Sie nicht nach dem Staat: Der Gesetzgeber ist nicht schnell genug. Die Gesetzeslage hinkt um Jahrzehnte hinter der Realität her. Die Datenschützer können zwar mahnen, aber wenig ausrichten.

Wollt Ihr die totale Überwachung?

Während „Überwachung" nach alter Väter Krimi Sitte früher noch bedeutete „folgen Sie diesem Wagen", kann die Datenspur, die wir heute hinterlassen, auch anders genutzt werden: „Folgen Sie *jedem* Wagen" wird möglich – aufgrund fehlender Ressourcen früher undenkbar.

Genauso wie die Debatte um den Zugriff auf Kommunikationsdaten bereits veraltet ist und die Aufforderung an die Strafverfolger oder den Geheimdienst nicht mehr lautet: „hören Sie diesen Anruf ab" oder „schneiden Sie diese E-Mail mit", sondern längst ersetzt worden ist durch „schneiden Sie jedes Telefonat/jede E-Mail mit" oder „was wurde vergangene Woche bei dieser oder jener Telefon-/E-Mail-Korrespondenz kommuniziert?".

Was glauben Sie, was passiert, wenn wir alle nun viel, viel mehr E-Mails schreiben, um die eigentlichen Absichten zu verschleiern, wie es manchmal von Experten vorgeschlagen wird? Richtig, der interessierte Geheimdienst oder die interessierte Behörde wird sich ein paar neue Computer oder Festplatten kaufen, mehr nicht.

Auch Zusammenhänge, die heute nicht relevant sind, können in Zukunft relevant werden. Lassen sich die Datenspuren dann verfolgen? Im Zweifel ja, da die komplexen IT-Systeme unserer Zeit in vielen Fällen nichts mehr vergessen – und das nicht nur aufgrund der Sammelwut der Betreiber, sondern da es schlicht billiger ist, alles aufzuheben, als gezielt zu löschen.

Ein weißer Fleck war bisher die Videoüberwachung. Trotz Versprechen diverser Hersteller von Sicherheitsequipment war es bisher nicht möglich, etwa Personen auf Videos zu erkennen oder auch nur Bildinhalte „durchsuchbar zu machen". Videoüberwachung ist deshalb im Regelfall eine manuelle Tätigkeit mit zweifelhaftem Erfolg. Wer kann schon nach acht Stunden „auf den Monitor Schauen" noch die entscheidenden Vorgänge identifizieren? So wird Videoüberwachung meistens erst nachträglich, nachdem etwas passiert ist, genutzt, um etwa anhand einer Videoaufzeichnung einen Tathergang zu klären.

Anders als Texte eignen sich Bilder und insbesondere Bewegtbilder eben nur bedingt für ein automatisches Durchsuchen. Bereits das Auffinden eines bestimmten Videos auf Youtube wird zur Glückssache, wenn man nicht die Begriffe des Titels beziehungsweise aus der Beschreibung kennt. Diese sind nämlich durchsuchbar.

Neue Ansätze der Videoüberwachung – wie sie etwa an der Universität von Kalifornien, Los Angeles verfolgt werden (www.technologyreview. com/computing/25439/?a=f) – schließen diese Lücke, indem sie automatisch Bildinhalte beschreiben und damit durchsuchbar machen. Dazu wird das Bild in einzelne Bildelemente zerlegt. Diese werden anhand einer Datenbank (www.imageparsing.com) identifiziert. Die Aktivität oder Inaktivität der einzelnen Bildelemente wird verfolgt und automatisch in Textform dokumentiert, etwa so: „weißer PKW fährt Richtung ..., roter PKW hält an Kreuzung ...“ Damit wird das Material der Überwachungskamera durchsuchbar und auswertbar.

Denkt man noch etwas weiter in die Zukunft und geht davon aus, dass sich bereits heute Kfz-Kennzeichen und zukünftig vielleicht auch Gesichter automatisch erkennen lassen, so ergibt sich – bei Vernetzung hinreichend vieler „dokumentationsfähiger" Kameras – tatsächlich ein Szenario, das einer vollständigen Überwachung nahekommt. Die von verschiedenen Aufsichtsbehörden eingesetzten Kennzeichenscanner, deren zivile Version bereits in vielen Parkhäusern zu finden ist, sind hier nur der Vorgeschmack.

Das Internet vergisst nichts

Technische Systeme vergessen nichts mehr. Wie oben bereits angedeutet, spielen die Kosten für Datenerfassung, Speicherung und vor allem für die Auswertung keine Rolle mehr. Die Frage ist, wie das mit unseren bisherigen Kommunikationsgewohnheiten harmoniert.

Was im persönlichen Gespräch oder am Telefon gesagt wird, ist begrenzt auf ein oder wenige Gegenüber. Eine breite Öffentlichkeit ist schon rein akustisch ausgeschlossen. Selbst wenn der Dialog im Mittelpunkt eines antiken Amphitheaters geführt wird, können kaum mehr als einige hundert Personen mithören. Eine Aufzeichnung und Veröffentlichung des geführten Dialogs kann dies bereits ändern. Solange dieses Dokument in einem Archiv verschwindet oder im Privatbesitz verbleibt, ist dies ebenfalls unproblematisch. Kompromittierenden Inhalt vorausgesetzt, kann diese vielleicht für eine Erpressung dienen, einer weiteren Öffentlichkeit bleibt der Inhalt jedoch im Regelfall verborgen.

Man kann durchaus die Auffassung vertreten, dass ein erheblicher Teil der Privatsphäre dieser „Alten Welt" sich aus Ineffizienzen in der Technologie der Aufzeichnung und Verwertung ergeben, die es eben gerade nicht möglich machen, alles zu speichern und auffindbar zu machen.

Mit zunehmend internetbasierter Kommunikation verändern sich nun die Spielregeln: durch die Digitalisierung – also einfache Speicherungs- und Vervielfältigungsmöglichkeit – und die einfache Auffindbarkeit einzelner digitaler Inhalte mittels Suchmaschinen. Letztere beschränkt sich derzeit zwar weitgehend noch auf Textinhalte, funktioniert hierbei aber bereits erstaunlich gründlich.

Der Satz „das Internet vergisst nichts", klingt daher wie eine Plattitüde. Und doch können Inhalte, etwa Äußerungen in verschiedenen Foren, oft genug noch jahrelang aufgefunden werden, selbst wenn der eigentliche Websiteanbieter seine Seiten zwischenzeitlich vollständig umgestaltet hat. Möglich machen dies Langzeit-Archivier-Funktionen von Suchmaschinen wie der „Google Cache" oder Dienste wie www.archive.org. Auf letztgenannter Website lassen sich beispielsweise Webseiten, die der Autor mit seiner früheren Firma entwickelt hat, in allen möglichen alten Versionen in Text und Bild wieder hervorkramen – auch etwa der Stand von 1997 (!).

Ganz offiziell arbeitet auch die US-amerikanische Library of Congress an der dauerhaften Aufbewahrung digitaler Inhalte (www.digitalpreservation.gov). Die Library of Congress ist das Gegenstück zu den Nationalbibliotheken in Deutschland (www.d-nb.de), Österreich (www.onb.ac.at) und der Schweiz (www.nb.admin.ch) und archiviert alle Bücher, die jemals in dem Land erschienen sind. Zunehmend entdecken die Nationalbibliotheken aber auch die Archivierung digitaler Inhalte als Aufgabenfeld. Bei der Library of Congress bezieht sich die Arbeit an der sogenannten „digital preservation" inzwischen auch auf scheinbare Trivialitäten, wie die Speicherung aller jemals über Twitter versendeten Kurznachrichten. Diese auch als „Tweets" bezeichneten Botschaften mit maximal 140 Zeichen werden durch Übernahme des Archivs des Dienstanbieters rückwirkend seit dem Start des Dienstes in Jahr 2006 gespeichert und sind dauerhaft zugreifbar. Von Vergessen keine Spur.

Inoffiziell, aber wirksam ist auch die Website Wikileaks (www.wikileaks.org). Wie andere ähnlichen Seiten dient diese als Veröffentlichungsplattform für Dokumente, die Regierungen oder Unternehmen lieber unter Verschluss gehalten hätten.

Ich weiß, wohin Du gestern gesurft bist

Was kann, was darf ein Websiteanbieter über Sie wissen? Wenn Sie sich beim Webangebot persönlich mit Ihrem echten Namen anmelden, natürlich eine ganze Menge. Aber was ist mit dem Fall, dass sie einfach nur – ohne jede Anmeldung – eine Website besuchen?

Was Ihr Browser über Sie verrät

Grundlegende Informationen über die Systemumgebung Ihres Rechners werden bei jedem Websitebesuch übertragen. Ein Auszug des Systems, auf dem dieses Buch entstanden ist, liest sich dann in etwa so:

IP: XXX.XXX.XXX.XXX (unkenntlich gemacht)
Browser: Opera 9.80
OS: Windows XP
Herkunft: Germany
Bildschirmauflösung 1280x800
Cookies aktiviert
Javascript aktiviert
32bit Farbtiefe

Diese Angaben helfen der Website, die sie besuchen, dabei, die eigenen Inhalte so aufzubereiten, dass diese auf Ihrem Rechner optimal dargestellt werden können. Persönliche Informationen werden dabei nicht übertragen.

Aus der IP-Adresse (die hier unkenntlich gemacht wurde), lassen sich außerdem grundlegende Hinweise zur Herkunft ziehen. Bei Internetanschlüssen mit sogenannten „festen" IP-Adressen, wie sie im Regelfall von größeren Unternehmen verwendet werden, lässt sich immerhin eingrenzen, dass diese oder jene Abfrage aus dem Unternehmen „XYZ" kam. Bei privaten Nutzern und kleinen Unternehmen werden üblicherweise variable IP-Adressen, die sich bei jeder Einwahl beziehungsweise mindestens einmal in 24 Stunden ändern, verwendet. Aus diesen Adressen kann man Rückschlüsse auf den Provider und die geografische Region des Anschlusses ziehen. Übrigens auch ein Grund, weswegen man beim Internetsurfen gelegentlich auf Werbung für regionale Unternehmen stößt oder international auf Websites ab und an keinen Zugriff auf Inhalte erhält. Aus Anbietersicht bezeichnet man die Nutzung derartiger Auswertungen als „Regional Targeting".

Ihr Webbrowser verrät darüber hinaus recht wenig. Lediglich in der ersten Variante des Chrome Browser von Google gab es eine eindeutige Browser-Kennnummer, die die Identifikation eines jeden Browsers – unabhängig etwa von dem im folgenden Abschnitt diskutierten Cookies – ermöglicht. Nach Nutzerprotesten wurde dieses „Feature" aber wieder entfernt.

Die Wahrheit über Cookies

Insbesondere bei Internetneueinsteigern kreist die Diskussion über Internetrisiken häufig um die Gefahren oder vermeintlichen Gefahren der sogenannten „Cookies". Aber was ist damit wirklich gemeint, wenn von „Keksen" die Rede ist? Ein deutsches Wort für die hier angesprochene Bedeutung des Begriffs „Cookies" gibt es schlicht nicht.

Grundlegend ist das, was zumeist als „Browser-Cookie" oder „http-Cookie" bezeichnet wird, nichts anderes als eine Textdatei, die ein Webserver auf dem Rechner des Internetsurfers ablegen kann.

Bei späteren Besuchen der gleichen Website kann der Nutzer damit wiedererkannt werden. Diese Funktion ist für sich betrachtet nicht problematisch, sondern ein wesentliches Leistungsmerkmal aller aktuellen Webbrowser. Als solche ist sie auch standardisiert in den als „RFC" (Request for Comment) bezeichneten Internetstandards (RFC2109). Konkret bedeutet das: Präferenzen und Einstellungen des Nutzers können abgespeichert werden – ein Komfortgewinn für den Anwender (z.B. Anzahl Suchergebnisse pro Seite, Spracheinstellungen).

Für den Anwender beinhaltet das die Wiedererkennbarkeit eines Nutzers, sowohl während einer sogenannten Nutzersitzung (auch: Session) – etwa während eines Bestellvorgangs beim Onlineshopping – als auch bei einem wiederkehrenden Besuch des Nutzers auf derselben Website.

Unter Umständen ist über Cookies auch die Nachverfolgung (das Tracking) von Nutzern über verschiedene Sessions und Websites hinweg möglich und damit die Erstellung von Profilen über das Surfverhalten eines Nutzers. Dieser letztgenannten Möglichkeiten bedienen sich häufig Werbenetzwerke, aber auch Werkzeuge für die Reichweiten- und Zugriffsmessung im Internet.

Grundlegend betrachtet gibt es folgende unterschiedliche Arten von Cookies:

* *Session Cookies:* Diese haben nur eine kurze Lebensdauer. Sie werden gelöscht, sobald der Browser geschlossen wird.

- *Persistente Cookies* sind Cookies mit langer Lebenszeit, die eine länger dauernde Protokollierung des Surfverhaltens von Nutzern ermöglichen und wiederkehrende Nutzer auf einer Website erkennen können (wobei Erkennen sich auf das Wiedererkennen des Browsers bezieht, persönliche Daten zum Anwender liegen damit zunächst nicht oder noch nicht vor).

Zudem gilt eine Einschränkung: Cookies sind immer auf den Browser bezogen. Nutzt ein Anwender mehrere Browser, liefert das genauso „verfälschte" Ergebnisse wie bei der Nutzung eines Rechners und Browsers durch mehrere Personen (etwa im Familienkreis).

Aus Sicht dieses Buches besonders interessant sind Cookies von Drittanbietern (sogenannte „Third Party Cookies"). Denn unter Umständen ist es bei einem Website-Besuch möglich, dass auch Drittanbieter Cookies setzen. Eingebundene Werbebanner oder andere Elemente von anderen Websites wie sogenannte „Web Bugs" erlauben das Tracking des Nutzers auch über verschiedene Websites hinweg.

„Web Bugs" werden typischerweise von Anbietern von Webstatistik-Funktionen verwendet und bieten nicht nur Zählfunktionen für Besucher und Sessions auf der jeweiligen Website, sondern erlauben auch das Datensammeln über verschiedene Websites hinweg, die alle den gleichen Statistikservice benutzen. Die Firefox-Erweiterung „Cyberghost" gibt einen guten Überblick über die Trackingsysteme einer jeden besuchten Website und erlaubt auch selektives Blockieren einzelner Dienste.

Grundsätzlich gilt: Nur der Anbieter, der einen Cookie gesetzt hat, darf diesen auch wieder auslesen.

Session Cookies sind wegen der obengenannten Einschränkungen, vor allem hinsichtlich der Lebensdauer, als harmlos einzustufen. Persistente Cookies eignen sich für langfristiges Verfolgen von Websitebesuchen. Der Betreiber einer Suchmaschine kann damit (mit obengenannten Einschränkungen bei von mehreren Personen genutzten Rechnern) über die Laufzeit des Cookies verfolgen, welche Suchbegriffe abgerufen und welche Suchtreffer angeklickt wurden.

Trickreicher sind (persistente) Cookies von Drittanbietern, da diese sich dafür eignen, die Webbewegungen der Besucher langfristig über verschiedene Websites hinweg nachzuvollziehen. Der Anbieter erfährt damit große Teile der Internethistorie und weiß genau, wohin Sie tags zuvor gesurft sind.

Noch ist ein auf diese Weise ermitteltes Profil anonym. Erst die Eingabe der eigenen Daten (Name, Adresse …) auf einer verbundenen Website, zum Beispiel einer Shoppingwebsite, die ebenfalls der Kontrolle des

Anbieters unterliegt, ermöglicht die Verknüpfung eines Profils mit einer Person.

Grundlegend verbieten zwar die meisten Datenschutzgesetze das Zusammenbringen von Personendaten mit Profildaten, nicht selten werden jedoch Fälle bekannt, in denen Anbieter derartiger „Services" aus Drittländern heraus operieren und sich den deutschen Gesetzen damit entziehen.

Ein erster Selbstschutz ist über die Browsereinstellungen möglich. Die meisten gängigen Browser erlauben folgende Einstellungen und Aktionen zum Umgang mit Cookies:

- Keine Cookies annehmen.
- Keine Cookies von Drittanbietern annehmen.
- Vor dem Akzeptieren von Cookies nachfragen.
- Cookies beim Schließen des Browsers löschen.
- Inhalt des Cookies ansehen.

Abbildung 14: Cookie-Liste

Auch lassen sich Cookies – wie in der Abbildung am Beispiel des Firefox-Browsers zu sehen – anzeigen und gezielt löschen, so dass man einzelne, als nützlich empfundene Cookies behalten kann. Nützlich können diese etwa sein, um sich automatisch auf seiner Lieblings-Website einloggen zu können, ohne jedes Mal Nutzername und Passwort eingeben zu müssen.

Wie viele Nutzer tatsächlich von der Funktion Gebrauch machen, ist weithin unbekannt, auch wenn es einzelne Studien dazu gibt. Das Marktforschungsunternehmen Comscore geht von rund 30 Prozent der untersuchten Nutzer aus (nur US – siehe: www.drweb.de/magazin/flash-cookies-tricksen-cookie-loscher-aus/). Damit sind nur die klassischen Browser-Cookies gemeint.

Mit der weiten Verbreitung von Adobe „Flash" – einer Browsererweiterung zum Anzeigen von Multimediainhalten und Filmen im Internet – kommt jedoch eine neue Art von Cookies hinzu, die permanent auf dem Nutzerrechner gespeichert wird und ein Wiedererkennen dessen erlaubt. Das Problem dabei: Flash-Cookies lassen sich nicht über die gerade genannten Funktionen des Webbrowsers verwalten und gegebenenfalls löschen, sondern nur mit Adobe Flash selbst (oder einem geeigneten Zusatzprogramm oder durch manuelle Suche in den Anwendungsdaten des Flash Players auf der eigenen Festplatte).

Abbildung 15: Flash-Einstellungsmanager

Den meisten Nutzern sind diese relativ neuen Verwandten der klassischen Cookies nicht bekannt. Aus Serversicht lassen sich die Funktionen von HTML und Flash-Cookie durchaus ergänzend einsetzen.

Das Fazit hier: Cookies sind größtenteils harmlos, aber nicht frei von Risiken.

Der Online-Fingerabdruck

Cookies sind nicht die einzige Möglichkeit für Anbieter, auf einen einzelnen Benutzer einer Internetanwendung zurückzuschließen. Auch die oben bereits genannten grundlegenden Eigenschaften des Webbrowsers können dazu bereits ausreichend sein.

Ob Internet Explorer, Firefox, Safari oder Chrome – jeder Browser kann so individuell konfiguriert sein, dass Website-Betreiber einen Nutzer wiedererkennen können. Die US-Bürgerrechtsbewegung Electronic Frontier Foundation (EFF) führt das nun mit dem vor kurzem veröffentlichten Tool Panopticlick (panopticlick.eff.org) vor.

Die Website zeigt an, welche Daten über das eigene System vorliegen und ob diese in Kombination hinreichend individuell sind, um einen Nutzer zu identifizieren.

Ein frisch heruntergeladener Browser ist grundlegend erst einmal nur über eine Versionsnummer erkennbar und damit stets einer von vielen gleichartigen. Zusammen mit dem Betriebssystem wird die Kombination schon seltener. Im Falle des Testrechners (Opera Browser auf Windows XP), der sich wie folgt meldet: „Opera/9.80 (Windows NT 5.1; U; de) Presto/2.5.24 Version/10.53" ist nur noch ein System von 660 mit genau dieser Konfiguration online.

Zeitzone, Länderkennung und vor allem installierte Browsererweiterungen (sogenannte Plugins), aber auch im System vorhandene Schriften und die Bildschirmauflösung (hier 1400x1050 mit 32bit Farbtiefe) helfen in Kombination, eine Art „Fingerabdruck" des Browsers zu erzeugen und damit eine Eindeutigkeit eines Systems im Testfall unter rund 1 Millionen Systemen zu belegen – ganz ohne den Einsatz von Cookies.

Browserhistorie einmal anders

Eine relativ neue Möglichkeit, als Anbieter mehr über den Nutzer zu erfahren, ist das indirekte Auslesen der Browserhistorie. Jeder Browser speichert – wenn man es als Anwender in den Systemeinstellungen nicht anders definiert – die besuchten Websites ab. Damit wird unter anderem erkennbar, welche in eine Webseite eingebundenen Links bereits besucht wurden. Dies wird farblich in der Darstellung hervorgehoben und wechselt in den meisten Fällen von blau zu hellblau.

Abbildung 16: What the Internet knows about you

Durch geschickte Programmierung kann man nun als Anbieter von Websites alle möglichen Websites abfragen, ob diese bereits besucht wurden, und so in kurzer Zeit ein Bild von der Surfhistorie des jeweiligen Systems gewinnen. Die nachfolgende Abbildung zeigt auf deutliche Weise, was damit möglich ist.

Die Website „Whattheinternetknowsaboutyou.com" ist eine recht allgemeine Demo. Weitere Anwendungen können auch gezielt eingesetzt werden. Der Treuetest (www.date-seiten.de/treuetest.html) zeigt etwa dem Lebens(abschnitts)-partner, ob sich der PC-Nutzer auf Dating-Websites herumgetrieben hat, während „Did you watch porn" (didyouwatchporn.com) sich – nicht ganz ernsthaft – der Frage widmet, ob der Anwender pornografische Websites besucht hat.

Wer wie der Autor abstinent geblieben ist, wird sogleich mit einem friedlichen Häschenbild belohnt und konsequenterweise aufgefordert, nun endlich mal Entsprechendes anzusehen.

Abbildung 17: Did you watch ...

Zudem lässt sich die Website auch an Bekannte empfehlen. Klickt der per Facebook oder einen anderen Social-Media-Dienst Eingeladene dann auf die Seite, erfährt auch der Einladende etwas über die Präferenzen in dieser Richtung. Fazit: Eine originelle Anwendung, die aber wohl im wesentlichen Werbung verkaufen und Adressen sammeln soll. Vorsicht ist angebracht!

Ich weiß, wohin Du morgen surfen wirst

Suchmaschinen finanzieren sich durch Werbeanzeigen? Das stimmt nur bedingt. Mit dem, was Sie bei Google, Bing oder einer anderen Suchmaschine eingeben, sind Sie anonym? Allerdings stimmt auch das nur bedingt. Suchanbieter identifizieren wiederkehrende Benutzer nicht nur per IP-Adresse (die sich bei privaten Internetanschlüssen mindestens einmal täglich ändert) oder Cookies, sondern speichern auch die verwendeten Suchbegriffe und die aufgerufenen Ergebnisse. Anhand der Daten versuchen sie unter anderem auch zu erschließen, was der Nutzer in Zukunft suchen wird.

Google speichert nach Unternehmensangaben diese Suchen für 18 Monate und anonymisiert sie dann. Andere Anbieter speichern die Daten unter Umständen zeitlich unbegrenzt oder geben diese an Dritte weiter – mit unklarem Verbleib.

In gewisser Weise „bezahlen" Sie den Nutzen einer Suchmaschine nicht nur durch einen Austausch mit der Werbeeinblendung, sondern auch stets mit der Preisgabe von persönlichen Daten.

Verwenden Sie mehrere Dienstangebote bei einem Anbieter, bei dem Sie auch Websuchen benutzen – bei Google mit seinem Universum an Diensten mehr als naheliegend –, so vervollständigt sich das Bild, das der Anbieter vom Anwender bekommt. Eine De-Anonymisierung ist plötzlich kein Problem mehr. Nicht nur der Internetserviceprovider, der eine Zuordnung zwischen IP-Adresse und Anschlussinhaber eines Internetanschlusses (und damit vermutlich auch den Nutzer oder zumindest dessen Umfeld) herstellt, sieht damit Klartext.

Natürlich gehen wir alle grundlegend davon aus, dass wir dem Anbieter vertrauen können. Aber was, wenn die Daten in die falschen Hände geraten? Dies lässt sich nicht rückgängig machen. Die New York Times berichtet bereits am 9.8.2006 von einem Vorfall bei AOL, bei dem die gesammelten Suchdaten von 657.000 AOL-Nutzern öffentlich wurden – samt Informationen, die eine Identifizierung einzelner Nutzer erlauben. Bereits das Speichern der Suchanfragen ist damit potenziell gefährlich, da stets das Risiko des Abfließens der Daten an Dritte besteht.

Ich weiß, wo Du wohnst

Trauen Sie Ihrem Internetprovider? Vermutlich mehr als Ihrem Such-anbieter oder einem anderen Websitebetreiber.

Vermutlich sind Sie davon überzeugt, dass Ihr Zugangslieferant Ihre Daten nicht anders als zur Rechnungsstellung und zur Erfüllung seiner gesetzlichen Pflichten, etwa im Rahmen der Vorratsdatenspeicherung, verwendet.

Als Bürger Großbritanniens können Sie (beziehungsweise konnten Sie) zumindest zeitweise andere Erfahrungen machen. Ohne Vorwarnung wurde etwa bei British Telecom (BT) – der ehemalige Telefon-Monopolist in UK (von der Marktstellung vergleichbar mit der Deutschen Telekom hierzulande) – ein Großversuch mit Kunden vorgenommen, bei dem ein Internetwerbesystem einer Firma „Phorm" zum Einsatz kam.

Der Werbeanbieter nutzt hierbei Daten, die er direkt vom Provider erhält, um mittels Paketinspektion („deep packet inspection") das Surf-verhalten der Nutzer im Internet zu analysieren und passende Werbung bereitzustellen. Die IP-Pakete für Port 80 bekommt Phorm nach Unter-nehmensangaben in anonymisierter Form von den ISPs geliefert. Im Gegenzug teilt Phorm die durch den Verkauf von Werbeflächen erziel-ten Einnahmen mit den Internetprovidern.

Dadurch, dass der Internetverkehr durch Phorm umgeleitet wird, sieht Phorm nicht nur die aufgerufenen Seiten, sondern auch die Seitenin-halte und alle Eingaben, die auf den Sites gemacht werden, und kann Cookies unter dem Namen anderer Websites setzen. Klingt kompliziert und ist es auch – eine detailliertere Beschreibung für technisch Interes-sierte findet sich hier: www.theregister.co.uk/2008/02/29/phorm_docu-ments/ und auf der Website von Securityforscher Richard Clayton (www.cl.cam.ac.uk/~rnc1/080518-phorm.pdf).

Nicht alle Angaben von Phorm lassen sich demnach überprüfen, insbe-sondere gilt dies für die Angabe von Phorm, dass die Daten anonym sind. Problem dabei: Die Anonymisierungsfunktion wird auf den Rechnern, die von Phorm beim Serviceprovider installiert werden, betrieben und von Phorm auch gewartet und verwaltet. Würden Sie Phorm vertrauen?

Zweifel sind erlaubt, wenn man die Historie des Unternehmens näher kennenlernt:

Gegründet wurde die Firma Phorm von einem Herrn, dem die britische Presse Beziehungen (www.thisismoney.co.uk/markets/article.html? in_article_id=430955) zum russischen Geheimdienst nachsagt und der derselben Quelle zufolge bereits in der Vergangenheit – mit der Vorläuferfirma „People on Page" Software, die von verschiedenen Security-Firmen als Spyware bezeichnet wurde, entwickelt hat (zur Einstufung siehe F-Secure: www.f-secure.com/sw-desc/peopleonpage.shtml).

Diese Aufzählung liefert durchweg Anlass für Skepsis. Die Bedenken werden noch größer, wenn man das Verhalten der Serviceprovider betrachtet: Vorgesehen war, bei BT und anderen Internetserviceprovidern die Nutzer mehr oder weniger zwangsweise einzubeziehen. Nur „Opt-Out" wäre möglich, das heißt ein aktiver Widerspruch des Nutzers würde zum Ausschluss vom Programm führen, alle anderen Nutzer des Internetzugangs beim jeweiligen Anbieter wären automatisch dabei.

Auch wenn BT nach eigenen Angaben inzwischen von dem System Abstand genommen hat, lässt der harte Preiswettbewerb unter den Internetzugangsanbietern erwarten, dass auch zukünftig – bei BT und anderswo – Wege gesucht werden, aus den Nutzerdaten Kapital zu schlagen. Für die Provider ist die Sache klar: Endlich können Sie vom immer größer werdenden Onlinewerbekuchen, den sie bisher Google und Co überlassen mussten, selbst partizipieren.

Einen ähnlichen Weg wie Phorm, aber für das mobile Internet, nutzt etwa der Provider Orange auf Basis eines Systems der vom Mobilfunkausrüster Qualcomm übernommenen irischen Startup-Werbefirma „Xiam" (Quelle: www.theregister.co.uk/2008/03/12/mobile_phom/). Kurz gesagt, überträgt das System die Phorm-Idee auf mobile Plattformen und nutzt vom Provider bereitgestellte Daten, wie etwa die Chronik der aufgerufenen Seiten und Rechnungsdaten für die Bereitstellung individualisierter Werbung.

„Xiam" und „Phorm" sind die Pioniere in einer Welt, in der Provider gerade damit beginnen, die Vielzahl von Daten, die sie durch die Bereitstellung ihrer Dienste ganz automatisch sammeln, zu Geld zu machen. In Deutschland, Österreich und der Schweiz wurde bisher kein Einsatz von Phorm oder Xiam bekannt.

Ich weiß, wo Du bist

Wenn Sie an Ihr eigenes Leben denken: Wer wüsste besser über Sie Bescheid als Ihr Mobilfunkprovider? Oder gehören Sie zu den wenigen, die ihr Telefon nicht immer mit sich tragen? Aus Sicht eines Forschers sind die Vielzahl der Daten, die bei Mobiltelefonnutzung anfallen, ein hochinteressantes Forschungsgebiet, aus Sicht des Mobilfunkproviders eine noch zu erschließende Goldmine. Die Rede ist dabei von sogenannten „Call Detail Records" (kurz CDR), den Verbindungsdaten. Ein

CDR entsteht für jede Sprach- oder Datenverbindung. Er beinhaltet – unter anderem – für Sprachverbindungen die Ursprungs- und Zielrufnummer, die Art und Dauer der Verbindung und natürlich auch die ID des Mobilfunkmasten, über den das Endgerät den Anruf weitergereicht hat. Damit lässt sich der ungefähre Standort berechnen.

In Summe können CDRs auch ermitteln, wie weit dieser eine bestimmte Telefonnutzer innerhalb eines Zeitraums, also zum Beispiel eines Tages, gereist ist, welche Orte er dabei besucht hat oder wo er (vermutlich) wohnt oder arbeitet. Vergleicht man die Daten mit den Daten von Verkehrsmitteln und -wegen, so lässt sich auch festhalten, ob jemand mit dem Flugzeug, der Bahn, dem Fahrrad oder dem Auto verreist ist und ob er mit dem Auto gegebenenfalls gar zu schnell gefahren ist. Natürlich reden wir derzeit nur von anonymer Auswertung, Ihr Führerschein ist also (derzeit) noch nicht in direkter Gefahr.

Forscher des US-Telekommunikationsunternehmens AT&T haben so herausgefunden (www.technologyreview.com/communications/25396), dass etwa Leute in Manhattan durchschnittlich 2,5 Meilen pendeln, während Vergleichszahlen aus Los Angeles auf weitere Strecken hindeuten (in der Untersuchung waren es rund 5 Meilen). Bisher keine weltbewegenden Erkenntnisse, aber die Forschung steht hier erst am Anfang.

In der Tat können derartige Daten in aggregierter Form sehr nützlich sein, etwa für die Planung von Haltestellen für den ÖPNV oder zur Ermittlung von Staus auf Autobahnen und Bundesstraßen. Hierzu arbeitet etwa der Navigationssystemhersteller TomTom mit Vodafone zusammen und ermittelt aus (anonymisierten) Echtzeitbewegungsdaten von einer Vielzahl von Mobiltelefonen auf definierten Strecken (Autobahnen/Bundesstraßen) Stockungen und Staus und teilt sie allen Besitzern entsprechender Endgeräte mit – in vielen Fällen schneller und zuverlässiger als der herkömmliche Verkehrsfunk.

Gelingt es jedoch, die Mobilfunkdaten zu de-anonymisieren, so lassen sich auch Szenarien finden, die für den Nutzer wenig erfreulich sind, etwa das bereits angedeutete als indirekte Überwachung der gefahrenen Geschwindigkeit – automatischer Strafzettel inklusive.

Jeder Fernsehkrimiseher weiß, dass auch für die Aufklärung von Verbrechen Bewegungsdaten von Mobiltelefonen herangezogen werden, auch wenn, anders als im Krimi suggeriert, ein „Anruf beim Provider" dafür – zumindest bislang – nicht ausreicht.

Ich weiß, wer Du bist

Wer könnte besser Bescheid wissen, als ein Anbieter, dem die Kunden Kontaktdaten, private Fotos und Nachrichten an Freunde und Bekannte anvertrauen? Stellvertretend für die Gattung der Netzwerke steht hier Facebook, der Social-Web-Dienst mit der größten Nutzerzahl.

Was Facebook über Nutzer weiß

Facebook ist wie ein guter Freund, der nichts für sich behalten kann. Kein Anbieter ist derzeit auch nur annähernd so groß und so bedeutsam. Bei keinem Anbieter ist die „Stickiness" so hoch. Von „Stickiness" (Klebrigkeit) spricht man in der Fachwelt bei einer Website, wenn Nutzungsdauer und Wiederbesuchshäufigkeit hoch sind. Hier hat Facebook durch die Verlagerung weiter Teile der privaten Kommunikation weg von anderen Diensten in sein eigenes System und die Einbindung fremder Websites durch Öffnen seiner Schnittstellen für viele Nutzer fast so etwas wie ein paralleles Internet geschaffen und dadurch eine sehr hohe Stickiness. Gleichzeitig erhält Facebook durch die Nutzerinteraktionen eine Fülle an Daten über jede einzelne Aktivität jedes einzelnen Nutzers – und damit Informationen über die Interessen von mehr als einer halben Milliarde Menschen weltweit.

Gleichzeitig steht kein anderes Web-2.0-Unternehmen derzeit so in der Kritik wie Facebook. Dabei galt es bei seinem Start durchaus als Musterknabe in Sachen Wahrung der Privatsphäre seiner Nutzer. Wie sehr sich Facebook in dieser Hinsicht gewandelt hat, hat die Electronic Frontier Foundation (EFF) mit Bezug auf das jeweilige Jahr zusammengefasst (www.eff.org/deeplinks/2010/04/facebook-timeline, Übersetzung durch den Autor):

Facebook Privacy Policy 2005:

Keinerlei persönliche Informationen stehen Nutzern dieser Website zur Verfügung, die nicht zu mindestens einer Gruppe, die in Deinen „Privacy Settings" definiert sind, gehören.

Facebook Privacy Policy 2006:

Wir verstehen, dass Du es nicht möchtest, dass jeder in der Welt Zugriff auf die Informationen hat, die Du auf Facebook teilst. Daher geben wir Dir Kontrolle über Deine Informationen. Unsere Standardeinstellungen begrenzen die Informationen, die angezeigt werden, auf Deine Schule, Deinen von Dir spezifizierten Ort und andere angemessene Begrenzungen der Gemeinschaft, die wir Dir mitteilen.

Facebook Privacy Policy 2007:

Profilinformationen, die Du auf Facebook eingibst, stehen allen Nutzern zur Verfügung, die zu mindestens einem Netzwerk gehören, dem Du Zugriff auf die Informationen im Rahmen der „Privacy Settings" erlaubst (zum Beispiel: Schule, geografisches Umfeld, Freunde von Freunden). Dein Name, der Name Deiner Schule und Dein Profilbild sind im Rahmen der Suchfunktion im gesamten Facebook-Netzwerk auffindbar, es sei denn, Du änderst Deine „Privacy Settings".

Facebook Privacy Policy November 2009:

Facebook ist dafür ausgelegt, es Dir einfach zu machen, Informationen mit jedem zu teilen, mit dem Du teilen möchtest. Du entscheidest, wie viele Informationen Du teilen möchtest, und Du kontrollierst die Weitergabe durch die „Privacy Settings". Du solltest Dir die Standardeinstellungen ansehen und diese – falls nötig – ändern, um Deine Präferenzen abzubilden. Du solltest die Einstellungen auch beachten, wann immer Du Informationen teilst [...].

Information mit der Einstellung „alle" ist öffentlich verfügbar und kann von jedem Internetnutzer eingesehen werden (dies schließt Personen ein, die nicht auf Facebook eingeloggt sind), kann durch Suchmaschinen von Dritten indiziert werden und kann mit Deiner Person außerhalb von Facebook verknüpft werden (etwa beim Besuch von anderen Seiten im Internet) und darf durch uns und andere ohne Einschränkungen hinsichtlich der Privatsphäre importiert und exportiert werden. Der Standardwert für bestimmte Informationstypen, die Du auf Facebook bereitstellst, ist auf „jedermann" eingestellt. Du kannst die Standardeinstellungen ansehen und in Deinen „Privacy Settings" ändern.

Facebook Privacy Policy Dezember 2009:

Bestimmte Kategorien von Informationen, wie zum Beispiel Dein Name, Dein Profilfoto, Deine Freundesliste und Seiten, von denen Du ein Fan bist, Geschlecht, Herkunftsregion und Netzwerke, zu denen Du gehörst, werden als öffentliche Informationen für jedermann – dies schließt mit Facebook ergänzte Applikationen ein – betrachtet und haben daher keine „Privacy Settings".

Du kannst dennoch die Möglichkeiten von anderen, diese Informationen durch Suche aufzufinden, durch Nutzung Deiner „Privacy Settings" begrenzen.

Facebook Privacy Policy, Stand April 2010:

Wenn Du Dich mit einer Applikation oder Website verbindest, erhält diese Zugriff auf „Allgemeine Informationen" über Dich. Der Begriff „Allgemeine Informationen" beinhaltet Deinen Namen und die Namen Deiner Freunde, Profilbilder, Geschlecht, Nutzer-IDs, Verbindungen und jede Art von Inhalt, der über die Einstellung „jedermann" geteilt wurde. [...] Die Standardeinstellung für bestimmte Informationstypen, die Du auf Facebook postest, ist „jedermann".

Im Mai 2010 hat die New York Times (www.nytimes.com/2010/05/13/technology/personaltech/13basics.html) nachgezählt und dabei ermittelt, dass Facebook zum Zeitpunkt der Erhebung rund 50 einzelne „Privacy Settings" vorsieht – mit circa 170 Einstellungsmöglichkeiten.

Dieselbe renommierte amerikanische Zeitung hat in einem weiteren Beitrag (www.nytimes.com/interactive/2010/05/12/business/facebook-privacy.html) zudem die Anzahl der Wörter ermittelt, die Facebooks „Privacy Statements" zum jeweiligen Zeitpunkt umfasst haben, und kam dabei auf folgende Werte:

- 2005: 1.004 Wörter,
- 2006: 2.313 Wörter,
- 2007: 3.067 Wörter,
- November 2009: 5.394 Wörter,
- Dezember 2009: 5.443 Wörter,
- Frühjahr 2010: 5.830 Wörter.

Zum Vergleich – die entsprechenden Statements bei anderen Social-Media-Websites umfassen jeweils folgende Wortanzahl:

- 384 bei Flickr,
- 1.203 bei Twitter,
- 1.977 bei Friendster,
- 2.290 bei Myspace,
- (5.830 bei Facebook, siehe oben).

Zusammenfassend lässt sich sagen: Die Privatsphäre eines Nutzers bei Facebook steht permanent unter Druck. Die wiederholten einseitigen Änderungen von Facebook sind kein Zeichen einer „Ausprobier-Mentalität" eines Start-ups, sondern schaffen die unabdingbare Grundlage für das eigentliche Geschäftsmodell von Facebook (und vieler anderer Web-2.0-Unternehmen): der Verwertung von Nutzerdaten, etwa durch den Verkauf von Nutzerprofilen an werbetreibende Unternehmen.

Was Facebook über Nicht-Nutzer weiß

Ist man mit dem Umgang von Facebook und anderen Diensten mit den persönlichen Daten der Nutzer nicht einverstanden, so wäre die naheliegendste Lösung, einfach wegzubleiben oder sein Profil zu löschen. Lassen wir mal den Fall des Entfernens eines existierenden Profils weg, wegen der damit verbundenen Schwierigkeiten und der offenen Frage, ob man mit einer solchen Aktion tatsächlich aus dem Datenbestand des Anbieters verschwunden ist, und konzentrieren uns nur auf die Fragestellung, was mit den eigenen Daten passieren kann, wenn man *nicht* beitritt.

Tatsächlich weiß Facebook erstaunlich viel über Nicht-Mitglieder. So ist – bei der hohen Nutzerzahl – nicht unwahrscheinlich, dass andere Mitglieder, die Sie persönlich (offline) kennen, Informationen über Sie veröffentlichen, etwa Fotos hochladen, auf denen Sie zu sehen und genannt sind, oder – es ist ja so einfach – Facebook den Zugriff auf das Computer- oder Handyadressbuch erlauben, in dem auch Ihre Kontaktdaten gespeichert sind.

Voilà, damit sind Sie auch drin im Datenbestand von Facebook. Tauchen Sie bei verschiedenen Mitgliedern noch mehrfach auf, liefern Sie Facebook sogleich auch ungewollt Daten über Ihr persönliches Kontaktnetzwerk. Und das alles, ohne überhaupt Mitglied zu sein. Ein Entkommen ist praktisch unmöglich. Sie können lediglich Ihre Kontakte bitten, die Inhalte zu entfernen, oder – wie es manchmal empfohlen wird – selbst Mitglied zu werden, um vielleicht etwas besser steuern zu können, was über Sie veröffentlicht wird.

Was uns noch bevorsteht

Noch ist die Facebook-Gesichtserkennung in der Betaphase, aber schon bald soll die Software so weit sein, bei hochgeladenen Personenfotos automatisch Personen wiederzuerkennen. Ein einziges mit einer Person in Verbindung gebrachtes Foto reicht dann aus, um eine Person zu identifizieren und aus Millionen von Fotos diejenigen herauszusuchen, die diese Person zeigen. Das ist nicht nur aus Nutzersicht ungemein praktisch, sondern verschafft dem Anbieter ganz neue Perspektiven über soziale Zusammenhänge, selbst wenn die nicht explizit durch „Freundschaftsanfragen" und Kommentare ersichtlich sind.

Weitere Transparenz liefert die kürzlich gestartete Facebook-Suchfunktion, die nicht nur in Facebook, sondern auch über Partnerseiten hinweg suchen kann.

Und die anderen Plattformen?

Facebook steht durch die Aufweichung der Privatsphäre zunehmend in der Kritik. Darüber hinaus wird oft vergessen, dass andere Anbieter auf ähnlicher Basis arbeiten und ebenso Daten sammeln. Aus fehlender öffentlicher Diskussion darf man daher keinesfalls den Schluss ziehen, alles wäre bei StudiVZ und Co in bester Ordnung.

Cyberstalking – es kann jeden treffen

Auch wenn man stets vorsichtig mit seinen Daten ist, kann man als Nutzer ganz unerwartet in Schwierigkeiten geraten, etwa als Opfer gezielter Online-Mobbing-Aktionen.

Psychoterror per Internet

Von Haus aus bringen einige Dienste wie „meinprof", „Spickmich" oder „Don'tdatehimGirl" etc. erhebliches Missbrauchspotential mit, wie zum Teil bereits beschrieben wurde. Onlinemobbing, Cybermobbing oder auch Cyberbullying und Cyberstalking sind die Begriffe für das unerwünschte Bedrängen einer anderen Person mit Hilfe des Internets, also etwa in Foren, in Chatrooms oder in Social Networks.

Mobbing ist seit Jahren ein primär aus der Arbeitswelt, aber auch aus dem schulischen Umfeld bekannter Begriff, der auch im Internetkontext verwendet wird. Eine Abgrenzung zum Stalking ist – im Onlineumfeld – nicht leicht. Nachfolgend werden die Begriffe synonym verwendet.

Die besuchenswerte Website Computerbetrug.de widmet sich ausführlich und fundiert dem Thema. Cyberstalking ist demnach ein kriminelles Phänomen, das den Ruf eines Menschen aufs Übelste beschädigen kann. Der Begriff Stalking kommt aus dem Englischen und bedeutet übersetzt so viel wie Heranpirschen oder Belauern. Im übertragenen Sinn versteht man unter Stalking, wenn ein Mensch einen anderen massiv und dauerhaft unter psychischen Druck setzt, ihm also auflauert, ihn unerwünscht kontaktiert oder ihn verfolgt. In unserer Betrachtung eben mit Mitteln des Internets und Web 2.0.

Zu den Mitteln zählen das Verbreiten von Gerüchten, das Hochladen von Fotos und Videos, die den Betroffenen in bloßstellender Form zeigen, aber auch die bewusste Falschbewertung von Produkten und Leistung.

Die Motive für diese Form des Psychoterrors sind vielfältig: Unerwiderte Liebe zählt ebenso dazu wie Rache, Neid, Hass, verletzte Ehre oder auch eine psychische Störung des Täters. In der Mehrzahl der beobachteten Fälle sind oder waren Täter(in) und Opfer nach Angaben von Computerbetrug.de vor Beginn des Stalkings persönlich oder intim bekannt. Es gibt jedoch auch andere Fälle. So sind Prominente unter Umständen auch online das Opfer von „Fans". Auch aus dem Literaturbetrieb wird häufig berichtet, dass Autoren die vermeintliche Konkurrenz schon mal mit schlechten Kritiken zu diskreditieren versuchen.

Das Internet oder andere digitale Kommunikationsmedien werden beim Cyberstalking instrumentalisiert, um das Opfer psychisch unter Druck zu setzen oder ihm in anderer Form zu schaden. Praktisch immer operieren die Täter unter dem Deckmantel einer (scheinbaren) Anonymität und können darauf zählen, dass sie durch die große Verbreitung des Internets einen breiten Adressatenkreis erreichen – womit der psychische Druck auf ihr Opfer entsprechend größer wird.

Computerbetrug berichtet in Sachen Cyberstalking aber auch von einer gewissen Professionalisierung der Aktivitäten in diesem Sektor: „Die Täter betreiben ihr sozialschädliches Handwerk, um Menschen aus rein geschäftlichen Interessen heraus zu schaden – oder werden von Dritten dafür bezahlt, um Konkurrenten oder andere unliebsame Menschen einzuschüchtern."

Cyberstalking tritt in den unterschiedlichsten Formen auf, abhängig von der kriminellen Energie des Täters und seinen Möglichkeiten. Denkbar und praktiziert wird Cyberstalking unter anderem in Form von (nach Computerbetrug.de):

- Verbreitung von Lügen, Gerüchten oder Verleumdungen über das Opfer auf Internetseiten, in Diskussionsforen, Blogs, Newsgroups oder per Mail,

- Warenbestellungen im Namen der Opfer oder unbeteiligter Dritter, wobei die Waren dann den Opfern zugehen – oder völlig unbeteiligten Dritten –, während das eigentliche Opfer die Rechnung erhält (siehe auch: Identitätsdiebstahl),

- Veröffentlichung intimer Details (Sexualleben, finanzielle Situation, Arbeitsleben, persönliche Eigenschaften) über das Opfer,

- Veröffentlichung und Verbreitung privater Fotos („Nacktbilder") des Opfers – etwa aus einer früheren gemeinsamen Beziehung – auf Internetseiten, in Newsgroups, Foren und in Tauschbörsen,

- Veröffentlichung und Verbreitung manipulierter Fotos des Opfers auf Internetseiten, in Newsgroups, Foren, anonymen Blogs und in Tauschbörsen,

- Kontaktierung und Belästigung des Opfers oder dessen Freunde/ Bekannte/Kollegen per Mail,

- Identitätsdiebstahl, etwa durch Anmeldung des Opfers in Internetkontaktbörsen unter dessen Namen und mit dessen Bildern oder Registrierung von Fake-Accounts unter dem Namen des Opfers,

- falsche Verdächtigung und Kriminalisierung, etwa durch Begehung von Straftaten im Internet unter dem Namen des Opfers (Teilnahme an Versteigerung, Spamming, Androhung von Amokläufen oder Attentaten etc.).

Die „Königsklasse" des Cyberstalking ist – wenn man so sagen will – mit erheblichem Aufwand verbunden. Dabei wird mit den gesammelten Daten eine falsche Identität des Opfers im Internet aufgebaut. Etwa auf einer Plattform, auf der das Opfer noch nicht vertreten ist. Aus den bekannten Fakten (Name, Adresse, Alter, Freundeskreis) und den an anderer Stelle veröffentlichten Bildern lässt sich eine neue, vermeintlich persönliche Profilseite oder Webseite des Opfers einrichten, die diese in ein neues, völlig falsches Licht rückt – etwa durch antisemitische Äußerungen in den Statusmeldungen. Der Schaden, der hier einer Person droht, insbesondere wenn diese in der Öffentlichkeit steht, ist erheblich.

Cyberstalking scheint inzwischen ein Massenphänomen zu sein. In Österreich wird etwa jeder Fünfte durch „Cyberstalking" belästigt. Das hat eine Studie der Donau-Universität Krems und der Universität Wien zum Thema „Cyberstalking" ergeben. Befragt wurden 747 Personen nach repräsentativen Kriterien im Alter von 18 bis 66 Jahren. Demnach wurden 2,7 Prozent der Befragten virtuell belästigt, indem unerwünschte Informationen über sie im World Wide Web beziehungsweise in Social Networks verbreitet wurden. Am weitaus häufigsten ist aber das Stalken von Privatpersonen mittels SMS und Mails und zu einem geringeren Teil mittels Nachrichten in Social Networks. Nach der Studie sind die Täter häufig Ex-Partner, die Opfer – und das ist eines der überraschenden Ergebnisse der Studie verglichen mit der vorherrschenden Meinung anderer Untersuchungen – in etwa zu gleichen Teilen Frauen und Männer.

2 Da war doch noch was –
die dunkle Seite des Netzes

Bei der Diskussion um Internetfallen darf ein Bereich nicht fehlen, der gemeinhin mit „dunkle Seite" des Netzes bezeichnet wird. Von Malware, Cyberwar oder gar verborgenenen Bereichen des Internets, die der Allgemeinheit nicht zugänglich sind, ist die Rede.

Natürlich geht es hier auch, wenn auch nur zum Teil, um persönliche Daten. Daher ist es wichtig, an dieser Stelle etwas Licht in die halbdunklen wie finsteren Ecken des weltweiten Netzes zu bringen – im Rahmen dieses Buches aber natürlich ohne Anspruch auf Vollständigkeit. Denn interessant ist hier vor allem der Umgang mit persönlichen Daten.

Dark Web und Cyberwar

Die sogenannte dunkle Seite des Web übt eine ganz besondere Faszination aus. Von Internetseiten, die nur besonders auserwählten Personen zugänglich sind, ist da gerne mal die Rede. Dabei ist die Wirklichkeit meist profaner: Es gibt einen großen Bereich des World Wide Web, der Suchmaschinen nicht zugänglich ist, mit Inhalten von Fachdatenbanken etwa, oder mit privaten Seiten, die Suchmaschinen ausschließen. Experten schätzen, dass die Informationsmenge um ein Mehrfaches größer ist, als der für jedermann über die Suchmaschinen erschließbare Bereich. Vermischt wird diese Beschreibung gerne mal mit den zweifellos existierenden und auch auffindbaren Seiten, auf denen etwa Hacker und Cracker Datenbestände oder Schadsoftware zum Download, Verkauf oder Tausch anbieten.

Ähnliche Mythenbildung findet sich beim Begriff des „Cyberwar". Von diesem „Online-Krieg" ist immer wieder mal die Rede, teils mit dramatischen Beschreibungen. Unklar ist, ob etwa ein versuchter Hackerangriff auf einen Regierungscomputer durch den Geheimdienst eines fremden Landes bereits unter die Definition des „Cyberwar" fällt – oder eher der Normalzustand im Verhältnis der Nationen zueinander in Friedenszeiten.

Beschworen wird auch immer wieder die Möglichkeit, über das Internet die Wasser- und Energieversorgung ganzer Regionen lahmlegen zu können. Tatsächlich gab es in der Vergangenheit immer wieder mal Versuche, Websites – darunter auch Websites offizieller Stellen – durch eine Vielzahl gleichzeitiger Zugriffe (Denial of Service Attack) in die Knie zu zwingen. Auch ist bekannt, dass gerade Social Media infiltriert wird, um

Kontakte zu wesentlichen Personen einer gegnerischen Organisation aufzubauen. Darüber hinaus gibt es wenig Handfestes, was eine Situationsbeschreibung wie in Richard Clarkes neuem Buch „Cyberwar: The Next Threat to national Security" auch nur annährend rechtfertigt.

Im Gegenteil: Derartige Panikmache lenkt eher von den realen Problemen und Risiken des Web und Web 2.0 ab, die im Wesentlichen im missbräuchlichen Umgang mit persönlichen Daten und den daraus resultierenden Folgen für den oder die Betroffenen zu sehen sind.

Malware – von Viren, Würmern und sonstigem Getier

„Malware" steht für „Malicious Software" oder „Schadsoftware" und ist ein Gattungsbegriff für alle Programme, die den Nutzer oder dessen Systemumgebung schädigen oder sonst für eigene Zwecke missbrauchen. Archetyp für jede Art von Malware ist der Computervirus, der Schwachstellen ausnutzt und sich über vorhandene Kommunikationswege von Rechner zu Rechner verbreitet. In den Anfangstagen der PC-Revolution meist per „Diskette" – dem damaligen Datenaustauschmedium Nummer eins. Heutzutage erfolgt die Verbreitung zumeist über E-Mail, aber auch per USB-Stick oder Speicherkarte.

Der Computerwurm gilt als Verwandter des Virus. Eine aktive Kommunikation benötigt er nicht, er nutzt Schwachstellen von Systemen aus und bringt seine eigene Kommunikationssoftware praktisch gleich mit, während der gemeine Virus stets nur „Huckepack" auf Reisen geht.

Ob man Viren oder Würmer, die sich in ihren Aktivitäten auf die reine Verbreitung beschränken, aber sonst kein Unheil stiften, als Schadsoftware bezeichnen kann, ist durchaus umstritten. Aus Sicht des Autors und der meisten Security-Experten ist aber allein der Faktor des unerwünschten Weiterverbreitens und sich im System Versteckens Schaden genug, schließlich werden Rechnerleistung und Bandbreite verbraucht. Auch ist dies ein eher theoretischer Fall, denn meist bringen derartig unerwünschte Programme weitere Schadfunktionen mit, die etwa dazu dienen, den eigenen Rechner als Spam-Schleuder zu missbrauchen, den Inhalt der Festplatte auszuspionieren oder Zugangsdaten – etwa für die Nutzung von Onlinebanking – zu stehlen. Das Vokabular der Security-Experten kennt daher eine Vielzahl von speziellen Schadsoftware-Varianten wie „Trojaner", „Downloader" oder „Rootkit".

Manchmal ist auch Erpressung das Ziel der Schadsoftware – etwa indem der Datenbestand des Nutzers als Geisel genommen wird. Das Programm verschlüsselt zum Beispiel die Daten des Benutzers und nötigt diesen dazu, einer Banktransaktion zugunsten der Erpresser zuzustimmen. Eine Sonderform, die im Kontext mit persönlichen Daten noch besonders interessant ist, ist die „Scareware" – aber dazu mehr in Kapitel VI, 4.

Wie schützt man sich beziehungsweise seinen Rechner vor diesen Gefahren? Den PC einfach nicht ans Internet anzuschließen ist ja schließlich keine Lösung – zumindest für 99 Prozent aller Anwendungsfälle.

Ein Antivirenprogramm mit guter Erkennungsrate ist obligatorisch. Betriebssystem und Anwendungsprogramme (Office, Adobe Flash und Acrobat, etc.) sollten zudem stets auf dem aktuellen Stand sein, um „zero day attacks" so weit wie möglich vorzubeugen. Für den Endnutzer heißt das zumeist, die Autoupdate-Funktion der wesentlichen Programme (Betriebssystem, Antivirenprogramm, Office, Webbrowser etcetera) so einzustellen, dass sich diese selbsttätig aktualisieren und damit so weit wie möglich auf dem neuesten Stand sind.

Das Grundproblem aller heutigen Sicherheitsmaßnahmen: Schutz bieten diese nur vor bekannten Attacken. Man darf sich das ähnlich wie in der Fabel vom Hase und dem Igel vorstellen: Immer wieder werden Sicherheitslücken entdeckt, die die Anbieter von Software beziehungsweise die Hersteller von Sicherheitssoftware so schnell wie möglich schließen wollen, während die „Bösen" natürlich versuchen, diese für die eigenen Zwecke zu nutzen.

Eine Sicherheitslücke (engl. Exploit), welche böswilligen Dritten noch vor dem Hersteller bekannt ist, wird „Zero-Day-Lücke" oder „Zero-Day-Exploit" genannt. Der „nullte Tag", von dem hier die Rede ist, bezieht sich auf die Zeit, die der Hersteller von Software oder Entwickler von Sicherheitssoftware hat, die Lücke zu schließen, bevor diese ausgenutzt werden kann. Betrifft diese Lücke nun eine weitverbreitete Software – wie etwa einen Internetbrowser oder eine vielfach verwendete Browsererweiterung wie Adobe Flash –, so kann, durch die globale Vernetzung beschleunigt, enormer Schaden in kürzester Zeit entstehen. Um dieses Problem zu begrenzen, zahlen zahlreiche Hersteller von Sicherheitssoftware und -systemen inzwischen Prämien für die Meldung von neuen Sicherheitslücken.

Das ist natürlich kein Ersatz für Prävention, etwa durch intensives Testen, was dabei helfen kann, Sicherheitslücken frühzeitig aufzuspüren. Es bleibt ein ewiger Wettlauf zwischen Internetkriminellen und Softwareanbietern, der wohl auf absehbare Zeit nicht entschieden wird, auch wenn Sicherheitssoftwareanbieter zunehmend auf Software setzen, die verhaltensbasiert – also am Verhalten des Systems – erkennen soll, wann eine Software „Böses" im Schilde führt.

Damit versucht man eine langsame Abkehr von der ursprünglichen Methodik der Sicherheitsbranche, nämlich für jeden Angriff ein eigenes Muster zu hinterlegen und nach diesem jeweils einzeln zu suchen.

Dass der Schutz eines aktuellen PCs – bei allen berechtigen Zweifeln an der aktuellen Sicherheitstechnologie – dennoch nicht dem Zufall überlassen werden darf, zeigt ein Auszug aus dem Reporting, den eine Antivirensoftware auf einem PC aus dem Einflussgebiet des Autors erzeugt hat.

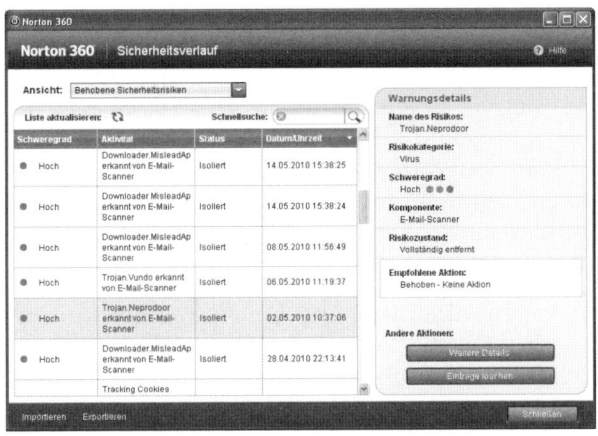

Abbildung 18: Symantec

Wesentliches Einfallstor für Malware sind Schwachstellen in Webbrowsern, Betriebssystemen und anderen auf Websites vielgenutzten Programmen wie Adobe Flash, aber vor allen Dingen auch E-Mail. Aber das man nicht auf E-Mail-Anhänge nicht vertrauenswürdiger Absender klickt, hat sich doch längst herumgesprochen, oder?

Trau keiner Software

Seien Sie gewarnt, wenn in Ihrem Bekanntenkreis plötzlich lauter Genies unterwegs sind. Sie könnten auf eine Applikation hereingefallen sein, die sich als IQ-Test ausgibt und auf diversen Websites angepriesen wird. Lädt der Nutzer die Software dann herunter, erhält er – neben ein paar banalen Testfragen und einem schmeichelhaften IQ-Testergebnis – auch Programmfunktionen, die er nicht bestellt hat, nämlich einen Trojaner, der alle mögliche andere Schadsoftware nachlädt.

Aber auch legitime Software aus unbekannten Quellen kann ein Risiko für die Sicherheit Ihres Systems darstellen. Es empfiehlt sich daher, vorsichtig zu sein beim Download von Firefox, Openoffice oder anderen Open-Source-Programmen. Nicht selten sind die Downloads mit unerwünschten Programmbestandteilen verseucht. Davor schützen kann man sich am besten, indem man nur über die offizielle Seite des Programmes Downloads vornimmt und – sehr sicher, aber etwas mühsam – die angebotenen Prüfsummen mit den Werten, die sich beim Download ergeben, vergleicht.

Jenseits der bereits genannten unerwünschten Beigaben haben manche Downloadseiten für Freeware auch noch andere Nebenwirkungen. Sie versuchen, dem Nutzer in eine sogenannte „Abofalle" zu bringen. Der Anwender soll sich für einen Download registrieren und stimmt dann – aus Sicht der Anbieter – auch einem Abo-Vertrag über einen „bevorzugten Download" oder Ähnlichem zu. Jenseits des Verlustes an persönlichen Daten kommen hier eventuell noch finanzielle Forderungen auf den Anwender zu. Mehr zu dieser speziellen Problematik findet sich unter anderem bei Computerbetrug.de unter dem Stichwort „Abofalle".

Vorsicht ist in vielen Fällen auch angebracht, wenn es um Software oder Internetanwendungen geht, die offensiv mit dem Label kostenlos werben. Natürlich ist damit nicht das weite Feld der von der Open-Source-Bewegung erstellten Anwendungssoftware gemeint und auch nicht notwendigerweise die kostenlosen Testversionen oder eingeschränkten Varianten kommerzieller Software, sondern die Grauzone von Softwareprodukten und Webanwendungen, bei denen nicht klar ist, wer davon auf welchem Wege profitiert.

Im besten Fall zahlt man hier mit der Preisgabe persönlicher Daten.

Die Ignoranz der Endanwender

Mein PC ist voll mit Viren – na und? Nicht selten ist es auch der Endanwender, der eine Ignoranz gegenüber einem möglichen Schädlingsbefall seines Systems pflegt. Auch ein PC, der als Teil eines „Bot-Netzes" Spams verschickt, kann aus Sicht des Endanwenders „gut genug" funktionieren. Rechenleistung und Internetbandbreite sind ja ausreichend da. Eine gefährliche Einstellung, die mit dazu beiträgt, dass global das Problem mit Schadsoftware kaum eingegrenzt werden kann.

Social Media und Schadsoftware

Immer wieder tauchen Berichte auf, nach denen technische Schwächen in Social-Media-Software dazu führen, dass Nutzern Nachteile entstehen. Zumeist sind es Diebstähle von Nutzerdaten, die im großen Stil erfolgen. Neu sind spezielle Schadprogramme, die etwa über manipulierte Statusmeldungen den Nutzer verleiten, auf Inhalte zu klicken, denen er scheinbar vertraut. Immerhin kommt die Meldung ja augenscheinlich von einem ihm persönlich bekannten Nutzer. Noch ist es zu früh, hier von großen Gefahren zu sprechen, auch die Entwickler von Schadsoftware stehen offensichtlich noch am Anfang, wenn es um Facebook und Co geht. Der erste – unter dem Namen Facebook Porno Wurm – breit bekannt gewordene Vertreter dieser Gattung scheint nur bedingt gefährlich zu sein und macht vor allem eins: Er stiehlt die Aufmerksamkeit der Nutzer und versucht damit Werbung für eine Porno-Website zu machen. Von echtem Schadcode ist bisher nichts bekannt. Aber das kann sich mit jeder neuen Variante schnell ändern.

Gegen den Datendiebstahl bei Social Networks helfen eigene Maßnahmen (wie ein sicheres Passwort) nur bedingt. Hier ist auch der Anbieter gefragt, die Systeme entsprechend abzusichern.

3   Unerwünschte Nebenwirkungen – beispielhaft

Nicht immer ist die Situation so klar und eindeutig zu beschreiben wie im Falle der bereits dargestellten aufweichenden Privacy-Einstellungen bei Facebook. Nicht immer sind auch die Fronten auf Anhieb so klar wie zwischen den Wünschen des Anwenders nach Datenschutz und den geschäftlichen Vorstellungen des Anbieters, dessen Geschäftsmodell die Datenverwertung ist.

Nicht wenige Nutzer nehmen es vielleicht sogar gerne hin, mit passender Werbung konfrontiert zu werden und sehen diese als eine Art Ausgleich für die kostenlose Plattformnutzung.

Aber selbst wenn Sie sich zu dieser Gruppe zählen, sollten Sie nun nicht das Buch zur Seite legen, sondern besser einen Blick auf die nachfolgenden Beispiele werfen, die zeigen, dass die mit dem Internet und den umfassenden Möglichkeiten zur Datenspeicherung und -auswertung einhergehende neue Transparenz auch gänzlich unerwartete Risiken und Nebenwirkungen zeigen kann.

Begonnen wird die Auflistung mit einem guten alten Bekannten: der Kundenkarte, die – verbunden mit aktuellen Technologien – ganz überraschende neue Aspekte aufweisen kann. Weiter geht es dann mit den Nebenwirkungen, die sich aus der reinen Zugänglichmachung bereits vorhandener Daten ergeben können. Was Ihr Drucker, Ihre Unterwäsche oder Ihre Gene zukünftig über Sie verraten können, wird ebenfalls diskutiert.

Neues von der Kundenkarte

Kundenkarten sind in der Diskussion um Privatsphäre bereits ein Klassiker. Stempelkärtchen wie sie Bäcker, Coffeeshops und andere Anbieter auch heute noch verteilen, sind die aus Datenschutzsicht harmlose Variante. Hier sammelt man Stempel auf einer Pappkarte, die dann – wenn gefüllt – gegen ein Gratisprodukt eingetauscht werden kann.

Anders verhält sich die Situation, wenn persönliche Daten mit den Käufen verknüpft werden, wie bei den meisten aktuellen Verfahren des Einzelhandels heute. Besonders kritisch ist es, wenn diese herstellerübergreifend Daten erfassen, wie etwa beim deutschen Marktführer Payback. Nicht umsonst wurde dem Anbieter des Systems bereits im Jahr 2000 der „Big Brother Award" von der Bürgerrechts- und Datenschutzorganisation „FoeBud e.V." verliehen (www.bigbrotherawards.de/2000).

Nach eigener Darstellung setzt sich der FoeBuD e.V. (Verein zur Förderung des öffentlichen bewegten und unbewegten Datenverkehrs) seit 1987 für Bürgerrechte und Datenschutz ein (siehe www.foebud.org): „Wir wehren uns dagegen, dass unsere Demokratie ‚verdatet und verkauft' wird. Wir wollen keine Gesellschaft, in der Menschen nur noch als Marketingobjekte, Manövriermasse beim Abbau des Sozialstaates oder als potentielle Terroristen behandelt werden. Wir wollen eine lebendige Demokratie. Der FoeBuD klärt durch Öffentlichkeitsarbeit, Vorträge, Veranstaltungen und charmante Aktionen auf. So richtet der FoeBuD jährlich die Big Brother Awards (Oscars für Datenkraken) in Deutschland aus [...]. Der FoeBuD arbeitet für eine lebenswerte Welt im digitalen Zeitalter."

Auszug aus der Begründung der Verleihung des Preises an Payback (von der Bigbrotherawards-Webseite, s.o.):

„Es werden bei der Anmeldung Daten erhoben, die für den Vorgang der Rabattgewährung nicht benötigt werden: Geburtsdatum, E-Mail-Adresse als Pflichtfelder; Telefon- und Mobiltelefonnummer, Titel etc. als sogenannte freiwillige Angaben. (Nur wer die ‚freiwilligen' Angaben auch macht, nimmt an einem Preisausschreiben teil.)

Die Daten, die bei jedem Kauf mit der Payback-Karte bei den einzelnen Geschäften anfallen, werden an Payback bzw. ein von ihnen beauftragtes Unternehmen übertragen, dort verarbeitet und gespeichert. Welche Daten das genau sind, wird in den Teilnahmebedingungen nicht spezifiziert. Wir müssen demnach annehmen, dass keineswegs nur die Rabattpunkte, sondern alle anfallenden Daten gespeichert werden: Ort, Datum, Uhrzeit, die genaue Auflistung aller gekauften Artikel und Zahlungsweise, gegebenenfalls auch noch Bankverbindung oder Kreditkarte. [...] Neu ist, dass mit der Payback-Karte all diese Daten nun plötzlich einer Person bzw. einem Haushalt zuzuordnen sind. Und Daten aus unterschiedlichen Quellen, nämlich den Partnerunternehmen, bei Payback zusammenlaufen. [...]

Es ist völlig unklar, wo die Daten gespeichert werden, wie lange die Daten aufbewahrt, wie sie verarbeitet und an wen sie weitergegeben werden: Laut Teilnahmebedingungen u.a. an alle beteiligten Partnerunternehmen. Die Liste der Partnerunternehmen aber ist nicht begrenzt, sie wächst beständig.

Je mehr Unternehmen sich bei Payback anschließen und je häufiger die Karte genutzt wird, desto umfangreicher wird das Konsumentenprofil, das bei Payback gespeichert wird."

Mehr zu der nunmehr seit zehn Jahren anhaltenden Diskussion rund um Payback finden Sie unter anderem bei der Deutschen Vereinigung für Datenschutz e.V. in einem PDF (www.datenschutzverein.de/The-men/Datenschutz_und_Payback.pdf).

Auch wenn Payback zwischenzeitlich im Internet vertreten ist und mit zahlreichen Shopbetreibern zusammenarbeitet, ist es allerdings doch primär ein Offline-System.

Abbildung 19: Payback

Kundenkarten können aber unter Umständen noch viel mehr als das vielfach als bedrohlich angesehene Payback-System. Ist etwa ein RFID-Tag integriert, können Kundenkartenbesitzer in den Geschäftsräumen auch erkannt und in ihren Bewegungsmustern nachverfolgt werden.

Der Netzwerkausrüster Cisco etwa verdeutlicht die Vorteile derartig ausgerüsteter Kundenkarten für Hotels in einer aktuellen Präsentation so (nachfolgende Aufzählung enthält Auszüge):

• Automatische Erkennung von Gästen in allen Servicebereichen,

• Automatisierter Check-In-/Check-Out,

• Personalisierung der Raumeinstellungen (Klimatisierung, Beleuchtung),

• Automatisierte Abrechnung von Dienstleistungen,

• Automatisch erstelltes Personenprofil.

Damit scheint in Sachen Profilbildung die nächste Ebene – durch die Einbeziehung ortsbezogener Informationen – erreicht worden zu sein. Es gehört wenig Fantasie dazu, sich auszumalen, dass insbesondere der Einzelhandel Bewegungsdaten aus dem Inneren seiner Läden oder vielleicht ganzer Einkaufsstraßen und Einkaufscenter sicher gerne hätte.

Taxifahren in New York

Jeder Leser, der regelmäßig Taxis nutzt, kennt sie, die unterschiedlichsten Erfahrungen, die man dabei machen kann. Nicht nur, dass man zum gleichen Fahrpreis einmal durchaus mit einer neuen Mercedes S-Klasse chauffiert wird und ein andermal in einem Fahrzeug Platz nehmen muss, das diesen Namen kaum noch verdient – mit vermülltem Innenraum, durchgesessenen Sitzen und gerne mal Kilometerleistungen, die in Richtung der ersten Million gehen.

Standardisierung findet hier nur beim Preis statt. Der Rest der Regeln ist – ganz offensichtlich – dehnbar. Entsprechend unterschiedlich ist die Nutzererfahrung.

Auch wenn es um die eigentliche Transportleistung selbst geht, lassen sich signifikante Unterschiede erfahren: Während die große Mehrheit der Droschkenchauffeure den empfohlenen Weg wählt, gibt es eine kleine Minderheit, die den Zustieg eines offensichtlich ortsunkundigen Fahrgastes zum Anlass für eine unerwünschte Stadtrundfahrt nimmt. Und dies ist beileibe kein Phänomen, das auf ferne exotische Destinationen beschränkt ist.

Bleibt die Frage, warum diese Unterschiede entstehen und ganz offensichtlich nicht verschwinden – allen Aufsichtsbemühungen zum Trotz. Aus ökonomischer Sicht ist es ganz einfach: fehlende Transparenz. Ich kann nicht wissen, dass Taxi 243 gerne mal Umwege nimmt, während Taxi 768 die bessere Wahl wäre. Meistens habe ich als Fahrgast ja nicht einmal die Wahl.

Kurz gesagt: Die Situation im Taxigeschäft begünstigt Schlendrian und lässt auch systematische Versuche, kostentreibende Umwege zu fahren, im Regelfall unsanktioniert. Zumindest für den einzelnen Kunden.

Bei mehr als 13.000 Taxis in New York hat nun die kürzlich eingeführte GPS-Überwachung Interessantes zutage gefördert. Wie die New York Times (www.nytimes.com/2010/03/13/nyregion/13taxi.html) am 13.3.2010 schreibt, berechnen rund 3.000 New Yorker Taxifahrer ihren Kunden systematisch zu viel.

Wie die das herausgefunden haben? Ganz einfach, durch einen Massendatenabgleich zwischen den GPS-Trackingdaten der Taxis (verpflichtend in New York) und den Abrechnungsdaten. Dabei kam heraus, dass bei rund 1,8 Millionen Fahrten im Schnitt 4 bis 5 US-Dollar zu viel verlangt wurden – ganz einfach durch die missbräuchliche Nutzung einer Taxameterfunktion, nachdem bei Fahrten über die Stadtgrenze hinweg Zuschläge fällig werden. Offensichtlich wurde der entsprechende Zuschlagsknopf vielfach fehlerhaft betätigt. Der Spitzenreiter – laut Bericht– tat dies in einem Monat 574 Mal!

Wirkliche Transparenz ist das noch nicht. Man kann sich jedoch ausmalen, wie das wäre, wenn jeder Kunde Zugriff auf die Daten hätte – gerne noch mit einer „App" auf seinem Smartphone. Betrügerische Machenschaften, die es zweifellos im Taxigewerbe gibt, würden damit wohl nicht verschwinden, aber vermutlich deutlich eingedämmt.

Stadtviertel in London

Hatten Sie auch schon mal ein mulmiges Gefühl in der einen oder anderen Großstadtgegend? Sind Sie sich nicht sicher, ob Sie in dieses oder jenes Viertel umziehen sollten?

Dann gibt es – zumindest in Großbritannien – nun eine App, die „Location Based Services" mit Behördendaten über antisoziales Verhalten verbindet. ASBO steht in Großbritannien für „Anti-Social Behaviour Order". Damit gemeint sind Strafbescheide wegen Ordnungswidrigkeiten, die man unter die Kategorie: „Belästigung der Gemeinschaft" einordnen kann. Nach Landeskategorie fallen darunter unter anderem: Bettelei, Graffiti-Sprühen, Fluchen, Trunkenheit in der Öffentlichkeit, Belästigung von Nachbarn.

Die Applikation sammelt nun Behördendaten darüber und verknüpft sie mit Ortsinformationen. Der Nutzer bekommt ein ungefähres Bild von der „sozialen Lage" in dem Stadtteil oder Straßenzug. Personenbezogene Daten werden nicht verwertet, zumindest derzeit nicht. Für Aufregung sorgt die Applikation trotzdem – nicht nur in der Presse, sondern auch bei Immobilienmaklern. Immobilienmaklern? Die vollmundigen Anpreisungen, auch zweifelhafte Lagen als „Trendviertel" zu verkaufen, verfehlen ihre Wirkung umso mehr, je mehr der Wohnungsinteressent Transparenz über die sozialen Strukturen hat.

Eine ähnliche Funktion erfüllt die Berliner Website „brennende-autos.de". Diese verknüpft Daten aus Polizeiberichten mit Landkarten-daten und liefert damit eine Art Atlas der Berliner Problemgebiete. Auch

Abbildung 20: ASBOmeter

hier darf nicht mit Begeisterung bei Wohnungsverkäufern und Immobilienmaklern gerechnet werden.

Autokennzeichen in der Schweiz

Keine Social-Media-Anwendung im eigentlichen Sinn, aber ein gutes Beispiel für die neue Art von Transparenz immer und überall ist die für die Schweiz verfügbare iPhone-Applikation „Carindex" – unter den Top 10 der in der Schweiz abgerufenen iPhone-Apps (www.carindex.ch/german.html).

Die Features laut Anbieterwebsite:

- „Sie erhalten in Sekundenschnelle die Daten des Fahrzeughalters von vielen Schweizer Autos.

- Sie können den Fahrzeughalter direkt aus dem Programm heraus anrufen (wenn verfügbar).

- Sehen Sie direkt, wo der Eigentümer wohnt (wenn verfügbar).

- Speichern Sie innerhalb des Programms Ihre Lieblingsnummernschilder, natürlich inkl. der Eigentümerdaten (wenn verfügbar)."

Carindex gibt auch gleich Tipps für die Nutzung inklusive Stalking (ebenfalls auf der Website):

- „Zum Spaß :-)
- Genervt von dem langsamen Fahrer vor Ihnen? Rufen Sie ihn einfach an!
- Auf der Suche nach einer Gesprächseröffnung für dieses gut aussehende Mädchen/diesen gutaussehenden Jungen? Finden Sie ihr/sein Auto und suchen Sie nach dem Namen."

Vergleichbare Anwendungen sind für Deutschland oder Österreich nicht bekannt.

Strafzettel in Finnland

Ähnlich wie die anderen skandinavischen Länder legt Finnland Wert auf Transparenz. Verkehrsdelikte werden dabei durchweg nach Tagessätzen bemessen. Bereits am Ort des Geschehens können Polizeikräfte auf die Daten der Finanzverwaltung zugreifen und das steuerpflichtige Einkommen der eigenen Bürger ermitteln. Für eine rote Ampel werden dabei acht Tagessätze, für eine Fahrt unter Alkoholeinfluss mindestens 15 Tagessätze fällig. Personen ohne eigenes Einkommen erhalten eine Mindeststrafe, das heißt, es wird ein Tagessatz von 6 Euro zugrunde gelegt.

Spitzenverdiener zahlen auf der anderen Seite entsprechend hohe Strafen. So berichtet die Welt am 13.2.2004 von einer Geschwindigkeitsüberschreitung in Helsinki, die den Erben eines Wurstimperiums mehr als 170.000 Euro kostete. Auch ein Promi-Bonus schützt nicht vor Strafe. Nach demselben Bericht erhielt bereits im Jahr 2000 Nokia-Präsident Pekka Ala-Pietlä ein Strafmandat über 35.000 Euro für das Überfahren einer roten Ampel.

Steuererklärung in Schweden

Schweden ist anders. Seit 1766 ist das „Öffentlichkeitsprinzip" im „Tryckfrihetsförordningen" verankert. Schweden hat damit eines der ältesten Informationsfreiheitsgesetze der Welt. Alle schwedischen Bürger können alle behördlichen Akten einsehen. Das umfasst auch Steuererklärungen. Ausnahmen gibt es lediglich bei Akten des Militärs und der Geheimdienste.

Abfragen nach den Steuererklärungen beliebiger Bürger lassen sich seit 2009 mit dem Dienst „Ratsit" (www.ratsit.se) bequem über das Internet durchführen. Unter www.taxeringskalendern.se/ lassen sich auch ganze Bücher mit den Daten der jeweiligen Region bestellen.

„Ratsit" selbst wird von seinem Erfolg überrollt: Mehr als eine halbe Million registrierte Benutzer und täglich rund 50.000 Anfragen.

Findige Nutzer fanden sogleich weitere Anwendungen der Datenbasis: So lässt sich auch nach unverheirateten Schweden beziehungsweise Schwedinnen suchen – samt Alter, Ortsinformation und Telefonnummer. Wenn man so will eine Art unfreiwillige Datingplattform.

Die Akteneinsicht bei Ratsit ist inzwischen kostenpflichtig. Zudem wird der Betroffene über die Abfrage informiert. Dennoch ist der Andrang selbst in einer so egalitären Gesellschaft wie Schweden groß, vor allem bei der Klärung der Frage: „Was verdient mein Nachbar?"

Informationen zum Schwedischen Public Access to Information and Secrecy Act finden sich hier im Web (www.sweden.gov.se/sb/d/11929/a/131397). Ganz klar: Akteneinsicht gab es schon bisher. Aber erst der elektronische Zugang führt zu eigentlicher Transparenz, da jedem die Angaben nun mit wenigen Mausklicks zur Verfügung stehen.

Gäbe es die Gebühr als Bremse der Zugriffszahlen nicht, so käme vermutlich bald jemand auf die Idee, eine Art Mashup zu entwickeln und etwa zu potentiellen Geschäftspartnern auf LinkedIn sogleich die Kreditwürdigkeit oder Einkommenssituation anzeigen lassen zu können.

Ermittlung der Kündigungswahrscheinlichkeit von Mitarbeitern

Web-Unternehmen gelten – seit der ersten Welle der sogenannten New Economy – in verschiedenerlei Hinsicht als vorbildliche Arbeitgeber. Legende sind die Berichte über Duelle am Tischkicker, kostenlose Mahlzeiten, Gratis-Massagen, Wäscheservice und andere Annehmlichkeiten.

Warum sollte ein Arbeitnehmer in einer solchen Umgebung kündigen wollen? Tatsächlich scheint aber der „Brain Drain" – der Wechsel von talentierten Mitarbeitern zur Konkurrenz oder in die Selbständigkeit – ein ernstzunehmendes Problem zu sein. Denn anders ist nicht zu erklären, dass Google 2009 angekündigt hat, eine Software einzusetzen, die Kündigungsabsichten eigener Mitarbeiter berechnen soll – so berichtet das Wall Street Journal und in Folge eine Vielzahl von Medien (online.wsj.com/article/SB124269903041932531.html).

Google-Personalmanager Laszlo Bock rechtfertigte den Softwareeinsatz im Beitrag des „WSJ" mit der Aussage: „So können wir in die Köpfe der Leute sehen, ehe sie selbst wissen, dass sie vielleicht gehen wollen."

Selbstredend gibt Google keine Stellungnahme zu den Inhalten des eingesetzten Algorithmus ab. Ein quantitativer Ansatz für das Personalmanagement, aber aus der Mitarbeiterperspektive zweifellos eine erschreckende Innovation, wenngleich aus Unternehmenssicht vielleicht nicht wirklich zielführend. Wäre es nicht besser, etwas für die Leistungsträger und deren Entfaltung zu tun?

Xing-Sniffing

Auch wenn Sie nicht Arbeitnehmer bei Google sind, sondern nur Teilnehmer bei Xing, so müssen Sie mit der Beobachtung Ihrer Aktivitäten rechnen. „Sniffen" von Daten aus dem Bereich der Onlineaktivität wurde für Xing bestätigt, wie der Beitrag von Forschern der TU Wien und anderer Hochschulen zeigt (www.iseclab.org/papers/sonda-TR.pdf).

Die Kombination von Gruppenmitgliedschaften dient zur Profilbildung und liefert – ähnlich einem Fingerabdruck – letztendlich den Hinweis auf die Identität. Die Studienautoren: „In einem sozialen Netzwerk gibt es eben nur sehr wenige Menschen, die in denselben Gruppen eingetragen sind. [...] Bei Xing sind 1,8 Millionen Mitglieder in etwa 6.500 öffentlichen Gruppen organisiert. Über 750.000 davon haben eine einzigartige Gruppenkonstellation, einen eindeutigen Fingerabdruck" (aus Spiegel Online 2.2.2010, www.spiegel.de/netzwelt/web/0,1518,675395, 00.html).

Wenn eine präparierte Website ihren Besuchern diesen Fingerabdruck abnehmen und mit einer Kartei aller Nutzer eines Netzwerks vergleichen kann, ist der anonyme Websurfer enttarnt. In der Praxis lässt sich das auch selbst erproben – mit dem eigenen Xing-Account (siehe: 128.111.48.22/experiment/).

Fitness einmal anders

Im Kampf gegen den inneren Schweinehund hat man es dank der neuen Social-Media-Plattform „Skimble" etwas leichter.

Skimble erlaubt das Mitprotokollieren, Nachverfolgen und die Weitergabe von Informationen über die eigenen sportlichen Aktivitäten über eine iPhone App und die Skimble-Website. Schnittstellen zu Twitter und

Abbildung 21: Skimble

Facebook erlauben das automatische Posten von Updates an die Gemeinde der eigenen „Follower" oder „Friends".

Ähnlich wie etwa bei der Lösung von Nike, bei der mit Hilfe eines im oder am Schuh befestigen Sensors Laufstrecken aufgezeichnet werden, arbeitet auch Skimble. Dank direkter Onlineverbindung aber fortschrittlicher und schneller. Auch hier ist nicht klar, was mit den eigenen Daten passiert. Ein Krankenversicherer dürfte sich durchaus dafür interessieren und im Falle des Zugriffs auf die Daten versucht sein, etwa Joggern und Schwimmern wegen der gesundheitlich als positiv dokumentierten Effekte Rabatte zu gewähren und im Gegenzug Risikosportler, wie etwa Paraglider oder Downhill-Mountainbiker, mit Aufschlägen zu versehen oder gar ganz vom Versicherungsschutz auszuschließen.

Bildersturm bei Dailybooth

Für alle, denen 140 Zeichen von Twitter bereits zu viel sind, bietet der vor kurzem neu gestartete Dienst „Dailybooth" Status-Updates per Bild-Upload. Dieser erfolgt typischerweise täglich. Auf einfache Weise kann man damit seinen Freunden und der Familie mitteilen, was man gerade tut.

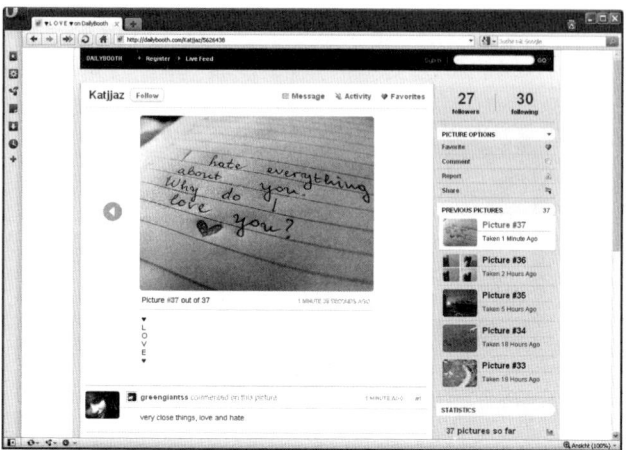

Abbildung 22: Dailybooth

Den Dienst nutzten Anfang 2010 bereits 300.000 Besucher im Monat. Die User von Dailybooth sind augenscheinlich überwiegend Teenager und Twens. Klickt man dabei stichprobenartig durch die Bildwelten, so wird klar, dass viele Nutzer nicht nur eigene Bilder, sondern unter Umständen auch copyrightgeschützte Inhalte Dritter hochladen. Das Risiko hierbei: kostenträchtige Abmahnungen durch die Rechteinhaber. Aber selbst wenn nur eigene Inhalte hochgeladen werden, verleitet das System geradezu dazu, unüberlegte Postings vorzunehmen, die unter Umständen nicht mehr zurückholbar sind.

Mafiakiller im Netz

Social Media kann einen ins Gefängnis bringen, wenn man ein gesuchter Krimineller ist, der vom Internet nicht lassen kann.

Die Ergreifung des unter anderem wegen Mordes gesuchten „Pasquale Manfredi", der sich nach einem Filmvorbild „Scarface" nannte, durch die italienische Polizei machte weltweit Schlagzeilen. Manfredi galt als Mitglied der kalabrischen 'Ndrangheta und als einer der 100 meistgesuchten Verbrecher Italiens. Der Aufenthaltsort des „Untergetauchten" konnte ermittelt werden, da er einen UMTS-USB-Stick zur Einwahl ins Internet und zum Absetzen eines Postings auf Facebook nutzte. Die Polizei konnte ihn darauf in einem kleinen Ort an der Küste orten, stellen und verhaften.

Dieses Beispiel zeigt, dass der vermutlich anonym erworbene UMTS-Datenstick keine Anonymität garantiert. Im Gegenteil. Das Zusammenbringen von Informationen: Einloggen bei Facebook + Temporäre IP-Adresse + Ortung des Endgerätes kann eine gefährliche Kombination sein.

Angriffspläne bei Facebook

Auch im Militär ist die neue Transparenz angekommen. So gibt es – nach zahlreichen Medienberichten – in der israelischen Armee bereits einen ernstzunehmenden Fall, in dem zu viel Offenheit Auswirkungen auf die Einsatzplanungen hatte.

Ein zwischenzeitlich suspendierter und zu zehn Tagen Militärgefängnis verurteilter Soldat der israelischen Armee schrieb demnach Anfang 2010 auf seinem Profil bei Facebook: „Am Mittwoch räumen wir Qatanah auf, und am Donnerstag kommen wir – so Gott will – nach Hause." Auch den Namen seiner Einheit und die geplante Uhrzeit der Aktion machte er auf diese Weise – zumindest in seinem Netzwerk – öffentlich. Der Einsatz wurde daraufhin aus Sicherheitsbedenken abgesagt.

Einige Facebook-Kontakte hatten zuvor den Vorgesetzten informiert. Nach Angaben der Jerusalem Post habe man beim israelischen Militär Angst, dass „feindliche Dienste das Internet nach Informationen über die IDF (Israel Defense Force) durchsuchen [...]"

Dieser Vorfall scheint insgesamt kein absoluter Einzelfall zu sein, bereits zwei Jahre zuvor wurden – auch auf Facebook – von Armeeangehörigen Fotos geheimer Einrichtungen hochgeladen.

Nach Angaben der Tageszeitung Haaretz haben Gruppen wie die libanesische Hisbollah auf Facebook auch versucht, Kontakt mit israelischen Soldaten aufzunehmen. Die Armeeführung hat zwischenzeitlich Richtlinien zum Gebrauch von Social Media – insbesondere Facebook – für ihre Soldaten erlassen.

Da die israelische Armee zum Großteil aus jungen Wehrpflichtigen besteht, ist wenig überraschend, dass diese Kontakt zu Familie und Freunden mit den Mitteln halten wollen, die sie gewohnt sind. Die Gefahr dabei: fast eine neue Art von Kollateralschaden.

Auch wenn in diesem Beispiel nur von Israel die Rede war, stehen die meisten Militärorganisationen weltweit vor ähnlichen Problemen. Die „Neue Offenheit" des Web 2.0 widerspricht in wesentlichen Teilen dem Auftrag einer Armee. Besonders deutlich wird dies dann, wenn die über das Internet von Soldaten verteilten Informationen aus Krisen- und

Kriegsgebieten dem offiziellen Bild der „Kriegs-PR" widersprechen. Handy, Digicam und Internetzugang ergeben hier – aus Sicht des Befehlshabers – eine brisante Mischung. Aus Sicht von Angehörigen und Bevölkerung aber vielleicht etwas mehr Wahrheit.

Mein Skystatus

Auch Unternehmen, die an sich nichts mit Social Media zu tun haben, versuchen sich in dem Umfeld. Ein interessantes Beispiel liefert dazu die Lufthansa mit „My Skystatus" (www.myskystatus.com). Damit kann man als Flugpassagier sein Umfeld über den eigenen Aufenthaltsort auf dem Laufenden halten, ohne dies manuell – etwa vor Abflug und nach Ankunft – vornehmen zu müssen. Das Onlinetool versendet dazu über die eigene Website Twitter, Facebook oder LinkedIn Details zu den eigenen Flügen.

Bei längeren Flügen werden nicht nur Start und Landung „getweetet", auch der aktuelle Aufenthaltsort des Flugzeugs wird stündlich gepostet. Die Route lässt sich anhand einer Karte visualisieren, außerdem werden Informationen zur Flughöhe präsentiert.

My Skystatus ist übrigens nicht auf Flüge mit der Lufthansa beschränkt. Genauso werden auch andere Airlines unterstützt. Inzwischen gibt es auch eine Website für mobile Endgeräte (mobile.myskystatus.com). Der Nebeneffekt: wieder ein Stückchen mehr Transparenz beziehungsweise weniger Privatsphäre.

Was aus Sicht des Flugpassagiers wirklich interessant wäre – ein Tracking der Verspätungen etwa –, ist in My Skystatus heute nicht integriert und wird wohl auch auf absehbare Zeit nicht enthalten sein.

Geschwätzige Drucker

Hat Ihr Drucker auch eine E-Mail-Adresse? Verschiedene aktuelle Geräte von HP bringen diese von Haus aus bereits mit. Wenn man ein Dokument ausdrucken möchte, sendet man einfach eine Nachricht mit dem auszudruckenden Text an das Gerät (www.engadget.com/2010/06/07/hp-teams-with-google-to-give-connected-printers-their-own-email/). Auch das automatische Bereitstellen und Drucken von Publikationen (wie etwa eine Art Tageszeitung) zum Beispiel regelmäßig jeden Morgen ist möglich.

Nach Berichten von Fachmedien (www.computerworld.com/s/article/9178128/HP_partners_with_Yahoo_for_targeted_ads) plant HP zusammen mit Yahoo, die Funktionen auch für die Verteilung von individualisierter Werbung zu nutzen. Die auf diese Weise bereitgestellte „Tageszeitung" orientiert sich nicht nur an Ihrem Wohn- oder Arbeitsort (ermittelt anhand der IP-Adresse), sondern auch an den ermittelten Präferenzen. Wie diese ermittelt werden, ob etwa auch Daten aus lokal gedruckten Dokumenten an den Dienstanbieter übermittelt werden, wird – wie immer – nicht näher erläutert. Die Versuchung, die Möglichkeiten auch zu nutzen, ist für den Anbieter aber stets vorhanden.

Per Webcam ausspioniert

Immer wieder machen im Internet Gerüchte die Runde, mit den in vielen Laptops bereits serienmäßig eingebauten Webcams könne man Nutzer ausspionieren. Während man die meisten Nennungen in das Reich der urbanen Legenden verweisen kann, ist inzwischen ein Fall belegt, in denen Software „zum Schutz vor Vandalismus und Diebstahl" zum Ausspionieren missbraucht wurde. Rund 1.800 Laptops mit einer derartigen Überwachungssoftware waren von der Schulbehörde Philadelphia an Schüler ausgegeben worden.

Aufgekommen ist das Thema durch Eltern, die den Schulbezirk verklagt haben, nachdem ein Schüler einen Verweis wegen „ungebührlichen Verhaltens" bekommen hatte und dies aufgrund eines Foto, das von der Webcam aufgenommen worden war, „bewiesen" wurde (www.philly.com/philly/news/homepage/84715297.html?cmpid=15585797).

Gut denkbar, dass auch der ein oder andere Arbeitgeber mit derartigen „Features" arbeitet oder auch andere Software diesen „Rückkanal" ohne Wissen des Nutzers öffnet.

Schuldnerfahndung auf Web

Auch Australien hat in Sachen Facebook Überraschendes zu bieten. So berichtet der Sydney Morning Herald (www.smh.com.au/technology/technology-news/anz-staff-set-up-fake-site-to-track-missing-debtors-20100525-wb9l. html) über eine (australische) Bank, die ein gefälschtes Facebook-Profil extra für den Zweck angelegt haben soll, Kontaktdetails über Schuldner zu bekommen, die ihre Adresse geändert haben, ohne die Bank zu informieren, das heißt, die für die Bank dadurch (zumindest zeitweise) nicht auffindbar waren.

Über die Kontaktanfragen über das falsche Facebook-Profil sollte Zugriff auf persönliche Details wie Adresse und Aufenthaltsort gewonnen werden.

Piraterie 2.0

In Kapitel III, 2 wurde er als Musterbeispiel für einen Mashup beschrieben: der Dienst „Vesseltracker" aus Hamburg, der Positionsdaten von Schiffen auffängt, auswertet und auf verschiedene Weise zugänglich macht. Potentielle Nebenwirkung hier: Was sich hervorragend für die Steuerung von Schiffsflotten eignet, ist auch ein prima Auskunftstool für Personen oder Organisationen, die Böses im Schilde führen – man denke etwa an somalische Piraten, die vorab im Detail erfahren können, ob sich der Überfall lohnt.

Verräterische Unterwäsche

Bereits 2003 hat der italienische Textilkonzern „Benetton" angekündigt, RFID-Chips in seine Bekleidung integrieren zu wollen – zunächst für die Marke Sisley.

Diese sollen in intelligenten Regalsystemen – sogenannten „Smart Shelves" – und in den Umkleidekabinen zum Einsatz kommen. Damit ist es möglich festzustellen, wo sich einzelne Kleidungsstücke innerhalb des Geschäfts befinden. Das System soll außerdem für die automatische Erfassung von Umsätzen und Umtauschware eingesetzt werden (derstandard.at/1238536).

Andere Anwendungsmöglichkeiten wären etwa Diebstahlschutz oder auch Produktempfehlungen als Verkaufsunterstützung wie etwa: „Das Shirt, das die Dame trägt, ist aus der Kollektion 2006 ..."

2003 erzeugte das Vorgehen von Benetton noch einen Aufschrei der Datenschützer: „Der Gläserne Kunde" wurde befürchtet. Derartige Proteste – aber auch nachhaltige Erfolge – blieben bei dem Versuch des italienischen Modelabels „Prada" 2001, seinen Flagship Store in New York nach dem Stand der Technik auszustatten, aus (Projektbeschreibung und Video: digitalwellbeinglabs.com/dwb/concepts/prada-flagship-store-ny-2001/).

Neben den RFID-Chips an der Ware hatte man auch Umkleidekabinen mit Videokameras und Plasmadisplays ausgestattet sowie Kundenkarten mit RFID-Tag versehen. Die Waren-Tags sollten nicht nur zur Identifikation und zum Wiederauffinden der einzelnen Artikel dienen, sondern sollten Hintergrundinformationen zum Produkt bieten – egal ob Kleidungsstück, Schuh oder Handtasche –, etwa in Form von Videos auf einem der Bildschirme in der Kabine oder auf dem Handheld-Tablet-Rechner des Verkäufers. Die Kundenkarten mit RFID-Tags sollten den Zugriff auf gespeicherte Präferenzen des jeweiligen Kunden – oder häufiger der jeweiligen Kundin – erlauben und damit eine individuelle Betreuung beim Einkauf sicherstellen.

Dieser frühe Ansatz erwies sich jedoch als fehleranfällig und wurde den Erwartungen nicht gerecht.

Die Ende 2009 erfolgte Ankündigung von Gerry Weber – einem mittelständischen deutschen Bekleidungsproduzenten – zu RFID liest sich ähnlich wie die Benetton-Pläne aus 2003, erzeugt aber anno 2010 keinen nennenswerten Protest – im Gegenteil. Obwohl die potentiellen Probleme die gleichen bleiben.

Gene werden öffentlich

Eine ganz neue Dimension in Sachen Umgang mit privaten Daten findet sich bei der US-Biotech-Firma 23andMe. Ab 400 US-Dollar kann man bei dem Unternehmen einen Gentest machen lassen und erhält nach Einsenden der Röhrchen mit den Testmaterialien eine Vielzahl von Informationen über das eigene Erbgut, man erfährt Näheres über seinen genetischen Ursprung und ob man eine erhöhte Neigung zu bestimmten Krankheiten hat. Aus den ermittelten Daten die richtigen Schlussfolgerungen zu ziehen, bleibt einem jedoch weitgehend selbst überlassen.

Die Informationen verbleiben bei 23andMe und sind für den Anwender online zugänglich. 23andMe strebt – nach Unternehmensverlautbarungen – an, eine möglichst große Gendatenbank aufzubauen, um dann – ohne Bezug zum Einzelfall – wissenschaftliche Forschung darauf aufbauen zu können.

2010 kam das Unternehmen ins Gerede, nachdem Testergebnisse vertauscht wurden. Datenschützer wie die Gruppe von patientprivacyrights.org befürchten, dass die Daten nicht sicher sind und eventuell weiterverkauft werden können, etwa bei einer Übernahme des Unternehmens durch Dritte.

23andMe ist keine singuläre Erscheinung. Auch andere Firmen bieten vergleichbare Leistungen an, wie etwa die isländische DeCodeMe (www.decodeme.com) oder das wie 23andME ebenfalls in den USA ansässige Unternehmen Navigenics.

Übrigens sind 23andMe und Navigenics unter anderem mit Kapital von Google finanziert.

Bei der Diskussion um Gentests stehen wir noch am Anfang, insbesondere im deutschsprachigen Raum gibt es – auch wenn die Nutzung etwa der 23andMe-Services zwischenzeitlich hierzulande möglich ist – bisher einfach zu wenig Berührungspunkte mit dem Thema.

Die hier aufgeführten Beispiele sind allesamt aktuell und zeigen die Vielfalt der Facetten, die Informationsgesellschaft und Web 2.0 für die Nutzer bereithalten.

Natürlich steht außer Zweifel, dass die Auswertung der Daten zur Festnahme des Mafiakillers – wie oben geschildert – wichtig und richtig ist, aber was ist mit den in anderen Fällen beziehungsweise Beispielen dargelegten Transparenzen. Sind diese einfach nur ein Kollateralschaden?

Was kann man tun, wenn die Einschläge näherkommen? Sich verstecken und hoffen, es werde schon alles nicht so schlimm werden? Oder muss man schlicht davon ausgehen, dass das, was in der Entwicklung von Internetanwendungen getan werden kann, auch getan werden wird?

In jedem Fall sollte man aber die Besonderheiten der Branche und die Motive der großen Anbieter verstehen lernen. Darüber informiert das nächste Kapitel.

4   Das Internet ist kein Ponyhof

Die Geschäftsmodelle der Anbieter

Wer etwas über die Risiken und Nebenwirkungen des Onlinezeitalters erfahren will, tut gut dran, sich an dem Geschäftsgebaren der Unternehmen zu orientieren. Einige der genannten Beispiele lassen tief blicken.

Bereits wiederholt angesprochen wurde die Tatsache, dass im Kern der meisten Social-Networking-Geschäftsmodelle Daten stehen. Nutzerdaten, um genau zu sein. Der Nutzer ist in vielen Fällen nicht mehr als ein Lieferant seiner persönlichen Daten.

Anders als im persönlichen Umgang miteinander – bei dem jeder etwas über den anderen weiß – stellt sich im Umgang zwischen Nutzer und Anbieter im Web 2.0 zunehmend das Problem der Informationsasymmetrie: Eine Institution weiß alles, über jeden Teilnehmer und – wie oben beschrieben – teilweise auch vieles über zahlreiche „Nicht-Teilnehmer".

Es gibt daher gute Gründe für den Nutzer, nach dem Schutz seiner persönlichen Daten – ob aktiv eingegeben (in Form von Profilen, Bewertungen, etc.) oder passiv durch „Beobachtung" vom Anbieter ermittelt (durch „Mitschneiden" von Transaktionen) – zu fragen.

Nur unterscheiden sich Vorstellungen der Anwender auf dramatische Weise von dem, was die Branchenvordenker und Führungskräfte der großen Anbieter zum Maßstab ihres Handelns machen – zumindest wenn man sich an ihren öffentlichen Aussagen orientiert.

„O-Töne" aus der Branche

Ein bedrückendes Bild ergibt sich, wenn man Statements der großen Anbieter auf sich wirken lässt. In Folge sind einige wesentliche zusammengetragen:

Scott McNealy, Chef des Computerherstellers Sun Microsystems (mittlerweile Teil des Oracle-Konzerns), sagte bereits 1999 (Übersetzung des Autors):

„Sie haben so oder so keinerlei Privatsphäre. Kommen Sie darüber hinweg!" (zitiert nach: www.wired.com/politics/law/news/1999/01/17538# ixzz0nNaIFJi3=).

Oracle-Chef Larry Ellison sagte 2001 (Übersetzung des Autors):

„Die Privatsphäre, über die Sie sich Sorgen machen, ist größtenteils Illusion. Alles, was Sie tun müssen, ist, Ihre Illusionen aufzugeben, nicht irgendeinen Teil Ihrer Privatsphäre. In diesem Augenblick können Sie ins Internet gehen und einen Kreditreport über Ihren Nachbarn herunterladen, herausfinden, wo Ihr Nachbar arbeitet und wie viel er verdient" (zitiert nach: www.businessweek.com/bwdaily/dnflash/oct2001/ nf2001104_7412.htm).

Facebook-Gründer Mark Zuckerberg im Januar 2010 (Übersetzung des Autors):

„Die Menschen haben sich daran gewöhnt, nicht nur mehr und unterschiedliche Informationen zu teilen, dies passiert offener und mit mehr anderen [als früher]. Die soziale Norm [der Privatsphäre] ist etwas, das sich über die Zeit hinweg entwickelt hat" (zitiert nach: www.guardian.co.uk/technology/2010/jan/11/facebook-privacy).

Und schließlich Eric Schmidt, Google-Chef, 2010 (Übersetzung des Autors):

„Bevor Du etwas tust, von dem keiner Kenntnis erlangen soll, solltest Du es lieber gleich bleiben lassen" (zitiert nach gawker.com/5419271/google-ceo-secrets-are-for-filthy-people).

„Mal sehen, ob wir damit durchkommen"

Die obengenannten Statements sprechen eine klare Sprache. Aber inwieweit liefern diese, teilweise vom Anwender als drastisch empfundenen Statements tatsächlich den Rahmen für die Aktivitäten der Unternehmen? Immerhin hat doch praktisch jeder Anbieter eine umfangreiche „Privacy Policy" in seinen Nutzungsbedingungen.

Betrachtet man die Entwicklung der vergangenen Jahre, so kann man festhalten, dass sich bezogen auf den Umgang von Internetunternehmen mit Nutzerdaten die immer gleichen Muster wiederholen: Man versucht erst einmal relativ freizügig mit den Angaben umzugehen oder gerne auch mal neue Tatsachen zu schaffen. Dies geschieht entweder ganz simpel durch technische Maßnahmen oder durch neue Nutzungsbedingungen. Wer liest denn schon das Kleingedruckte? Regt sich aber doch mehr als vereinzelter Userprotest, so rudert man dann zurück – aber nur so weit wie nötig.

Exemplarisch war das etwa beim Neustart von Google Buzz zu sehen. Hier hatte man versucht, Nutzer von GoogleMail quasi per Standardeinstellung in ein neu geschaffenes Social Network zu bringen, indem man E-Mail-Kontakte automatisch zu „Freunden" (im Sinne eines Social Network) machte. Nach Nutzerprotesten wurde dies kleinlaut wieder zurückgenommen.

Etwas mehr Ausdauer, wenn es um das kontinuierliche Aushöhlen von Nutzerrechten geht, bewies in den vergangenen Jahren, wie bereits beschrieben, Facebook.

Die Strategie auch hier: „Mal sehen, ob wir damit durchkommen". Begründet oder erklärt wird dieser Ansatz auch gerne mit der „Startup-Mentalität" und der „Kultur des Unfertigen", die von vielen Unternehmen durch den Vermerk „beta" auf der Website des Dienstes offen kommuniziert wird.

Zumindest Google oder Facebook sind aber mit Milliarden bewertete Unternehmen und alles andere als Startups. Insofern sind derartige vermeintliche Pannen vermutlich tatsächlich Teil der Unternehmensstrategie. Keine schöne Vorstellung für den Anwender.

Gefangen im Netz

Im Spiel der Internetgiganten ist der Anwender nicht mehr als Manövriermasse. Er ist der Lieferant der Daten, mit denen die Anbieter heute und in Zukunft ihre Geschäfte machen. Insofern wundert es nicht, dass es dem Nutzer leicht gemacht wird, sich für einen Dienst zu entscheiden. Die Probleme fangen an, wenn man wieder davon Abstand nehmen will.

Die Anbieter von Leistungen aus der Realwelt machen es vor. So ist etwa bei der Lufthansa-Tochtergesellschaft Germanwings die Buchung eines Fluges schnell und einfach zu meistern, wenn man von der aufdringlichen Werbung für Zusatzleistungen absieht. Auch der Check-in kann bequem am Rechner erledigt werden. Möchte oder kann man den Flug jedoch nicht antreten und seine – gesetzlich garantierten Rechte – auf Erstattung der Gebühren wahrnehmen, wird es unangenehm. Es gilt, ein 18-seitiges PDF-Formular auf der Website aufzuspüren –, unter enormen Toner- oder Tintenverbrauch (farbiger Hintergrund!) – auszudrucken und dann per Post einzusenden. Für 20 oder 30 Euro Erstattung ... Da

Germanwings auch auf Anfrage nicht bekanntgeben will, bei wie viel Prozent der nicht angetretenen Flüge tatsächlich Erstattungen geleistet werden, kann man davon ausgehen, dass diese Geschäftspraktik einen erheblichen Gewinnbeitrag liefert.

Die Ähnlichkeiten zum Umgang mit Kündigungswünschen im Web 2.0 sind frappierend. Zwar müssen Sie beim Verlassen von Facebook oder Xing kein Formular ausdrucken, dennoch ist es nicht einfach, überhaupt die Möglichkeit zur Abmeldung zu finden. Oftmals scheint nur ein „Deaktivieren" möglich zu sein. Selbst wenn es gelingt, das Profil nicht nur zu deaktivieren, sondern zu löschen, bleibt unklar, welche Daten beim Anbieter gespeichert bleiben. Die eigentliche Hürde ist dabei aber die fehlende Exportmöglichkeit der eigenen Daten. Während der Beitritt und der Upload weiterer Inhalte leichtfallen, bietet niemand einen Export der eigenen – vielleicht über Jahre zusammengetragenen – Inhalte an.

Um den Datenlieferant Kunde zu gewinnen oder bei der Stange zu halten, schrecken Web-2.0-Anbieter auch nicht vor der Manipulation der Nutzerschnittstellen zurück, wie der nachfolgende Abschnitt darlegt.

Bösartige Nutzerschnittstellen

Schlechtes Design der Nutzerschnittstelle findet sich überall, bei Webseiten, PC-Software und technischen Dingen aller Art. Wenn Sie etwa – wie der Autor, der auf einen klassischen Geschäftswagen verzichtet und lieber „on demand" fährt – mehr als nur gelegentlich Mietautos nutzen, kennen Sie das Problem: Grundlegend ist die Bedienung überall so weit ähnlich, dass Sie meist ohne Umschweife einsteigen und losfahren können. Vereinfacht gesagt: Das Gaspedal ist im Fußraum ganz rechts, die Bremse links daneben – ganz egal, ob Sie sich ans Steuer eines VW Polo, eines Volvo XC90 oder eines Porsche Panamera setzen. Aus unerfindlichen Gründen sind nun etwa die Bedienelemente für die Navigation im Volvo auf der Rückseite des Lenkrads angebracht. Was will uns der Designer damit sagen? Dass man bei der ursprünglichen Planung des Innendesigns vergessen hat, diese einzuplanen? Eine „skandinavische Verschwörung"? Oder ist einfach nur ein Beispiel für schlechte Gestaltung der Benutzerschnittstelle?

Ähnlich wie in unserem Autobeispiel gibt es schlechtes Design auch bei Websites – auch wenn die Grundbedienmetaphern seit Jahren eigentlich hinreichend Orientierung geben sollten, damit sich der Nutzer überall zurechtfinden kann. Nicht in allen Fällen ist es jedoch die Nachlässigkeit des Anbieters oder der Wille, einfach aus Prinzip „alles anders" machen zu wollen, sondern manchmal tatsächlich eine „Verschwörung" gegen den Nutzer. Durch bewusste Irreführung versuchen Websitebetreiber, Onlinewerber, Softwareanbieter und andere ihre Erlössituation zu verbessern. Die Grenze zwischen legitimen Mitteln zur Absatzsteuerung und betrügerischer Vorgehensweise ist dabei nicht immer leicht zu ziehen, insbesondere wenn unerfahrene Nutzer sich nicht zu helfen wissen oder illegitime Absichten gar nicht erkennen können.

Bösartige Interfacetechniken lassen sich (in Anlehnung an Conti/Sobiesk – www.rumint.org/gregconti/publications/j3pri.pdf) in folgende Klassen aufteilen:

- Nötigung des Users,
- Verwirrung,
- Ablenkung,
- Ausnutzung von Fehlern,
- Induzierter Aufwand,
- Unterbrechung,
- Manipulierte Navigation,
- Verschleierung/Verstecken,
- Eingeschränkte Funktionalität,
- Tricks.

Im Detail heißt das:

- *„Nötigung des Users"* bedeutet, dass Endanwender zu Handlungen genötigt werden, die von diesen nicht gewollt sind. Gängigstes Beispiel wäre hier der Zwang zur Eingabe von Telefonnummern und anderen persönlichen Informationen auf einer Website, um etwa Zugang zu einem System oder einem Download zu erhalten, ohne dass diese Angaben im technischen Sinne für die Erfüllung dieser Aufgabe notwendig wären.

- *„Verwirrung"* bedeutet in diesem Kontext, dass der Nutzer bewusst vage oder widersprüchliche Informationen erhält, so dass er nicht sicher sein kann, sein Ziel zu erreichen.

- Ein Klassiker ist die *„Ablenkung"* etwa durch blinkende Banner auf Seiten, auf denen der User nach Informationen sucht.

- Mit schöner Regelmäßigkeit führt der Schreibfehler bei der Eingabe einer Webadresse zur *„Ausnutzung von Fehlern"* – zum Beispiel durch Umleitung auf Webseiten ähnlichen Inhalts, aber anderer Betreiber.

- Wie eine Bestrafung für den Anwender, der sich nicht den Absichten des Sitebetreibers beugt, ist *„Induzierter Aufwand"* zu sehen. Etwa indem bei der Registrierung eines Produktes zahlreiche bereits automatisch gesetzte Kreuzchen in Checkboxen einzeln vom Anwender entfernt werden müssen, um Newsletter, Mailinglisten oder die Preisgabe persönlicher Daten zu vermeiden.

- Die *„Unterbrechung"* des Nutzers bei seinen Aufgaben, um Interessen des Designers durchzusetzen, findet man häufig bei Software, die zur Registrierung auffordert, oder bei Shareware, die zum Kauf von Vollversionen nötigen will, aber natürlich auch auf Websites.

- In eine ähnliche Richtung geht *„Manipulierte Navigation"*. Hierdurch wird etwa der Zugang zu einer kostenlosen Softwareversion erschwert, wegen der der User eigentlich auf die Site gekommen ist, während gleichzeitig eine kostenpflichtige Version in den Vordergrund gerückt wird.

- Besonders trickreich ist die *„Verschleierung"*. Hierbei wird etwa ein Lizenzvertrag in einer kleinen Textbox angezeigt, was häufiges Scrollen verlangt und die Lesbarkeit dramatisch senkt. Dies wird auch gerne mit juristischer Fachsprache überladen, so dass die eigentlich kritischen Punkte für den Nutzer kaum wahrnehmbar sind.

- *„Eingeschränkte Funktionalität"*: Hierunter lassen sich etwa das Sperren des „Zurück"-Buttons des Browsers oder das Ausgrauen von „Abbrechen"-Buttons und anderes Vorenthalten von legitimen Wahlmöglichkeiten zusammenfassen.

- Daneben existiert noch eine Vielzahl von weiteren *„optischen Tricks"*, mit denen etwa Werbeanbieter den Nutzer täuschen, indem sie Navigationselemente der Website, in der die Werbung eingebunden ist, nachahmen.

Zumeist werden mehrere Merkmale gleichzeitig eingesetzt.

Auch eigentlich als seriös angesehene Webanbieter bedienen sich dieser Tricks, um ihre wirtschaftlichen Ziele besser zu erreichen. Oder wüssten Sie auf Anhieb, wo etwa die Supporttelefonnummern von Amazon, Ebay oder Paypal auf der jeweiligen Site zu finden sind? Es gibt sie, so viel ist sicher, aber gefunden hat sie bisher kaum jemand.

Manipulation 2.0

Die schönen neuen Möglichkeiten des Web können natürlich auch genutzt werden, um Nutzer in die Irre zu führen. Ein absoluter Klassiker sind die sogenannten Tippfehler-Domains. Liegt man bei der Eingabe eines Domainnamens mit einem Buchstaben daneben oder erinnert man sich nicht exakt an die Schreibweise, so gelangt man häufig auf eine Seite, die nichts von dem Erwarteten bietet, sondern stattdessen zumeist nur Werbung.

Diese Werbung scheint hinreichend viel Einkommen abzuwerfen, so dass es sich lohnt, alle denkbaren Vertipper einer bekannten Domain zu speichern. Auch die Provider spielen inzwischen mit und betätigen sich quasi als „Resteverwerter". Jede Adresseingabe, die nicht auf eine offizielle Domain oder eine Tippfehlerdomain führt, landet dann auf einer Seite beim Provider – statt zu einer Fehlermeldung zu führen. Bei der Telekom Deutschland nennt sich diese dann „Navigationshilfe" und trägt – ohne dies im Rahmen der Recherche zu diesem Buch empirisch getestet zu haben – nur selten etwas dazu bei, das eigene Suchziel zu erreichen.

Diese Art des „Abfischens" von Traffic ist – nun ja – schlimmstenfalls lästig, aber nicht wirklich störend oder gar gefährlich.

Richtig lästig wird es dann, wenn bewusst falsche Tatsachen vorgespiegelt werden, etwa wenn Weblogs zum Zweck der Werbung missbraucht werden. Dies ist ab und an der Fall, wenn Blogs mit Pseudoinhalten gefüttert werden, um über Suchmaschinen Besucher anzulocken und darüber Werbung zu verkaufen.

Subtiler sind da Blogs mit echten Inhalten, aber gekauften Meinungen. Wenn plötzlich vielerorts Jubelberichte über neue Handymodelle auftauchen, hat der Hersteller vermutlich wieder ein paar Exemplare an die Szene der sogenannten „A-Blogger" (die meistgelesenen Blogs) verschenkt, pardon, als Leihstellung ohne Rückgabeverpflichtung verteilt. Nur wenige Blogger tun dann das, was angebracht wäre: im Beitrag selbst darauf hinweisen, dass sie das Gerät eben nicht selbst gekauft, sondern anderweitig erhalten haben.

Scareware

Es hat sich mittlerweile herumgesprochen: Einen Computer mit Internetzugang ohne Virenschutz zu betreiben ist keine gute Idee. Umgekehrt fühlen sich Nutzer zunehmend sicher, wenn sie grundlegenden Sicherheitsempfehlungen gefolgt sind, auch wenn sie die genauen Hintergründe nicht kennen. Software, die dazu entwickelt wurde, Computeranwender zu verunsichern, macht sich diesen Zusammenhang zunutze. Diese nennt man „Scareware" – ein Kunstwort aus „scare" (erschrecken) und „Software". Gängigste Masche: Mit gefälschten Meldungen über vermeintliche Vireninfektionen des PCs erschrecken Betrüger arglose Anwender und versuchen, sie so zum Kauf dubioser Antiviren-Produkte ohne Funktion zu bewegen. Nicht selten kommt im Gefolge eines solchen Programms noch weitere Schadsoftware.

Die Nähe zu den Namen und Erscheinungsbild bekannter Antivirenprogramme soll die Opfer davon überzeugen, es handele sich um reguläre Produkte.

Die Verbreitung erfolgt über manipulierte Internetwerbeanzeigen und spezielle Webseiten, die dem Anwender in vielen Fällen einen Virenscan der Festplatte vorspielen und falsche Befunde melden. Die Optik ist dabei zumeist so überzeugend, dass unbedarfte Anwender darauf hereinfallen können.

Die (vermeintliche) Gefahr beseitigen kann man dann mit einem zum Download angebotenen Programm. Ein Programm ohne eigentliche Funktion, aber zumeist verbunden mit einer Zahlungsaufforderung. Da sich die Software oft auch nicht auf normalem Wege über eine Deinstallationsfunktion oder über die Windows-Systemsteuerung deinstallieren lässt, geben einige Anwender schließlich entnervt auf und zahlen. In einigen Fällen wird der Forderung auch weiterer Nachdruck verliehen, indem angedroht wird, etwa die Festplatte zu löschen, wenn man nicht sogleich die Kreditkartendaten eingibt.

Anbieter von regulärer Sicherheitssoftware verzeichnen einen spürbaren Anstieg der Schreck-Ware ohne echte Schutzfunktion. Das darf durchaus als Beleg dafür gewertet werden, dass es sich für die Täter um ein lukratives Geschäft handeln muss.

Wären die Anwendungen – wie in den Anfangstagen der Scareware – durchweg wirkungslos, so könnte man die damit einhergehenden finanziellen Komplikationen als Anwender vielleicht noch unter „Lehrgeld" verbuchen. Inzwischen infizieren solche Programme immer öfter den PC mit echten Schädlingen, zum Beispiel, um ihn in einen „Bot" zu verwandeln und in Folge über diesen Spam zu versenden und andere

Systeme anzugreifen oder persönliche Daten wie Bank- und Kreditkartendaten zu stehlen.

Von einer ganz neuen Form von Scareware berichtet der Onlinedienst Heise Security im April 2010: Demnach täuscht eine neue Variante dem Anwender einen Antipiraterie-Scanner auf dem Rechner vor, der urheberrechtlich geschützte Dateien entdeckt hat oder entdeckt haben will. Dazu kommt eine Meldung, die die Dateien auflistet und rechtliche Konsequenzen androht, das Hintergrundbild des Rechnerbildschirms wird ebenfalls geändert.

Tatsächlich sucht die Schadsoftware nach „Torrent"-Files – also Dateien aus Tauschbörsen – und zeigt diese an. Praktischerweise schlägt die Software dem Anwender einen Vergleich vor, man könne sich durch Zahlung von 400 US-Dollar per Kreditkarte von dem Problem befreien. Ansonsten müsse man mit Gerichtsverfahren sowie hoher Geld- und Gefängnisstrafe rechnen.

Den besten Schutz vor diesen vermeintlichen Antivirenprogrammen und auch den immer neuen Varianten dieser „Software" bietet jede Menge „gesunder Menschenverstand" und ein gesundes Maß an Misstrauen gegenüber unaufgefordert angebotener Software auf zufällig besuchten Webseiten. Dass man aus zweifelhafter Quelle nichts, aber auch gar nichts herunterlädt, sollte selbstverständlich sein.

Am klügsten ist es, den angebotenen Programm-Download von unbekannten Webseiten stets abzulehnen und Antivirensoftware am besten im Laden zu kaufen oder über die Softwareportale bekannter Computerzeitschriften zu beziehen.

Darüber hinaus sollten natürlich die Virensignaturen stets auf dem neuesten Stand sein, genauso wie die Versionen von Webbrowser und eingesetzten Plug-Ins.

Natürlich ist das kein 100-prozentiger Schutz vor derartig unangenehmer Schadsoftware, hilft aber, die Risiken zu begrenzen.

Die genannten Beispiele zeigen, wie einfach es ist, überraschend zum Opfer der Risiken und Nebenwirkungen des Internets zu werden, auch ohne selbst aktiv zu werden, und es also wörtlich jeden treffen kann.

5   Nichts ist, wie es scheint

Weitere Gefahr droht dem Anwender auch durch Täuschungen, denen er sich ausgesetzt sieht. Selbst wenn er sorgfältig Abwägungen getroffen hat, ob und inwieweit er einen Dienst nutzen soll, so besteht die akute Gefahr, dass er entweder bereits zu Beginn über die wahren Hintergründe oder Nebenwirkungen einer Anwendung eines Produktes getäuscht wird oder im Zeitverlauf durch vom Anbieter induzierte Änderungen übervorteilt wird.

Die große Illusion

Wie eine schicke Online-Community kommt sie daher, die Website von Real Age. Bei diesem Projekt der angesehenen Firma Hearst Media kann man nicht nur Tipps abrufen, um dauerhaft fit zu bleiben, nein, man kann auch – durch Ausfüllen eines umfangreichen Fragebogens mit knapp 150 Fragen – einen kostenlosen Test mitmachen, der das „wahre Alter" ermitteln soll.

Nach Angaben der New York Times (www.nytimes.com/2009/03/26/technology/internet/26privacy.html?_r=1) werden die dabei erhobenen Daten gezielt an Werbetreibende aus der Pharma- und Gesundheits-

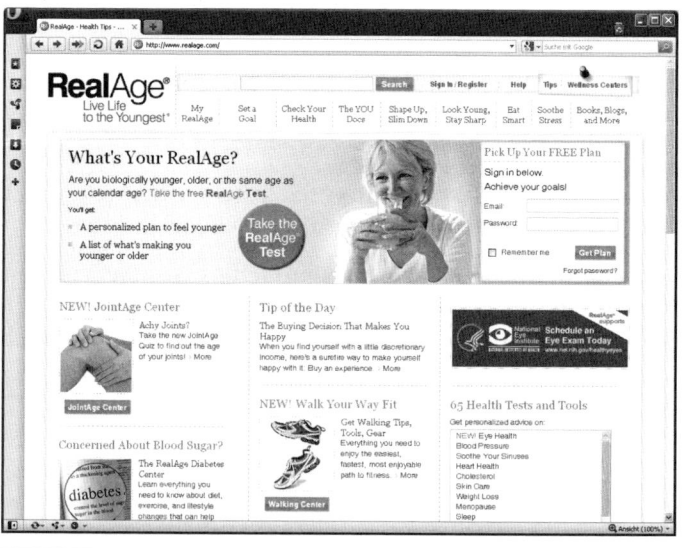

Abbildung 23: Real Age

branche weiterverkauft. In der 2.400 Worte umfassenden „Daten-schutzerklärung" von Real Age ist dazu an einer Stelle nur sehr unbestimmt von Werbung mit Partnern von Real Age die Rede. Dafür ist die Website nun mit einer Vielzahl von weiteren Tests aus dem Gesundheitsbereich erweitert worden.

Es ist durchaus denkbar, dass eine Krankenversicherung diese Daten kauft und diese mit den Angaben vergleicht, die der Versicherte bei der Beantragung des Versicherungsschutzes gemacht hat. Nicht nur theoretisch ließen sich sicher auf diesem Wege einige „schlechte Risiken" loswerden.

Auch wenn derartig extreme Beispiele aus dem deutschen Sprachraum nicht bekannt sind, besteht bei praktisch jedem Onlineangebot die Gefahr, dass die Daten zur Spielmasse der Anbieter werden. Das nächste „Real Age" lauert gleich hinter einer anderen schönen Fassade des World Wide Web.

Änderungen von Produkteigenschaften und Inhalten

Sie haben etwas gekauft. Es gehört Ihnen. Sie können damit machen, was Sie wollen. Niemand – schon gar nicht der Hersteller oder Verkäufer – kann Ihnen das wieder wegnehmen. So war das bisher. Im Onlinezeitalter ist alles anders.

Nicht nur, dass Produkte laufend nach Updates und Patches verlangen, die laufenden Änderungen bringen unter Umständen auch Überraschungen für den Nutzer.

Beispiel: Amazon

Dies wird an einem Beispiel aus dem Jahr 2009 besonders deutlich: Der Onlineversender Amazon bietet seinen Kunden die Möglichkeit (in einzelnen Ländern), Bücher auch als sogenannte E-Books für das Lesen auf dem ebenfalls von Amazon gelieferten E-Book-Reader mit dem Namen „Kindle" zu erwerben. Der Kindle selbst arbeitet autark und verfügt über eine Mobilfunkverbindung mit der – unabhängig von einem PC – Bücher heruntergeladen werden können. Ein separater Mobilfunkvertrag ist nicht notwendig. Der Buchkauf selbst ist sehr einfach. E-Books gelangen in kürzester Zeit auf das Gerät, ohne dass – wie bei anderen derzeit gängigen Readern – irgendwelche Software für die Verwaltung installiert werden muss. Sollte man sich verkauft haben, so kann man auf einfache Weise den Erwerb rückgängig machen und erhält problemlos eine Gutschrift. So weit, so gut.

Im Juli 2009 mussten nun die Käufer des E-Books „1984" von George Orwell die Erfahrung machen, dass ohne ihr Zutun dieses von den Geräten verschwand – samt eventuell erstellter, eigener Anmerkungen. Per E-Mail wurden die Käufer über eine entsprechende Gutschrift informiert.

Ironischerweise thematisiert der von den Lesegeräten überraschend gelöschte Roman einen Überwachungsstaat der Zukunft, dessen „Wahrheitsministerium" auch vor der Manipulation der Vergangenheit nicht zurückschreckt. Von E-Books ist allerdings darin nicht die Rede.

Zurück zur Situation für den Kunden: Stellen Sie sich vor, Sie kaufen ein Buch, etwa dieses hier, im Buchhandel, und eines Tages bricht der Buchhändler in Ihr Haus ein, entwendet es aus Ihrem Bücherregal und lässt – als Entschädigung – 19,90 Euro dafür zurück. Eine irritierende Vorstellung.

Auslöser für die Buch-Löschungsaktion war nach Unternehmensangaben die Tatsache, dass man festgestellt hat, die Rechte für den E-Book-Vertrieb doch nicht zu besitzen. Das ist eine nachvollziehbare Erklärung – ein schales Gefühl bleibt dennoch –, samt der Erkenntnis, dass man E-Books im Unterschied zu klassischen Büchern eben nicht kauft, sondern bestenfalls „lizenziert".

So ist es technisch im Rahmen einer derartigen Infrastruktur genauso möglich, nicht nur Inhalte vollständig zu löschen, sondern diese wie in Orwells Roman nachträglich zu manipulieren – also „Geschichte umzuschreiben" im eigentlichen Wortsinne.

Aber auch in kleinen Details beweist der E-Book-Reader Kindle überraschendes Potential, etwa wenn es um die Verwertung von Hervorhebungen und Notizen geht, die der Nutzer angebracht hat. Praktisch alle Lesegeräte erlauben solche Anmerkungen, wie man sie mit Textmarker und Bleistift oder Kugelschreiber auch in „richtigen Büchern" anbringt. Neu bei Amazon ist nun ein Feature, das diese Hervorhebungen an Amazon zurücksendet.

Dort werden diese zusammengefasst, sortiert und dienen als Basis für ein neues Feature mit dem schönen Namen „Popular Highlights". Amazon stellt mit diesem Feature nach außen hin keine Bezüge zu einzelnen Nutzern her. Man kann also derzeit nicht sehen, was etwa der eigene Nachbar in dem Buch „Rauschdrogen und andere psychotrope Substanzen" von Thomas Köhler (nicht der Autor dieses Buches, sondern ein „Namensvetter") als besonders wichtig angestrichen hat. Auch müssen drei oder mehr Nutzer die gleichen Hervorhebungen vorgenommen haben, damit diese in das System integriert werden. Dennoch: Ein mulmiges Gefühl bleibt.

Aber nicht nur Inhalte und Userbezüge dazu lassen sich nachträglich übertragen – auch zentrale Produkteigenschaften unterliegen der Gefahr „zu verschwinden".

Beispiel: Fernwartung

Bei der Diskussion um Fernwartung, intelligente Häuser und andere Innovationen, die Mess- und Regeltechnik beinhalten, werden nicht selten Fragen aufgeworfen wie: „Was, wenn ein Hacker in das System eindringt und etwa eine Herdplatte einschaltet, wenn die Bewohner nicht da sind." Das mag weit hergeholt erscheinen, aber dass die Gefahr bei Fernwartungs- und Steuerungssystemen real ist, wird an ersten Fällen deutlich.

So hat sich im Frühjahr 2010 ein Mitarbeiter eines US-Autohändlers für seine Entlassung gerächt, indem er über ein zentral gesteuertes System die Autos von mehr als 100 Kunden aus der Ferne lahmgelegt hat.

Die Fahrzeuge waren alle mit einem bestimmten Sicherungssystem ausgestattet, das veranlassen soll, dass geleaste oder per Kredit finanzierte Fahrzeuge nicht mehr gestartet werden können, wenn die Raten nicht bezahlt werden. Über die ebenfalls aus der Ferne aktivierbare Hupe sollen die Fahrzeuge auffindbar sein. Durch von einem ehemaligen Kollegen gestohlene Zugangsdaten konnte der Mann auf einfache Weise Verärgerung stiften.

Die eingesetzte Sicherungstechnologie ist umstritten und mutet für unser mitteleuropäisches Verständnis etwas „rabiat" an. In den USA ist es aber üblich, bei Krediten mit grenzwertiger Bonität das Gut bei Zahlungsrückstand auch sofort wieder abzuholen („Repossession"), insofern ist dies hier nur eine passende technische Maßnahme.

Von Häusern, die ihre Bewohner aussperren, wenn die Raten nicht bezahlt werden, wurde bisher nichts bekannt. Mit „intelligenter" Haustechnik wäre eine derartige Fernregelungsmöglichkeit von Schließanlagen aber keineswegs Science Fiction, sondern bereits heute machbar. Auch ließen sich etwa durch die sogenannten „intelligenten Stromzähler" nicht nur dynamische Verbrauchsabrechnungen vornehmen, sondern auch kurzfristig eine Stromabschaltung durchführen.

Bleibt auch hier die Frage, wann ein böswilliger Hacker oder gefrusteter Ex-Mitarbeiter die Gelegenheit ergreift ...

Beispiel: Sony

Es mutet wie ein Aprilscherz an, was der Elektronikkonzern Sony mit der zum 1.4.2010 erschienenen Firmware mit der Versionsnummer „3.21" an Funktionalitäten aus seiner „Playstation 3" entfernt. Die auch PS3 genannte Spielkonsole war ursprünglich nicht nur für Videospiele geeignet, sondern erlaubte auch die Nutzung von Linux als Betriebssystem. Wer wollte, hatte damit einen leistungsfähigen Rechner für den Hausgebrauch. Mit dem Einspielen der „3.21"-Firmware entfällt diese Option jedoch ersatzlos.

Immerhin kündigt der Anbieter diese für einige Nutzer gravierende Änderung an, und rein theoretisch kann man auch auf die neue Version verzichten, denn der Nutzer muss dem Systemupdate explizit zustimmen. In der Praxis ist dieser Weg aber für den Anwender keine Option. Denn ohne die neue Firmware sind neue Spiele nicht nutzbar, der Zugang zum Onlinespiel entfällt (blog.us.playstation.com/2010/03/28/ps3-firmware-v3-21-update/).

Der Anbieter begründet die Entfernung der Linux-Unterstützung mit einer Anfang des Jahres bekanntgewordenen Sicherheitslücke – deren Risiko nach Branchenangaben wohl primär in der Aushebelung der geräteeigenen Kopierschutzmechanismen bestand, und verweist auf die Produktunterlagen, in dem der Anbieter sich das Recht vorbehält, „Änderungen" an den Features vorzunehmen.

Es gibt aber auch Positivbeispiele. So nutzt der eine oder andere Anbieter System-Updates zur Verteilung neuer Funktionen, die auch den Käufern zugutekommen, die zum Kaufzeitpunkt nichts davon ahnten, dass ihr Stückchen Technik plötzlich ganz neue Kunststückchen können soll. So beglückt die Firma AVM – Hersteller von DSL-Routern und Zubehör – seine Kunden immer wieder mit neuen tollen Funktionen, etwa dem Anrufbeantworter, der per E-Mail eingehende Nachrichten weiterschickt, einem integrierten Medienserver oder Internetradio auf dem Schnurlostelefon. Vielleicht sind diese Erweiterungen nicht immer wirklich sinnvoll, aber aus technologischer Sicht stets faszinierend.

Änderung von Produkteigenschaften nach dem Kauf ist ein Phänomen, an das wir uns als Internetanwender werden gewöhnen müssen.

Schadsoftware inklusive

Natürlich kommt es immer wieder vor, dass Produkte wie USB-Sticks oder Speicherkarten bereits „ab Werk" mit Schadsoftware verseucht sind. Das ist ärgerlich, wohl unbeabsichtigt, aber vermutlich unausweichlich im Wettlauf der Unternehmen um den billigstmöglichen Auftragsfertiger. Davon soll hier auch nicht die Rede sein. Sondern stattdessen von Versuchen von Unternehmen, den Kunden bewusst Schadsoftware unterzuschieben: XCP – drei Buchstaben, die zunächst einmal harmlos klingen, auch wenn man die Abkürzung als Extended Copy Protection – einen Kopierschutz für Musik-CDs – entziffert.

Aufgabe eines Kopierschutzes ist die Verhinderung oder in der Praxis das Erschweren einer nicht rechtmäßigen Kopie. Über die Jahre hinweg hat die Musikindustrie eine Vielzahl von Verfahren ausprobiert, die meist nicht die erwünschte Wirkung, aber dafür häufig zahlreiche unerwartete Nebenwirkungen hatten. Typische Seiteneffekte waren etwa das Verweigern der Abspielfunktion in verschiedenen Laufwerken, etwa bei Auto-CD-Spielern.

Derartige Ansätze fasst man auch unter dem Oberbegriff des DRM – Digital Rights Management/Digitales Rechtemanagement – zusammen. Die Frankfurter Allgemeine Zeitung spricht auch von „Digitaler Rechteminderung" – eine passende Beschreibung, da mit schöner Regelmäßigkeit auch legitime Anwendungen eingeschränkt oder verhindert werden, man denke an die Privatkopie xyz.

Ein besonders heikler Fall eines rechtemindernden Kopierschutzes wurde 2005 bekannt und gilt als beispielhaft. Nutzer sollten beim Abspielen einer mit XCP versehenen CD auf einem PC-CD/DVD-Laufwerk diese nur mit einem mitgelieferten Abspielprogramm nutzen können. Tatsächlich installierte die CD bereits beim ersten Einlegen in das Laufwerk eines Windows-Rechners ungefragt, das heißt, ohne den Nutzer drauf hinzuweisen oder gar seine Zustimmung einzuholen, ein sogenanntes Rootkit.

Die Software versucht in diesem konkreten Fall, das System zu überwachen und zu verhindern, dass ein Kopierprogramm auf das CD-Laufwerk des Rechners zugreift. Mit Installation entstehen zudem einige Sicherheitslücken und auch die Gefahr, dass andere Schadsoftware diese nutzt.

Ein vom Anbieter nach Kundenprotesten bereitgestelltes Deinstallationsprogramm ließ den Kopierschutz zunächst bestehen. Außerdem wurde bekannt, dass das System auch Daten wie IP-Adresse, Album-ID und Abspieluhrzeit an einen Server im Internet übermittelt. Die CD wurde nach weiteren Nutzerprotesten schließlich vom Markt genommen.

Ein Kommentar von Security-Guru Bruce Schneier (www.schneier.com) im Wired Magazin (www.wired.com/politics/security/commentary/securitymatters/2005/11/69601) fasst den Fall zusammen und wirft wichtige Fragen auf:

„Wird eine Schadsoftware plötzlich legitim, wenn keine Verbrecherorganisation, sondern ein multinationales Unternehmen dahintersteht? Kann man einem Anbieter, der keine Hemmungen hat, eine Schadsoftware auf Ihren Rechner zu spielen, und der nicht nur CDs, sondern auch Rechner (mit umfangreicher Softwarevorinstallation) verkauft, vertrauen, dass dieser etwa nicht die Rechner von vorneherein mit derartiger oder ähnlicher Schadsoftware ‚ausstattet'?"

6   Anonymität war gestern

„Ich lese Deine E-Mails" ist mehr als ein beliebter Aufdruck auf dem T-Shirt eines IT-Systemadministrators, sondern eine Zustandsbeschreibung der Privatsphäre bei E-Mail und anderen Diensten. Technisch gesehen ist es für einen Mitarbeiter mit den passenden Zugriffsrechten ein Leichtes, E-Mails von jedem beliebigen Mailaccount mitzulesen oder die besuchten Webseiten nachzuverfolgen. Auch ein Rechner im häuslichen Umfeld, der mehr als einen Benutzer hat, liefert die Grundlage, eine „verdachtsabhängige Prüfung" einfach mal durchzuführen, um etwa festzustellen, ob so etwas wie „virtuelles Fremdgehen" ein Motiv hinter der häufigen PC-Nutzung ist.

Ganz allgemein gilt: Anonymität ist in vielen Fällen nicht dauerhaft aufrechtzuerhalten. Dies gilt auch, wenn man keinen direkten Zugriff auf Rechner oder Kommunikationswege hat.

Der Teilnehmer einer Community glaubt möglicherweise, dank seines klug gewählten Pseudonyms nicht aufspürbar zu sein, dabei reichen kleine Bruchstücke an Informationen oftmals aus, um durch manuelle Recherche oder ein geeignetes Stück Software eine Verbindung zwischen Pseudonym und der Person dahinter festzustellen.

Wie in folgendem Fall.

Was Sie in Ihrer Freizeit lesen ist unwichtig? Hat mit Ihrem Beruf nichts zu tun? Sie sind ja durch ein Pseudonym geschützt und damit anonym?

Der Fall des Marc Galasco – eines Mitarbeiters der Menschenrechtsorganisation „Human Rights Watch" – zeigt hier ein anderes Bild. Einem Blogger war aufgefallen, dass der als Menschenrechtsaktivist in der Öffentlichkeit stehende Marc Galasco häufig Bücher auf Amazon bewertete, die Memorabilien des Dritten Reiches zum Inhalt hatten, und recherchierte weiter und fand heraus, dass Galasco unter dem Pseudonym „flak88" einschlägige Foren besuchte und sich etwa zu bewundernden Aussagen hinsichtlich einer SS-Uniform hinreißen ließ (so berichteten es diverse Medien, u.a. die FTD am 12.4.2010, S. 28). Es gelang also durch eine einfache Internetrecherche, den Schutzmantel der Anonymität zu lüften. Beruflich kam für Galasco dann alles so, wie Sie es wohl erwartet haben: Man trennte sich still und ohne großes Aufsehen von diesem Mitarbeiter.

Aber meine Empfehlungen unter Pseudonym sind anonym, oder?

Jeder kennt Sie und viele nutzen sie, gerne auch anonym, die Empfehlungsmechanismen von Amazon und anderen Onlineanbietern.

Natürlich ist dem Anbieter bekannt, welche Produkte ein bestimmter Kunde gekauft hat. Zur Abwicklung der Geschäfte und zur Erfüllung der staatlichen Dokumentationspflichten (entsprechend Handelsgesetzbuch) muss er diese auch vorhalten. Ebenso weiß bei den meisten Diensten auch der Anbieter, nicht aber ein Dritter, wer die Empfehlung abgegeben hat.

Ein Onlinevideoanbieter (Netflix) hat seine Nutzerdaten an verschiedene Wissenschaftlerteams gegeben, um diese Empfehlungsmechanismen zu optimieren. Die Datenweitergabe erfolgte natürlich anonymisiert.

Unerwarteter Nebeneffekt: Die Vielfalt an Microdaten über Präferenzen, Empfehlungen und vergangene Transaktionen reicht unter Umständen aus, um Rückschlüsse auf die Person zu ziehen. Und das im konkreten Fall bei rund 500.000 Abonnenten des Dienstes! Dies haben Wissenschaftler der Universität Texas (Austin) herausgefunden (userweb.cs.utexas.edu/~shmat/shmat_oak08netflix.pdf).

Ebenso kann natürlich der Browser-Fingerabdruck, wie bereits beschrieben, dazu genutzt werden, die Mauer der Anonymität zu durchbrechen.

Fortgeschrittene Software geht sogar noch etwas weiter und kann Nutzer anhand von Formulierungen (etwa in Beiträgen in Foren) auch bei unterschiedlichen Pseudonymen miteinander abgleichen und einzelne Personen identifizieren.

Auch die räumliche Anonymität geht mit neuen Diensten zunehmend verloren. So verfügen Navigationssysteme immer häufiger nicht nur über eine Internetverbindung und bringen einen Rückkanal mit, der die eigene Position übermittelt. Die Verkehrsinformationsdienste von TomTom und Navigon arbeiten nach diesem Prinzip, auch wenn die Anbieter beteuern, die Daten nicht mit Userdaten in Verbindung bringen zu wollen. Handydienste, die mit Ortsinformationen arbeiten, setzen in den meisten Fällen bereits voraus, dass man seinen Aufenthaltsort freigibt, um korrekt funktionieren zu können.

Übrigens kann man nicht mehr nur ermitteln, wo sich eine Person gerade aufhält, sondern durch Prognosemodelle für Bewegungen auch voraussagen, wo diese gleich sein wird.

Keine guten Aussichten für jemanden, der auf Anonymität vertraut hat.

7   Alles ist käuflich

Das Social Web wird oft dafür gelobt, dass es nun jedem Aufmerksamkeit und Anerkennung für seine kreativen Fähigkeiten ermöglicht. Aus Sicht von Wirtschaftswissenschaftlern werden die Markteintrittshürden tatsächlich niedriger. So kann ein Fotograf sein Hobby zum Beruf machen oder etwa ein Amateur die Gunst der Stunde, also die zufällige Anwesenheit bei einem aus Nachrichtensicht wesentlichen Ereignis, wie einem Flugzeugunglück, nutzen und durch ein verkauftes Foto in bare Münze umwandeln. Dennoch hat diese neue Durchlässigkeit für Amateure massive Rückwirkungen für alle Beteiligten, nicht nur – wie unten ausgeführt – für professionelle Fotografen und Journalisten, sondern auch für den, der sein Hobby zum Beruf machen will, steht er doch plötzlich im weltweiten Wettbewerb.

Entwertung von Kreativleistungen

Dass die neuen Möglichkeiten des „Mitmach"-Internets auch Risiken und Gefahren für etablierte Anbieter bedeuten können, wurde hier bereits verschiedentlich deutlich gemacht. Ob und wie nun „Amateure" die „Profis" verdrängen, ist von Segment zu Segment unterschiedlich. Ganz sicher ist ein Weblog eher eine Ergänzung denn eine Gefahr für eine Tageszeitung. Dennoch gibt es Bereiche, in denen eine Abgrenzung schwerer fällt.

Ein besonders schönes Beispiel liefert hier die (Digital-)Fotografie. Fotografie ist schon seit Jahrzehnten ein Hobby für eine Vielzahl von Privatpersonen, aber natürlich auch ein „Brot- und Butterberuf". Überschneidungen und Berührungspunkte gab es schon immer – etwa bei der fotografischen Dokumentation von Familienfeiern. Oftmals wird der engagierte Amateur hier allein aus Kostengründen dem Profifotografen vorgezogen. Hierauf hat das Internet naturgemäß wenig Einfluss. Auf ein anderes Segment der Fotografie – die sogenannte Stockfotografie – jedoch schon. Wie der Name andeutet, werden hier Fotos „auf Vorrat" und nicht nach Auftrag im konkreten Fall produziert und dann Interessenten verkauft, die diese etwa für Werbung, Kataloge, Zeitschriften oder Buchillustrationen verwenden. Dreh- und Angelpunkt dieses Geschäftes sind Bildagenturen, die die Arbeiten der Fotografen vermarkten. Bereits 1920 gab es die erste Agentur dieser Art (als „Robert-Stock" bekannt). Heute wird das Geschäft von Corbis und Getty Images dominiert. Partner oder Zulieferer dieser Agenturen waren und sind stets Profifotografen. Die Kosten pro Bild sind durchweg hoch.

Mit weiter Verbreitung des Internets entstand in den vergangenen Jahren eine neue Form von Bildagenturen, die ausschließlich online agieren und dabei die Preise etablierter Bildagenturen erheblich unterbieten. Fotos werden bei diesen sogenannten Microstock- oder Midstock-Agenturen bereits ab wenigen Cent oder Euro angeboten. 2006 startete iStockphoto (inzwischen Teil von Getty Images) in dem Segment. In Deutschland am bekanntesten ist Fotolia – mit über 8 Millionen Fotos.

Abbildung 24: Fotolia

Ein erheblicher Teil der Fotos auf diesen neuen Plattformen stammt von Amateuren, die darüber einen praktisch gleichberechtigten Marktzugang erhalten. Bezahlt werden diese nur auf Provisionsbasis, sobald ein Nutzer das Bild erwirbt. Die Kosten für die Bereithaltung der Materialien – neben Fotos sind dies zunehmend auch Zeichnungen und Videos – im Netz sind ebenso wie die Transaktionskosten gering.

Warum sollte man etwa als Werbeagentur mehrere hundert Euro für ein Foto bezahlen, das auch in ähnlicher Aufmachung für wenige Cents bei einem dieser Massenanbieter zu haben ist? Die Folge dieser Entwicklung: Viele Amateure bekommen die Chance, sich ein paar Euro dazuzuverdienen, aber zahlreiche Profis verlieren substantiell viel mehr an Umsätzen.

Der Durchschnittspreis pro Bild gerät – aus Sicht des Gesamtmarktes – deutlich ins Rutschen. Ob und inwieweit sich durch das gesunkene Preisniveau der Markt erweitert (wie die Anbieter erhoffen), bleibt abzuwarten.

Ausbeutung 2.0

Crowdsourcing ist ein von Autoren des Wired-Magazins (www. wired.com) in Anlehnung an den Begriff Outsourcing geprägter Ausdruck für die Nutzung von Arbeitskraft, Wissen und Intelligenz von Internetnutzern gegen geringe oder ganz ohne Bezahlung.

Als erste Implementierung dieser Idee gilt der „Amazon mechanical turk", ein innovatives Webprojekt, bei dem menschliche Arbeit über das Internet bereitgestellt wird – fokussiert auf Tätigkeiten, die nicht direkt oder nur unvollständig von Computern geleistet werden können, wie etwa Bildbewertungen.

Mechanical Turk war ursprünglich die Bezeichnung für einen vermeintlichen Schachautomaten aus dem 18. Jahrhundert. Die Sensation der damaligen Zeit stellte sich als Fälschung heraus – tatsächlich saß ein kleinwüchsiger Mann in dem Gerät und steuerte das Schachspiel über eine ausgeklügelte Mechanik.

Inzwischen sind mehrere Anbieter mit ähnlichen Konzepten am Markt. Crowdflower (www.crowdflower.com) verspricht „labor on demand" (Arbeit auf Abruf), Cloudcrowd (www.cloudcrowd.com) entsprechend „labor as a service/outsourcing on demand" in Anlehnung an die gängigen Begriffe rund um die Auslagerung von Leistungen.

Eine typische Anwendung einer solchen Plattform ist beispielsweise die Zuordnung von Produkten anhand von Abbildungen zu bestimmten Kategorien. Auftraggeber ist etwa ein Onlineshopbetreiber, der sein Sortiment pflegt. Die Honorierung sind (im Beispielfall) bescheidene 0,01 US-Dollar pro Zuordnung. Benötigt der Anwender also etwa 5 Sekunden pro Zuordnung, bedeutet dies einen „Stundenlohn" von 7,20 US-Dollar. Das eigene Equipment samt Internetzugang und Stromverbrauch ist dabei noch gar nicht berücksichtigt.

Neu bei allen Diensten und anders als im ursprünglichen Ansatz von Amazon ist die Integration von umfassenden Qualitätskontrollfunktionen. Zu naheliegend ist es doch für den ein oder anderen „Webworker" in Anbetracht der bescheidenen Bezahlung, auch mal „fünfe gerade" sein zu lassen.

Allen Diensten gemein ist die Grundidee der automatisierten Zerlegung großer Aufgaben in kleine und kleinste Schritte, die an eine Vielzahl von Einzelpersonen über das Netz verteilt werden. Die Zugangshürden sind gering – ein Rechner mit Internetzugang und Webbrowser genügt.

Jeder Einzelne wird nur nach Zahl der durchgeführten Arbeitsschritte bezahlt. Die Preisfindung für diese kleinsten Arbeitseinheiten erfolgt in einer Art Auktion. Die Folge: Es entsteht ein globaler Preiswettbewerb: Gut für die Unternehmen, schlecht für Onlinearbeiter aus Hochlohnländern – Indien und China sind plötzlich ganz nah!

Die im Kapitel II, 1 bereits genannte Firma Demand Media ist nicht nur wegen der Vielzahl der Artikel und deren guter Auffindbarkeit auf Google im Gerede. Demand Media hat auch dem Billigjournalismus zum Durchbruch verholfen. Bezahlt wird für die Beiträge jeweils nur mit minimalen Beträgen, die zudem in einer Art internen Marktplatz (mit entsprechendem Preiswettbewerb) an die günstigsten Autoren, die gewisse Mindeststandards erfüllen, vergeben werden. Auch zeigt sich die Schattenseite der neuen Transparenz im Web und Web 2.0.

8 Identität ist relativ

Sie tragen einen Namen, der in Ihrem Heimatland einzigartig ist: Glückwunsch. Für alle anderen gilt: Es besteht akute Verwechslungsgefahr. Wenn Sie einen wirklich weitverbreiteten Namen wie „Peter Müller" haben, kennen Sie das Problem vielleicht bereits. Sie stehen im Telefonbuch neben den anderen „Peter Müllers" und bekommen immer wieder Anrufe für andere Personen. Das ist lästig, lässt sich aber meist relativ schnell aufklären und führt nur selten zu weiteren Verwicklungen. Ein dem Autor bekannter „Harald Schmidt" wird auch eher selten für den Abendshow-Gastgeber gehalten.

Aber bereits bei „Thomas Köhler" verhält es sich ein bisschen anders. Große Berühmtheiten mit diesem Namen existieren zwar nicht, aber bereits das Würzburger Telefonbuch weist vier Personen, die ebenso heißen, aus.

Nimmt man nun das Internet hinzu, wird die Situation unübersichtlich. Hier gibt es nach kurzer Suche nach diesem Namen unter anderem den Mr. Germany 2001 „Thomas Köhler", den Fußballspieler „Thomas Köhler" (u.a. Hansa Rostock), den Rennrodler gleichen Namens und bei Amazon einen weiteren deutschen Autor als Namensvetter, dessen bekanntestes Werk ein Buch mit dem Titel: „Rauschdrogen: Geschichte – Substanzen – Wirkung" ist. Daneben gibt es einige Professoren und ab und an stößt man auf den ehemaligen Chef von Andersen Consulting (heute Accenture) und internationale Vertreter wie einen Professor für Marketing an der Hawaii University. Fokussiert man seine Suche auf berufliche Belange in Deutschland, stellt man fest, dass etwa das Onlinenetzwerk Xing 179 „Thomas Köhler" kennt (Stand 4/2010). Wer soll da noch den Überblick behalten? Eine oberflächliche Internetsuche fördert da unter Umständen den falschen zutage oder vermischt gar Identitäten. So wurde der Autor als geladener Sprecher auf einer Fachkonferenz vom Veranstalter zusätzlich (!) zu seinem richtig recherchierten Background mit einer Professur in Berlin versehen (der angesprochene Wissenschaftler arbeitet auf verwandtem Gebiet). Wie sich auf Nachfrage herausstellte, war – wie erwartet – ein allzu sorgloser Umgang mit Google die Ursache des Dilemmas.

Trotz eigener Website und Weblog unter www.thomaskoehler.de, Xing-Profil, Twitter-Account mit dem richtigen Namen, etc., war der Autor selbst nicht davor gefeit, Opfer einer Verwechslung zu werden. Ganz allgemein ist die Gefahr von falscher Inhaltszuschreibung umso größer, je weniger Spuren man zuvor im Netz hinterlassen hat oder wenn namensgleiche Personen eine starke Dominanz in den Suchergebnissen haben.

Dies mag etwa dann zum Problem werden, wenn der andere „Peter Müller" vielleicht mit dem Gesetz in Konflikt geraten ist, radikale politische Ansichten vertritt oder sonst nicht in das Bild passt, was man von der eigenen Person im Netz haben möchte, wenn man sich etwa auf eine neue Stelle bewirbt. Dann kann sich sehr schnell erweisen, dass Identität eben relativ ist. Mehr als sein eigenes Profil aktiv pflegen und an der eigenen Auffindbarkeit arbeiten kann der einzelne Nutzer hier nicht tun. Anzustreben ist daher stets eine gute Positionierung der eigenen Website in der Trefferliste von Google- und Bing-Suche. Bereits das Abdrängen der unerwünschten Seiten auf Positionen jenseits der ersten Suchtrefferseite verringert das Risiko enorm, damit assoziiert zu werden, ganz einfach weil der Großteil der Suchmaschinennutzer nur die ersten Treffer aktiv durchsieht.

Passwortklau und Identitätsdiebstahl

Von der Relativität der eigenen Identität kann man sich auch überzeugen, wenn das eigene Passwort in falsche Hände gerät und damit zur Basis für das wird, was man in Fachkreisen „Identitätsdiebstahl" nennt.

Das grundlegende Dilemma dabei: Die verwendeten Passwortmechanismen sind von Haus aus unsicher. Dies fängt beim Risiko an, dass Passworte bei der Eingabe abgehört und mitgeschnitten werden. Auch lassen sich Passwörter oftmals austesten, zum Beispiel durch wiederholte automatisierte Angriffe, die alle möglichen denkbaren Wortkombinationen so lange durchspielen, bis das richtige Passwort erraten ist.

So lebt also bereits jeder gefährlich, der ein einfaches Wort, das auch im Lexikon vorkommt, zu seinem Passwort macht. Aber auch Wortkombinationen sind bei weitem nicht sicher. Experten raten stets zu einer Kombination aus Groß- und Kleinschreibung mit Buchstaben, Ziffern und Sonderzeichen in einem Passwort. Wie man sich das dann sinnvoll merken soll, wird zumeist nicht gesagt.

Zudem gilt bei den meisten Nutzern das Passwortdilemma: Einmal Passwort, immer Passwort. Das bedeutet, dass Passworte zumeist mehrfach (etwa für den Mailaccount, das Ebay-Konto, den Facebook-Zugang und weitere Dienste) und über Jahre hinweg unverändert verwendet werden, so dass ein Angreifer, der einen Dienst geknackt hat, ohne weitere Anstrengungen die Onlineidentität seines Opfers übernehmen kann.

Weitere Probleme können dadurch entstehen, dass insbesondere bei jugendlichen Nutzern das „Teilen eines Passwortes" als Vertrauensbeweis gilt und gerade ältere Nutzer immer wieder auf die persönliche

Ansprache hereinfallen und das eigene Passwort einer Person aushändigen, die sich etwa als Systemadministrator ausgibt. Aus Sicht eines Angreifers ist dieses „Social Engineering" genannte Verhalten nämlich erheblich einfacher als ein Rechnerangriff. Und auch der eigene Mailaccount kann dem Passwortdiebstahl Vorschub leisten. Nicht selten kommen darüber nämlich Nachrichten an, die zur Eingabe von Accountdaten – natürlich nur zu Verifizierungszwecken oder etwa zur Abwehr einer Nachforschung in Sachen Verstoß gegen die Nutzungsbedingungen – auffordern.

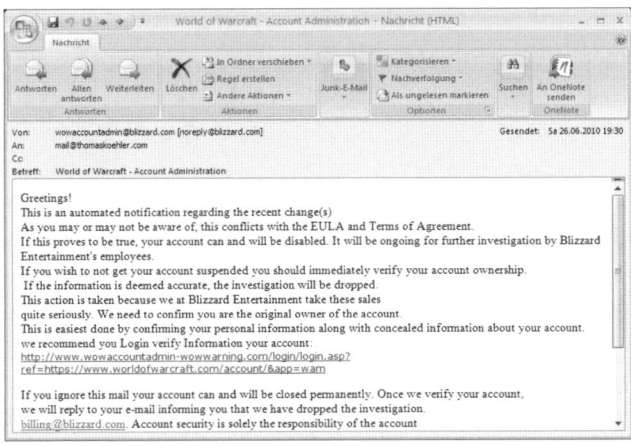

Abbildung 25: Spammail

Das in der Abbildung gezeigte Beispiel kam passenderweise während des Schreibens dieser Zeilen beim Autor an. Es sei darauf hingewiesen, dass der Autor nicht bei World of Warcraft angemeldet ist, aber darauf kommt es bei dem „Phishing"-Versuch, wie man derartige Mailversuche nennt, auch gar nicht an, die Masse der Mails macht es.

Was nun mit gestohlenen Onlineidentitäten passiert, bleibt oftmals im Dunkeln. Das Bundesamt für Sicherheit in der Informationstechnik (BSI) hat dazu zusammen mit dem Bundesministerium des Inneren (BMI) 2010 eine Studie veröffentlicht, die auf über 400 Seiten den technischen wie auch rechtlichen Fragen rund um den Identitätsdiebstahl nachgeht (https://www.bsi.bund.de/cln_183/ContentBSI/Presse/Kurzmit teilungen/Studie_Identitaetsdiebstahl_090610.html).

Zu den gängigsten Formen von Identitätsdiebstahl mit Bezug zu Internet und Informationsverarbeitung zählen demnach:

- *Unerlaubte Nutzung fremder Adressdaten*

Das passiert zum Beispiel bei Spaßbestellungen oder Ähnlichem. Adressdaten reichen in vielen Fällen dafür aus. Adressdaten sind leicht zu ermitteln, und grundlegend durch keinerlei technische Maßnahmen geschützt. Der „Besitzer" dieser Daten kann sich theoretisch nur durch Geheimhaltung der Daten schützen, was in der Praxis kaum realisierbar ist, da Adressdaten in Telefonbüchern und Adresssammlungen von Unternehmen vorgehalten werden.

Als Anbieter von Waren oder Dienstleistungen kann man sich organisatorisch gegen den Missbrauch fremder Adressdaten etwa für Spaßbestellungen in Onlineshops schützen, indem man die erste Bestellung nicht auf Rechnung, sondern nur gegen Vorkasse oder per Nachnahme durchführt und später die Adressdaten an einen geheimen Wert (z. B. Nutzername/Passwort) bindet.

- *Kreditkartenmissbrauch*

Eine Kreditkartennummer ist genauso wie die Adresse keine geheime Information. Durch die häufige Verwendung im Klartext (Eingabe in Webformulare, telefonische Weitergabe, Weitergabe in Restaurants und Hotels) ist sie gegen sogenannte Phishing-Angriffe kaum zu schützen.

Vollständige Datensätze von Kreditkarten (Nummer, Name des Kartenbesitzers, Gültigkeitszeitraum, Prüfziffer) werden auf illegalen Plattformen unter Kriminellen für einen geringen Betrag pro Datensatz gehandelt.

- *Nutzung fremder E-Mail-Accounts*

Der Zugang zu E-Mail-Accounts ist in der Regel durch Nutzername/Passwort geschützt. Durch Phishing-Angriffe kann sich ein Unbefugter Zugang zu diesen Accounts verschaffen und sie etwa zum Versenden von Spam-Mails benutzen.

- *Nutzung fremder Transaktionsidentitäten*

Im deutschen Online-Banking werden Einmal- oder Transaktionsidentitäten (PIN/TAN-Verfahren) verwendet, um einzelne Transaktionen abzusichern. Diese Kennungen können durch einen Angreifer abgefangen werden. Der Angreifer kann dann eine solche Kombination nutzen, um Geld auf eigene Konten beziehungsweise Konten von Mittelsmännern umzuleiten.

- *Man-in-the-Middle-Angriffe*

Insbesondere bei Identitätsdaten, die durch Besitz einer bestimmten Sache geschützt sind – etwa eine Smartkarte –, ist ein Identitätsdiebstahl im Internet fast unmöglich, da hierzu ein realer Diebstahl des verwendeten Gegenstands erforderlich wäre. In diesem Fall werden in der Praxis sogenannte Man-in-the-Middle-Angriffe durchgeführt, bei denen der Angreifer den Kommunikationskanal kontrolliert, die Identifikation durch Besitz ungehindert passieren lässt, aber anschließend die ausgetauschten Daten verändert. Die Kontrolle des Kommunikationskanals kann hierbei beim Endgerät (PC) des Nutzers erfolgen (z. B. über ein eingeschleustes Trojanisches Pferd) oder im Internet selbst durch die Umleitung des Datenverkehrs.

So weit die wesentlichen Ergebnisse der umfassenden Studie. Mit Bezug auf Social Media machen derzeit primär technisch eher simple Angriffe die Runde. Dazu werden über gekaperte Onlineaccounts an das vorhandene Freundenetzwerk Nachrichten verschickt, in denen berichtet wird, man wäre, etwa wegen eines Unfalls oder einer Naturkatastrophe, gezwungen, länger im Ausland zu verbleiben und bräuchte Geld. Der so Angesprochene aus dem Freundeskreis wird vermutlich – wenn die sonstigen Rahmendaten stimmen (die liegen dem Identitätsdieb ja aus dem Social Network vor) – vertrauensselig genug sein und Geld per Überweisungsservice bereitstellen.

Natürlich variiert das Muster, die Idee ist jedoch gleich. Nutze die Identität samt detaillierter Kenntnis des persönlichen Umfelds, um das dafür existierende Vertrauen auszunützen.

Eigene Identität einmal anders

Es muss nicht immer der Identitätsdiebstahl sein, wenn plötzlich Abweichungen zwischen der eigenen Identität und der Identität in der Onlinewelt auftreten. Nicht selten sind die Nutzer selbst erfinderisch, was ihre eigene Identität angeht.

So hat nach einer (anonym durchgeführten) Studie der Bitkom mit über 1.000 Befragten jeder vierte Internetnutzer ab 14 Jahren (23 Prozent) online schon einmal falsche Angaben über sich gemacht. Das entspricht 12 Millionen Deutschen.

Demnach ist das Tricksen bei Name und Alter besonders beliebt (jeder Zweite, der falsche Angaben macht, schwindelt beim Alter). Jeder Dritte gab mindestens einmal eine falsche Telefonnummer an. Etwa jeder

Vierte machte nach ebendieser Studie falsche Angaben zu seiner E-Mail-Adresse, seinem Einkommen und körperlichen Eigenschaften – wie etwa dem Gewicht im Kontext mit der Dateneingabe beim Online-dating. Erstaunliche 14 Prozent der hier enttarnten „Online-Identitäts-Lügner" gaben sogar ein falsches Geschlecht an.

Nach Interpretation der Bitkom dienen die Falschangaben bei der Identität primär einer Abwehrreaktion gegenüber den vielfältigen Datenabfragen im Internet, etwa um unerwünschte Werbung zu vermeiden.

Immerhin jeder sechste Befragte möchte sich jedoch „im Internet ausleben ohne negative Folgen" und jeder zehnte will sich unerkannt nach einem neuen Partner umschauen.

9   Internetsucht: Zwischen Hype und Realität

Nicht selten ist in den Medien die Rede von Internetsucht. Tatsächlich gibt es etwa in China staatliche Entziehungsanstalten, die Programme analog zum Drogenentzug anbieten. Der Spiegel berichtete bereits 2005 über eine in einem Pekinger Militärhospital angesiedelte Suchtstation zur Behandlung von Internetsucht mit 300 Plätzen und „Elektroschocks" als Therapiemitteln (www.spiegel.de/netzwelt/web/ 0,1518,363116,00.html). Inwieweit Internetsucht nur eine Erfindung von nach Kunden suchenden Psychologen ist, soll hier nicht diskutiert werden.

Tatsächlich birgt die Beschäftigung mit dem Internet einiges an Suchtpotential. Stunden um Stunden kann man etwa mit der Schnäppchensuche in Auktionshäusern, dem Ansehen von lustigen Webvideos oder Online-Multiplayer-Games verbringen. Insbesondere im Bereich der Videogames beobachtet man immer wieder Verhalten einzelner Nutzer, das auf ein klassisches Merkmal jeder Sucht – der Vernachlässigung von Privat- und Berufsleben zugunsten des Suchtmittels – hinweist.

Selbst simple Spiele ohne Internet- oder Onlinebezug wie das mit „Tetris" verwandte „Bejeweled 2" können Spieler für tausende Stunden in ihren Bann ziehen. So berichtet das Onlinemagazin Gamesradar genauso wie der Anbieter selbst (www.bejeweled.com/fan03.php) von einem Rekordspielstand von 2.147.483.647, der gleichzeitig bedeutet, dass es einem Spieler zum ersten Mal gelungen ist, das Spiel vollständig durchzuspielen. Es waren 2.205 Stunden und 51 Minuten notwendig, um die für diesen Erfolg notwendigen 4.872.229 Edelsteine zu sammeln. Nimmt man acht Stunden pro Tag Spieldauer bei fünf Tagen die Woche an (also das Äquivalent einer typischen Arbeitsstelle), so kommt man (ohne Urlaubszeiten) auf rund ein Jahr (!) Zeitaufwand. Sicher ein Extremfall, aber hier lässt sich eine Sucht wohl kaum verneinen.

Bei Onlinespielen wie World of Warcraft, die von einer globalen Spielergemeinde gespielt werden, ist es kaum möglich, sich für mehrere Stunden auszuklinken, will man nicht gravierende Nachteile für den eigenen Spielerfolg riskieren. Der ein oder andere Jugendliche vergisst da schon mal Schlaf und Schule, um sich dem Spielerlebnis voll und ganz hinzugeben. Die Alternative, um auch mit geringerem zeitlichem Einsatz weiter voranzukommen, wäre: Spieler in Billiglohnländern gegen Entgelt zu beauftragen, bestimmte Leistungen zu erbringen. Klingt absurd, ist aber inzwischen eine ganze Industrie, die vor allem in China einen eigenen Wirtschaftsfaktor darstellt. Derartig „rational" handeln aber nur wenige Onlinespieler.

Nach verschiedenen Medienberichten haben verschiedene Länder bereits staatliche Interventionen beschlossen oder sind dabei. So hat etwa das südkoreanische Ministerium für Kultur, Sport und Tourismus verfügt, dass es für Kinder nächtliche Internetsperren geben soll, die den Zugang zu verschiedenen Onlinespielen temporär mit technischen Mitteln verhindern.

10   Das Internet schlägt zurück: Auswirkungen auf die „Offline-Welt"

Inwieweit das Internet klassische Medien und klassische Technologien verdrängt, wird seit langem bereits diskutiert. Ähnlich wie bei vorherigen „Revolutionen" – etwa bei der Einführung des Fernsehens, des Radios oder des Mobilfunks – entsteht dieselbe Debatte immer wieder aufs Neue. Schon dem Fernsehen wurde nachgesagt, das Kino zu verdrängen. Auch der VHS-Kassette, der DVD und der BluRay kam eine ähnliche Bedeutungsaufladung zu. Passiert ist wenig. Kinos scheinen – betrachtet man die Statistiken über die Jahre – mehr von der Verfügbarkeit von erfolgreichen Filmen abhängig zu sein als von neuen Technologien.

Online-Communities zum Thema Film gewinnen jedoch zunehmend Einfluss auf das, was im Kino ein Kassenknüller wird oder als Flop im Archiv verschwindet. Verlässt man die Mediendiskussion und sieht nur die Technik an, so lassen sich deutliche Veränderungen ausmachen.

Die Reisebürobranche leidet sichtlich unter der Tendenz zum „Selberbuchen" im Internet – ohne jedoch ihre Existenzberechtigung in Frage zu stellen. In Frage gestellt wird die Kompetenz der Mitarbeiter im Reisebüro und damit deren Geschäftsmodell weniger durch die technische Buchungsmöglichkeit, sondern eher durch die Webplattformen wie Tripadvisor oder Holidaycheck, in denen Endnutzer Hotels, Reiseangebote und Restaurants aktiv bewerten und somit so manchem Reisekatalogdeutsch die Realität des Traumziels in Form von Nutzererfahrung aus erster Hand gegenüberstellen.

Auch dem Nicht-Internetnutzer, der selbstverständlich immer noch ins Kino gehen oder im Reisebüro buchen kann, ohne sich online informieren zu müssen, stehen Veränderungen ins Haus. Genauso, wie man als Mobiltelefon-Verweigerer zunehmend Schwierigkeiten hat, eine Telefonzelle zu finden, hat man es auf der Suche nach Informationen immer schwerer, diese offline zu erhalten: Viele Unternehmen verzichten inzwischen auf den Druck von Katalogen und Prospekten und verweisen auf „Online". Selbst altehrwürdige Institutionen wie das Telefonbuch geraten unter Druck. So gibt es etwa in den sieben größten kanadischen Städten keine Telefonbücher mehr (www.theglobeandmail.com/report-on-business/hanging-up-on-the-phone-book/article1594065/). Man möge doch bitte online nachsehen (oder die Auskunft anrufen).

Es gibt aber auch gänzlich unerwartete Folgen für die Offline-Welt, wie zum Beispiel besonders gute Noten für Studierende. Diese kann man durchaus als Folge der um sich greifenden Bewertungsmanie begreifen.

Nach Angaben des deutschen Philologenverbandes „verstärkt sich die Tendenz zu einer undifferenzierten massenweise Vergabe von Bestbenotungen". Für Wirtschaft und Staat sei inzwischen kaum mehr ersichtlich, „was ein Student in seinem Studium wirklich geleistet hat". Für diese Fehlentwicklung wesentlich verantwortlich sind aus Verbandssicht die Professoren. Immer öfter fände demnach ein „Kuhhandel" statt: Die Lehrenden tauschten gute Abschlussnoten gegen gute Veranstaltungsbewertungen seitens der Studenten – sowohl bei den Onlineportalen wie auch bei den inzwischen fast überall eingeführten hochschuleigenen „Lehr-Evaluationssystemen", wie die Bewertungssysteme dort typischerweise genannt werden.

Dabei scheinen die dadurch entstehenden „Kuschelnoten" kein rein deutsches Phänomen zu sein – im Gegenteil. Der Spiegel berichtete bereits 2002 (und in Folge wiederholt) von der Notenvergabepraxis an amerikanischen Elitehochschulen (www.spiegel.de/unispiegel/wunderbar/0,1518,183246,00.html). Demnach würden dort die Noten von Jahr zu Jahr besser, und im Sommer 2001 hatten gar 91 Prozent der Harvard-Absolventen das Studium mit Bestnote bestanden.

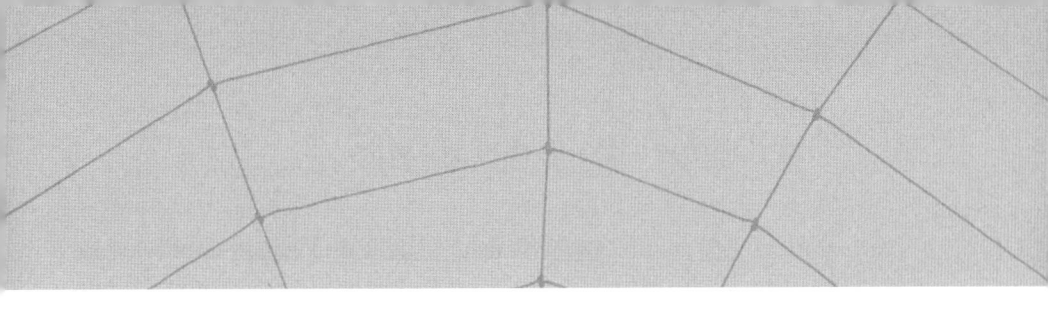

VII • Das Internet als rechtsfreier Raum?

1   Die (Doppel-)Rolle des Staates

Wer erinnert sich noch an den Napster? Nicht den Musik-Abodienst in der heutigen Form, sondern dessen Vorläufer gleichen Namens, der praktisch stellvertretend für eine ganze Generation von Internetanwendungen stand, die das Thema Filesharing, den dezentralen Austausch von Dateien, in die Köpfe der Anwender gebracht haben. Getauscht wurden und werden zumeist Materialien, die als illegale Kopie eingestuft wurden. Nicht wenige Nutzer mussten in Folge erfahren, dass das Internet anders als vielleicht gedacht kein rechtsfreier Raum ist, in dem man nach Belieben tun und lassen kann, was man will.

Auch wenn viele Nutzer von solchen „Peer-to-peer"-Diensten nach wie vor durch die Maschen schlüpfen, wird inzwischen intensiv Jagd gemacht – getrieben überwiegend von den Rechteinhabern und durchgeführt von in deren Auftrag tätigen Firmen. Für den Internetnutzer ohne kriminelle Ambitionen aber wichtiger ist die Frage nach dem Recht auf freie Meinungsäußerung, wie auch bei der Frage nach dem ihm zugestandenen Schutz der Privatsphäre. Hier ist der Anwender global sehr unterschiedlich gestellt.

In China und in vielen weiteren Ländern, insbesondere der arabischen Welt, ist die Sache klar: Der Staat zensiert das Internet. Insbesondere die chinesische Regierung scheint das Internet als Bedrohung anzusehen und steckt massiv Ressourcen in die Filterung und Überwachung des Internets – unter der Bezeichnung „Great Firewall of China" finden sich verschiedene Systeme zur Internetkontrolle.

Unerwünschte Websites werden blockiert (IP-Blockade). Mit weitergehender Internetkenntnis kann diese Maßnahme vom Nutzer umgangen werden, etwa indem ein Proxy-Server außerhalb von China verwendet wird. Allerdings werden diese häufig auch blockiert.

Daneben werden IP-Pakete auf – aus Regimesicht – kritische Wörter untersucht und die Kommunikation gegebenenfalls blockiert. Regimekritische Webseiten außerhalb ihres Staatsgebietes werden damit unerreichbar. Auch hier können fortgeschrittene Nutzer Wege finden, derartige Sperren zu umgehen.

In China tätige ausländische Firmen – wie etwa Yahoo – müssen mit Regierungsstellen kooperieren, etwa was die Filterung der Ergebnisse von Suchmaschinen oder die Herausgabe von Nutzerdaten – etwa zur Verfolgung von Regimekritikern – angeht.

Der Chaos Computer Club versucht, dem entgegenzuwirken, und hat eine eigene Website eingerichtet, auf der Möglichkeiten zur Umgehung von Internetzensur in China (und anderswo) beschrieben werden (chinesewall.ccc.de/). Etwas versöhnlichere Töne schlägt die jüngste Verlautbarung aus dem Reich der Mitte an – eine Art „Whitepaper" zum Thema „The Internet in China" von offizieller Regierungsstelle (www.china.org.cn/government/whitepaper/node_7093508.htm). Hierin ist sogar in der Überschrift von der „Freedom of Speech on the Internet" – dem Recht zur freien Meinungsäußerung – die Rede, um im Detailtext auch gleich wieder mit Blick auf die staatlichen Belange relativiert zu werden.

Im Falle Chinas scheint die Sachlage klar. In den westlichen Ländern kann man durchaus mit einiger Berechtigung von staatlicher Doppelmoral sprechen. Einerseits versucht in Deutschland das Verbraucherschutzministerium, gegen die Datensammelwut von Unternehmen, wie Facebook oder Google, vorzugehen, andererseits gibt es Bestrebungen, mittels „Vorratsdatenspeicherung" Telekommunikationsprovider dazu anzuhalten, Kommunikationsdaten über Monate hinweg vorzuhalten. Zudem wird die Problematik der Kinderpornografie zum Anlass genommen, Internetsperren zu fordern und Zugriff auf die Suchabfragen der Suchmaschinen zu nehmen.

Selbstverständlich ist die Verfolgung von Kinderpornografie wichtig und richtig. Dennoch dient diese unter Umständen in manchen Fällen doch vielleicht nur als Vorwand, um im Kontext damit geplante Maßnahmen wie Internetsperren auch in anderen Szenarien – etwa bei der Verfolgung von illegalen Downloads – einzusetzen. Die Lobbyisten der Musik- und Filmindustrie arbeiten seit Jahren darauf hin.

2   Vorsicht Cyberterrorismus

Dass dieses „Überschwappen" von eigentlich richtigen und gut gemein-ten Ansätzen auf andere Felder mehr als eine theoretische Gefahr ist, sieht man auch an den nach dem 11. September 2001 getroffenen Maß-nahmen zur „Terrorismusbekämpfung" etwa im Bereich der Geldwä-sche, die in der Praxis im Wesentlichen genutzt wurden, Schwarzgeld aufzuspüren. Oder haben Sie jemals davon gehört, dass über diesen Weg Terroristen dingfest gemacht oder ein Anschlag verhindert wurde? Der vom Zoll auf dem Autobahnparkplatz an der Schweizer Grenze aufge-griffene Metzgermeister mit Barvermögen ist jedoch häufig im Fernse-hen zu sehen.

Natürlich ist die Bekämpfung von Steuerhinterziehung wichtig, aber dies unter dem Deckmantel der Terrorismusbekämpfung zu tun, fördert ebenso wenig wie der Ankauf gestohlener ausländischer Bankdaten durch staatliche Stellen das Vertrauen des Bürgers in seinen Rechtsstaat.

Zurück zu den onlinespezifischen Themen: Das wesentliche Problem mit allen im Rahmen von Vorratsspeicherung gespeicherten und auf andere Weise zugänglichen Daten beziehungsweise der dazu vorhan-denen Technologie: Wenn diese schon da – also bereits erfasst – sind, kann man sie ja auch für andere Zwecke als geplant und vorgegeben ver-wenden. Man nennt dies auch „Function creep" oder „Feature creep". Dies ist im Bereich der Informationsverarbeitung an verschiedensten Stellen zu erwarten. So könnte man ja auch die Infrastruktur für die LKW-Maut per Software-Update zur PKW-Mauterhebung verwenden oder sich aus den in mehreren Bundesländern bereits vorhandenen Kennzeichenscannern eine „Section-Control" bauen (Section-Control ist ein etwa in Österreich oder Italien eingesetztes Verfahren zur Ge-schwindigkeitsüberwachung, bei der an zwei definierten Punkten einer Strecke alle Kfz-Kennzeichen erfasst und aus dem Zeitabstand der Erfas-sung die Geschwindigkeit ermittelt wird – automatische Erstellung der Strafmandate inklusive).

3   Staatliche Eingriffe im Überblick

Interessanterweise betreibt Suchmaschinengigant Google sogar eine eigene Website zur Darstellung von Regierungszugriffen: www.google.com/governmentrequests/. Und bietet damit ein kleines bisschen Transparenz in diesem Dunkelfeld.

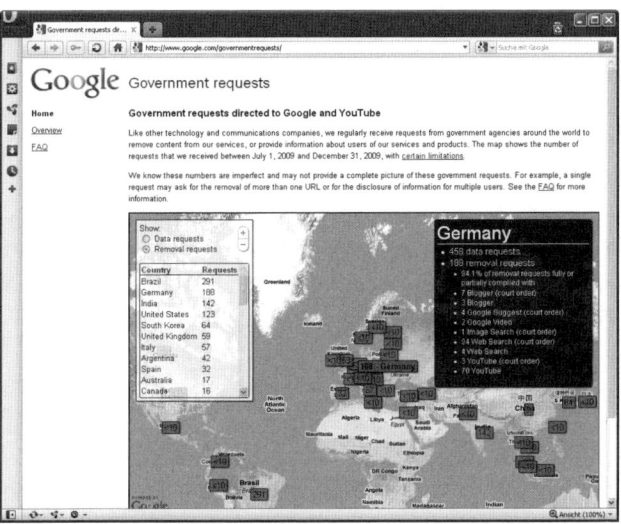

Abbildung 26: Google Gov

Mit dem neuen Tool liefert Google eine Übersicht über Anfragen und Löschungsaufforderungen, die an Google durch Regierungsstellen verschiedener Länder herangetragen wurden (derzeit beschränkt auf einen kurzen Zeitraum von wenigen Monaten). Unterschieden wird dabei zwischen „removal requests" und „data requests".

„Removal requests" sind Löschungsverlangen von Material auf Google-Servern (zum Beispiel Youtube-Videos oder Blogeinträge). Durch Mausklick auf das Land wird eine weitere Detaillierung sichtbar. „Data requests" zwingen Google, Auskunft über einen Nutzer zu geben. Aufgrund des (bisher) kurzen Zeitraums und der geringen Vergleichbarkeit der Länder aufgrund unterschiedlicher Gesetzgebung ist die Aussagekraft beschränkt, aber ein erster Schritt in die richtige Richtung.

Sie als Leser wundern sich vielleicht, warum bisher nur am Rande vom Datenschutzrecht die Rede war.

Dies hat zwei wesentliche Gründe: Zum einen ist die Gesetzesbasis heillos veraltet und hinkt der aktuellen Entwicklung um Jahre, wenn nicht Jahrzehnte hinterher, und zum anderen entziehen sich zahlreiche Anbieter durch den Sitz im Ausland (die meisten Social-Web-Anbieter sind in den USA gemeldet) weitgehend den deutschen Gesetzen. Die langsame Arbeitsweise der Justiz verkompliziert die Sachlage zusätzlich.

Falls Sie Jurist sind, werden Sie vermutlich nun aufs Heftigste protestieren und auf zahlreiche Gesetze (TKG, TMG, BDSG ...) und Paragrafen verweisen. Dem ist nur entgegenzuhalten, dass selbst in offensichtlichen Fällen von Verstößen gegen Rechtsvorschriften – wie etwa beim „versehentlichen" Aufzeichnen von WLAN-Datenverkehr durch Google – de facto bisher keine ernsthaften Sanktionen erfolgt sind. Bis auf wenige Ausnahmen sind auch Social-Web-Anwendungen bisher unbehelligt geblieben.

Ob etwa die Drohung der Verbraucherschutzministerin, ihren Facebook-Account zu löschen, um den Anbieter zum Einschwenken auf europäische Datenschutzstandards zu bewegen, erfolgreich sein wird, darf getrost bezweifelt werden.

Der Bundestrojaner

Von besonderer öffentlicher Brisanz ist das Thema Online-Durchsuchungen – im Volksmund nach seinem wesentlichen Werkzeug auch „Bundestrojaner" genannt. Hier steht nach offiziellen Angaben aus dem Innenministerium nur die Terrorismusbekämpfung auf der Agenda. Die Zielsetzung gemäß BMI-Website (www.bmi.bund.de/SharedDocs/FAQs/DE/Themen/Sicherheit/Datenschutz/Online_Durchsuchungen.html?nn=107146): „Die Online-Durchsuchung auf der Grundlage des BKA-Gesetzes soll ausschließlich dazu dienen, Terroristen zu bekämpfen und ihre Anschlagspläne zu entdecken, d.h. nur zur Abwehr schwerwiegender Gefahren und nicht zur Strafverfolgung. Sie soll nur dann eingesetzt werden, wenn andere Mittel und Ermittlungsmöglichkeiten des BKA nicht ausreichen, um Attentatspläne offenzulegen und die Hintermänner zu identifizieren. Online-Durchsuchungen sollen nicht flächendeckend durchgeführt werden – und nicht zur Überwachung unbescholtener Bürger [...]."

Laut Medienberichten ist dieser jedoch bisher (Stand 6/2010) nicht eingesetzt worden (www.tagesspiegel.de/politik/online-durchsuchungen-bisher-geht-es-auch-ohne/1844734.html).

Bei der ganzen Debatte gerät beinahe die Frage nach einer möglichen Zensur in den Hintergrund. Vertraut man als aufgeklärter Bürger doch aufs Grundgesetz. In Artikel 5 Absatz 1 heißt es dort in für Rechtstexte unüblicher Klarheit: „Zensur findet nicht statt."

Wer aufmerksam seine Webnutzung beobachtet, kann ab und zu Hinweise auf bereits existierende Sperrungen oder Ausschlüsse hierzulande finden, die man durchaus als Zensur interpretieren kann. So meldete Google im Rahmen der Recherchen für dieses Buch einmal:

„Aus Rechtsgründen hat Google 3 Ergebnis(se) von dieser Seite entfernt." Ohne weiter auszuführen, warum und wieso die konkrete Suche (im Beispiel, aus dem dieses Zitat stammt, ging die Suchabfrage nach einer Truppe von Sicherheitsspezialisten, die 2010 die Nutzerverwaltung des iPads 3G gehackt haben) nun illegale Treffer beinhalten soll. Da alles, was nicht in der Suchmaschine gefunden wird, aus Nutzersicht praktisch nicht existent ist, ist der Effekt einer „Entfernung von Suchergebnissen" aus der Google-Trefferliste für „Otto-Normalnutzer" im Prinzip der gleiche wie eine Websitesperre – es sei denn, der Endanwender kennt die Internetadresse bereits oder findet sie über Hyperlinks.

Die Web-2.0-Polizei

Die Ermittlungsarbeit der Strafverfolgungsbehörden steht vor neuen Anpassungserfordernissen mit Internet und sozialen Netzwerken. Zumindest in den USA werden – wie aus einer öffentlich gewordenen Präsentation hervorgeht – gezielt Social Networks zur Bekämpfung von Verbrechen genutzt (www.eff.org/files/filenode/social_network/20100 303__crim_socialnetworking.pdf).

In diesem Dokument wird das Ausspähen von Nutzern in sozialen Netzwerken empfohlen und detailliert beschrieben, welche Beweise damit erhoben werden können:

• Erhebung von persönlichen Kommunikationsbeziehungen,

• Klärung von persönlichen Beziehungen und Motiven,

• Ermittlung von Ortsinformationen,

• Überprüfung von Alibis,

• Aufbau von verdeckten Aktivitäten (mit gefälschten Profilen).

Im selben Dokument wird auch die Kooperationswilligkeit der großen Anbieter detailliert beschrieben. Demnach werden Informationen bei Myspace auch nach Löschen des eigenen Accounts vom Anbieter noch mindestens ein Jahr vorgehalten.

Auch die US-Steuerbehörden sind angehalten, sich im Internet umzusehen, um etwa aus der Webpräsenz eines Steuerzahlers Rückschlüsse auf seine geschäftlichen Aktivitäten zu ziehen. Ein entsprechender Trainingskurs findet sich ebenfalls auf der EFF-Website dokumentiert (www.eff.org/files/filenode/social_network/training_course.pdf).

Aus Europa sind noch keine derartigen offiziellen Belege bekanntgeworden, es darf jedoch angenommen werden, dass das Social Web auch hierzulande längst gezielt genutzt wird.

4 Überwachung der Social-Media-Nutzung im Unternehmen

Eine umfassende Überwachung der Social-Media-Nutzung: Das verspricht das Unternehmen Teneros – ein Anbieter, der sich dem „Schutz der Unternehmenskommunikation" (Eigenaussage) verschrieben hat. In der Eigendarstellung werden folgende Aspekte genannt:

- Entdecken Sie die Nutzung von Social Networks wie Twitter und Facebook durch Mitarbeiter.

- Echtzeitüberwachung der Nutzung von Social Media durch Mitarbeiter auch auf Smartphones.

- Regelbasiertes Content-Monitoring mit Benachrichtigungsfunktion.

- Einfache zentrale Überwachungsinstanz durch „Social Web Portal".

- Ausgefeilte Report- und Analysefunktionen mit Auswertemöglichkeiten nach Zeit, Quelle und Zielsystem.

- Eliminierung der Risiken des Datenverlustes.

- Verhinderung von Rechtsstreitigkeiten.

- Abwehr von Bedrohungen für die eigene Marke.

Nach Angaben des Anbieters können damit alle Arten von öffentlicher Kommunikation des Mitarbeiters überwacht werden – unabhängig davon, ob diese über das Firmennetz oder im öffentlichen Internet geführt werden. Unüberlegte Äußerungen, abweichende politische Ansichten oder auch nur unpassende Witze können so zu Konsequenzen für den Mitarbeiter führen.

Abgesehen davon, dass derartige Überwachungsmaßnahmen in Deutschland rechtlich mehr als bedenklich wären, ist die Zielrichtung der Unternehmen klar. Herkömmliche Richtlinien im Umgang mit dem Internet reichen nicht aus. Es müssen neue – an die Herausforderungen des Social Web – angepasste, mit der Mitarbeitervertretung und den betrieblichen Anforderungen abgestimmte Regelungen geschaffen werden, um den Mitarbeitern Orientierung zu geben.

Eine interessante Alternative bietet der Firewall-Hersteller Palo Alto Networks, der eine besondere Form der Applikationsfilterung anbietet. Social-Network-Seiten wie Twitter, LinkedIn oder Facebook lassen sich dabei nicht einfach nur blockieren oder überwachen, sondern im Zugriff beschränken, etwa auf bestimmte Tageszeiten oder etwa auf reinen Lesemodus. So können Mitarbeiter eventuell für das Unternehmen relevante Recherchen durchführen, ohne in Versuchung zu kommen, selbst Nachrichten zu versenden.

Die zentrale Erkenntnis dahinter: Wenn es um den Nutzen von Anwendungen für das Unternehmen geht, gibt es kein Schwarz-weiß mehr. Das Wie der Nutzung ist entscheidend. Warum sollte etwa ein Unternehmen verhindern, dass ein Mitarbeiter seinen Xing-Account für eine Wettbewerberrecherche nutzt?

5   Zensur findet doch statt

Zugegeben eine drastische Überschrift, auch und gerade wenn nicht von staatlicher Zensur die Rede ist, sondern wenn – im Rahmen der technischen Entwicklung von Plattformen – Anbieter plötzlich in die Rolle von Zensoren geraten. Man denke hier etwa an die Rolle von Apple, die durch die eigene Infrastruktur de facto kontrollieren, welche Applikationen auf einem iPhone, iPod oder iPad installiert werden dürfen.

So wurden Applikationen, die nach Apple-Ansicht „obszöne Inhalte" enthalten, nicht zugelassen beziehungsweise gesperrt. Die von Apple-Chef Steve Jobs als „Freiheit von Pornografie" bezeichnete Vorgehensweise kann durchaus als Zensur oder Verstoß gegen die Pressefreiheit verstanden werden. Anwendungen von Bild und Stern waren in der Vergangenheit bereits von Sperrungen betroffen. Dies ist sogar der Taz – sonst nicht gerade ein Verbündeter der Bild-Zeitung – aufgefallen: „Apple zensiert Bild" (www.taz.de/1/leben/medien/artikel/1/apple-zensiert-bild/). Die kulturellen Vorstellungen der USA werden so auf unerwartete Weise durchgesetzt, die europäischen Datenschutzvorgaben bleiben auf der Strecke. Ein anderer Fall von Zensur in diesem Sinne ist geografisch beschränkter Content, wie er insbesondere bei Videoplattformen häufig anzutreffen ist.

Bei all der Diskussion um Social Media bleibt eine Frage offen: Gibt es so etwas wie „Versammlungsfreiheit im Netz" oder konkret auf einer bestimmten Plattform wie Facebook? Vermutlich kann und wird Facebook etwa eine weitergehende Debatte zum Datenschutz auf der eigenen Plattform irgendwann begrenzen oder löschen. Allen Vorstellungen der Anwender zum Trotz ist eine Social-Media-Plattform nicht etwa der Hyde Park, in dem jede Meinungsäußerung geduldet ist, und kennt – anders als in den meisten Ländern der westlichen Welt – kein einklagbares Demonstrationsrecht.

Eine solche Plattform ist eher vergleichbar mit einem Einkaufszentrum. Hier wie dort gilt das Hausrecht des Anbieters.

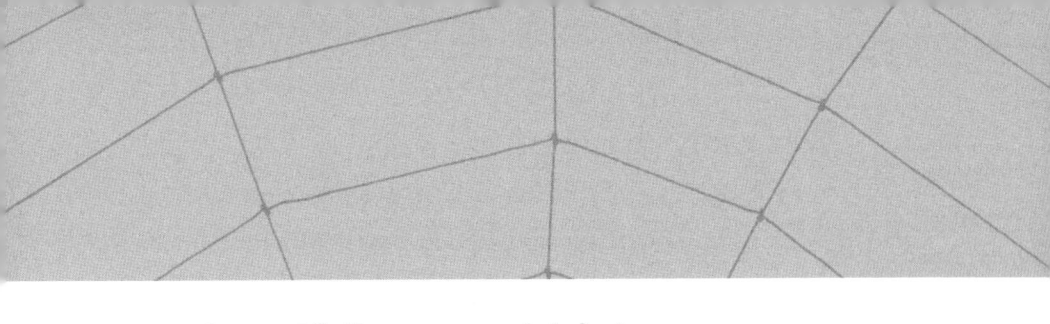

VIII • Internetfallen ausgetrickst

1   Was kann ich tun?

In den vorigen Kapiteln haben wir gesehen, dass das Internet und besonders das Social Web eine Art Büchse der Pandora geöffnet haben – mit Risiken und Gefahren für jeden einzelnen Anwender, denen zumindest der Gesetzgeber bisher kaum etwas entgegenzusetzen hat. Es ist also an jedem Einzelnen, sich entsprechend zu schützen. Das Kennenlernen der Gefahren war dazu der erste wesentliche Schritt. Dieses Kapitel liefert nun das notwendige Rüstzeug für' die Beherrschung der Risiken und Nebenwirkungen des Social Web.

Den „gesunden Menschenverstand" einschalten

Tatsächlich ist die wichtigste Empfehlung, die man geben kann, auch die trivialste: Man sollte immer den gesunden Menschenverstand einschalten und die anglo-amerikanische Redensart: „If it sounds too good to be true, then it probably is" (Wenn ein Angebot zu gut klingt, um wahr zu sein, sollten Sie sehr vorsichtig sein – meist ist es tatsächlich nicht wahr) unbedingt beherzigen.

Das gilt natürlich insbesondere auch dann, wenn man etwa bei der Buchung eines Hotels oder beim Kauf eines Buches auf die Produktbewertungen vertraut. Galileo-Press hat einen Leitfaden zur Erkennung von gefälschten Amazon-Rezensionen vorgestellt (www.galileo-press.de/artikel/gp/artikelID-345), der hier nachfolgend wiedergegeben wird, weil er den Blick für Details schärfen hilft:

1. *Schreibt der Rezensent unter seinem „Real-Namen"? Dann ist es nahezu sicher, dass die Rezension authentisch ist. Gefälschte Rezensionen werden immer unter Pseudonym veröffentlicht.*

2. *Der Benotung durch Sterne sollten Sie nicht allzu viel Gewicht beimessen. Studieren Sie stattdessen die einzelnen Texte der Rezensionen und achten Sie auf deren Argumentationsgehalt. Sollte sich das inhaltliche Urteil des Rezensenten nicht mit seiner Benotung decken, sollte Sie das stutzig machen. Ebenso wenn die Benotungen der Leser sehr gegensätzlich sind (1 Stern vs. 5 Sterne).*

3. *Vertrauen Sie nicht auf die Anzahl der Bewertungen zu einer Rezension („x von y Kunden fanden die folgende Rezension hilfreich"). Eine untypisch hohe oder einstimmige Bewertungsquote sollte misstrauisch machen. Lesen Sie unvoreingenommen jede Rezension und entscheiden Sie selbst, ob eine Rezension sachhaltig und hilfreich ist oder nicht.*

4. *Achten Sie auf die Anzahl der Leserstimmen zu einem Buch. Je mehr Leserstimmen (und je mehr Rezensionsbewertungen), umso mehr ist Vorsicht geboten. Entspricht das hohe Kundenfeedback dem Verkaufsrang des Buches und dem Zeitraum, seitdem es angeboten wird?*

5. *Achten Sie auf die Erscheinungsdaten der Rezensionen. Je mehr Rezensionen zeitlich eng beieinander liegen und je ähnlicher sie sind, umso wahrscheinlicher sind sie gefälscht. Auch Rezensionen, die sehr früh (oder sehr spät) nach Veröffentlichung des Buches erschienen sind, sind in der Regel unseriös.*

6. *Gefälschte Rezensionen lassen sich recht zuverlässig am Stil und am Aussagegehalt erkennen. Lesen Sie darum die Texte genau und mit kritischem Blick. Achten Sie auf die folgenden Merkmale:*

a. *Betont unbedarfter, naiver Tonfall; häufig sehr salopp und umgangssprachlich im Stil der Web-Community (jemand wie du und ich, der nette, vertrauenerweckende Typ, der gerade hinaus seine Meinung sagt, aufrichtig und ehrlich begeistert bzw. enttäuscht).*

b. *Gefälschte Negativrezensionen: Typisch ist folgende Tonlage und Argumentation: „Bin der und der. Hatte mir viel vom Kauf dieses Buches versprochen. Schade, hilft mir gar nichts in der Praxis. Schade, bin nicht schlau draus geworden. Buch hält nicht, was es verspricht. Schade ums Geld."*

c. *Typisch ist auch der pauschale Vorwurf der Mogelpackung: auf Umschlag steht aktuelles Release, Buch ist aber zu altem Release, bloßer Aufguss der Vorauflage, viel Umfang und wenig Inhalt, schönes Cover und enttäuschender Inhalt, leere Seiten, große Schrift, Bilder in Farbe, aber nichtssagend, mit CD, aber nutzloser Inhalt.*

d. *Das Vorkommen mehrerer sehr gleichlautender Rezensionen, die diese Argumente wiederholen.*

e. *Ein Indiz nicht für, sondern eher gegen die Echtheit einer Rezension sind wörtliche Zitate aus dem Buch, gar noch mit Seitenangabe, oder der konkrete Verweis auf Abbildungen oder Layoutdetails. Solche Detailangaben suggerieren Besitz und Kenntnis des Buches, sie sind aber meist ein Täuschungsmanöver. Der Rezensent kann seine Kenntnisse einfach aus einer Online-Leseprobe bezogen haben.*

f. *Gefälschte Lobrezensionen: Kurze, auffallend schludrig verfasste Texte mit geringem Sachgehalt; pauschal, plump und inhaltsleer, unkritisch-begeistert.*

g. *Oder auffallend gut formulierte Texte, die aber irgendwie journalistisch wirken oder wie der Umschlagtext eines Buches. Es sind dreiste Kopien aus den Amazon-„Produktbeschreibungen" zu dem betreffenden Buch.*

h. *Zuweilen werden auch Texte aus anderen Kundenrezensionen kopiert. Lesen und vergleichen Sie darum alle Texte zu einem Buch.*

i. Generelle Aussagen zu den Büchern eines Verlags.

j. Empfehlungen anderer Bücher oder Vergleiche mit Büchern eines anderen Verlags (zumal wenn genaue Angaben zum Titel oder gar der Bestellnummer gemacht werden).

k. Normale Leser schauen auf Bücher anders als die, die sie machen. Misstrauen Sie Rezensionen, die den Brancheninsider verraten. Indizien sind z.b.: Betonung von Ausstattungsdetails und Layoutmerkmalen, Erwähnung einer verlegerischen Konkurrenzsituation, Erwähnung bestimmter Imprints oder Reihen eines Verlags, Namen von Autoren, Zitieren von Fachrezensionen aus Zeitschriften, Bewertung der Lektoratsleistung.

7. *Schauen Sie sich immer auch die anderen Rezensionen an, die der betreffende Rezensent veröffentlicht hat. Je mehr Rezensionen ein Rezensent geschrieben hat und je unterschiedlicher die Fachthemen der besprochenen Bücher sind, umso wahrscheinlicher ist die Identität des Rezensenten gefälscht. Die vielen Rezensionen dienen nur dazu, die Echtheit des Pseudo-Rezensenten glaubhaft zu machen und die eigentlichen Absichten zu verdecken. Fragen Sie darum kritisch: Wie kann jemand solch divergierende IT-Fachinteressen haben? Und wie kann jemand so viele Bücher in so kurzer Zeit gelesen haben? Woher nimmt er die Zeit für so viele Rezensionen? Und wozu macht er sich die Mühe, da doch die meisten Rezensionen sprachlich und inhaltlich so dürftig sind?*

Was hier für Buchrezensionen musterhaft beschrieben wurde, lässt sich auch auf viele andere Produkt- und Dienstbewertungen übertragen. Auch eine übertrieben positive Bewertung eines Urlaubshotels oder In-Restaurants sollte einen skeptisch werden lassen.

Auch renommierte Anbieter können vielleicht nicht der Versuchung widerstehen, die eigenen Produkte derartig „aufzuhübschen". Nach ORF Futurezone wurde etwa ein angesehener Hersteller von Computerzubehör dabei erwischt, wie er in einer Art Ausschreibung (beim oben schon erwähnten „Mechanical Turk"-Dienst) von Amazon Personen gesucht hat, die positive Bewertungen zu den eigenen Produkten verfassen – pro Stück für 65 US-Cents (futurezone.orf.at/stories/1501812/).

Sei immer „fromm und redlich"

Immer anständig sein, nie etwas „Unrechtes" oder „Unpassendes" tun, sich immer der Folgen des Handelns bewusst sein – auch wenn das „Handeln" nur aus dem Besuch einer Internetseite besteht –, sagt sich leicht, ist aber schwierig durchzuhalten, wenn nicht gar unmöglich. Selbst wenn man sich selbst mit Blick auf Recht und moralische Gepflogenheiten immer integer verhält, kann es sein, dass dies mittel- und langfristig nicht genügt.

So wird in Diskussionen um derartige Fragestellungen gerne ausgeführt, dass eine – etwa durch Putsch veränderte – Regierung mit den Internetdaten plötzlich Jagd auf „Andersdenkende" machen könnte. Aber man muss dazu gar nicht erst politische Risiken beschwören.

Die ganz alltäglichen Risiken der Internetnutzung sollte man nicht aus den Augen lassen. Ähnlich, wie es sich nicht empfiehlt, als Tourist manche Gebiete großer Städte auf eigene Faust zu erkunden, will man nicht sein Hab und Gut in Gefahr wissen, so gibt es auch im Internet Ecken, in denen etwa die Gefahren für die „Infektion" des eigenen Rechners mit einer Schadsoftware höher sind als anderswo. Dank Forschern wie Gilbert Wondracek vom Secure Systems Lab der Universität Wien gibt es erstmals auch Daten über die Infektionsrisiken (weis2010.econinfosec.org/papers/session2/weis2010_wondracek.pdf).

Im Rahmen der federführend an der Universität Wien betriebenen Studien wurde etwa bei der Analyse von rund 270.000 Websites mit pornografischen Inhalten herausgefunden, dass davon rund 3,5 Prozent Schadsoftware beinhaltet haben, die versucht, auf den Rechner der Nutzer zu gelangen. Das ist – so konstatieren die Forscher in ihrem soeben veröffentlichten Forschungspapier – ein Mehrfaches dessen, was man erwartet hatte. Das bedeutet auch, dass die Risiken in diesen „dunklen Ecken" für die Sicherheit Ihres Systems erheblich größer sind als anderswo im Netz.

Das Thema Pornowebsites betrifft Sie nicht? Umso besser. Denn Statistiken zufolge sind immerhin rund 12 Prozent aller Internetseiten voll mit derartigem Content und mehr als 70 Prozent aller jungen männlichen Heranwachsenden „konsumieren" derartiges Material im Internet (news.bbc.co.uk/2/hi/technology/10289009.stm). In der Tat ist es am sichersten, auf derartige Ausflüge zu verzichten, oder – wenn es sich „nicht vermeiden lässt" – zumindest die Risiken durch ein so gut wie möglich gesichertes System zu begrenzen. Die Researcher fanden hier heraus, dass von 49.000 Besuchern der Stichprobe rund 20.000 ihr System nicht nach dem aktuellen Stand der Technik geschützt hatten, so dass Risiken für eine Infektion offensichtlich waren. Wie oben bereits angedeutet, ist die wesentliche Empfehlung für Normalnutzer hier – neben einem obligatorischen Virenschutz –, den verwendeten Browser auf neuestem Stand zu halten. Bei Windows kommt hinzu, dass es nicht ratsam ist, mit Administratorrechten zu surfen. Fortgeschrittene Benutzer sollten eine Virtualisierung in Erwägung ziehen.

Sei einzigartig

Ein Großteil der Internetnutzer trägt – wie in Kapitel VI, 8 beschrieben – keinen einzigartigen Namen, sondern eine Kombination aus gängigen Vor- und Nachnamen. Möglicherweise ist aber nicht nur der Name identisch mit anderen Personen, sondern auch noch die berufliche Profession. Wenn da ein Christian Meier mit einem anderen Christian Meier konkurriert, sind Verwechslungen programmiert.

Der Rat kann hier nur lauten, sich so weit wie irgendwie möglich von anderen zu differenzieren und dies aktiv nach außen zu tragen. Die eigene Domain, Accounts bei Xing, Twitter (und ggf. bei Facebook) sollten alle aktiv gesichert und verwendet werden. Gesichert heißt, die entsprechende Domainanmeldung oder Anmeldung bei einem Onlinedienst sollte hier den Klarnamen tragen und möglichst über alle Dienste identisch sein.

Der Autor dieses Buches nutzt etwa seit Jahren die Domains thomas-koehler.de / .com für Website und Blog und hat sich auch ThomasKoehler bei Twitter entsprechend gesichert. Dennoch gibt es zahlreiche andere „Thomas Köhler", mit denen er nicht in seinem Fachgebiet, aber im Internet um Aufmerksamkeit im Wettbewerb steht. Das „Middle Initial" hilft dabei, die Abgrenzung vorzunehmen. Ein „Thomas R. Köhler" ist eben um ein Vielfaches seltener als ein „Thomas Köhler". Vielleicht ist es auch oder gerade Ihr zweiter Vorname, der – abgekürzt oder ausgeschrieben – Sie einzigartig macht und den Sie zukünftig als Basis für alle Kommunikation im Web 2.0 verwenden sollten. Vielleicht ist es aber auch Ihr Wohnort oder Ihre Wirkungsstätte, die Sie mit Ihrem Namen einzigartig macht, etwa wenn Sie im „Künstlerdorf Worpswede" ansässig sind, könnten Sie „Thomas Köhler, Worpswede" verwenden. Natürlich können Sie – mit dem passenden Beruf – sich auch ganz offiziell um einen Künstlernamen bemühen und diesen zum Fixpunkt Ihrer Onlineidentität machen.

Informiere Dich

Wenn wir vom richtigen Umgang mit persönlichen Daten im Social Web reden, dann müssen wir differenzieren zwischen ganz verschiedenen „Arten" von Daten mit persönlichem Bezug:

- Servicedaten,
- selbst hochgeladene eigene Inhalte,

- selbst hochgeladene Inhalte mit Bezug zu Dritten,

- Daten von Dritten mit Eigenbezug,

- Verhaltensdaten.

Servicedaten müssen bereitgestellt werden, um etwa einen Zugang zu einem Dienst zu bekommen – ein Beispiel wären etwa E-Mail-Adresse oder Name. Daran kommt niemand vorbei. Jeder hinterlässt hier einen Hinweis „bin dagewesen", gegebenenfalls auch in Form eines Pseudonyms.

Daneben existieren Inhalte, die man inhaltlich beeinflussen kann. Dazu zählen Inhalte, die man auf die eigene Seite hochlädt oder darauf eingibt, wie zum Beispiel eigene Bilder, Texte oder Statusmeldungen und Bilder, mit denen man auf Dritte Bezug nimmt, also etwa Kommentare, die man auf deren Seiten oder Inhalten hinterlässt, oder Tags, mit denen man Personen auf Bildern identifiziert.

In gleicher Weise gibt es natürlich auch für Dritte die Möglichkeit, Daten bereitzustellen, die Bezug zum eigenen Selbst haben, sei es, dass auf der eigenen Seite Kommentare hinterlassen werden oder dass Dritte Bilder hinterlassen, die mit Anmerkungen versehen sind, die auf uns als Person oder unsere Eigenschaften deuten. Dies lässt sich von uns nur eingeschränkt oder gar nicht beeinflussen.

Nicht vergessen darf man, dass durch jede Nutzung eines derartigen Dienstes ganz automatisch Daten anfallen, sogenannte verhaltensbasierte Daten, die der Dienstanbieter entsprechend auswerten kann und wird.

In Summe gilt: „Wenn man auf Facebook ist, muss man nach Facebook-Regeln spielen."

Spare mit Vertraulichkeiten

Die einfachste Empfehlung von allen: Stellen Sie nichts ins Internet, dass Sie nicht irgendwo an irgendeiner Plakatwand auf dem Weg zur Arbeit auch gerne lesen würden. Die kurze Historie des World Wide Web hat gezeigt, dass Privatsphäre im Internet wenig gilt und Zusagen anscheinend dazu da sind, relativiert zu werden und Sicherheitslücken ein Übriges dazu tun, dass alle möglichen Dinge öffentlich werden. Überlegen Sie sich daher stets zweimal, ob Sie einen Beitrag oder Kommentar genau so schreiben wollen.

Falsche Angaben über die Person sind – so viel sei hier erwähnt – auch keine Lösung beziehungsweise dauerhafte Lösung. Die Verknüpfung einer Vielzahl von Spuren erlaubt in vielen Fällen eine De-Anonymisierung – man denke nur an das Beispiel des „Human Rights Watch"-Vertreters (siehe Kapitel VI, 6).

Wenn es sich nicht vermeiden lässt und Sie nicht wollen, dass Ihr Buchkauf transparent wird, etwa weil in dem Buch grenzwertige politische Ansichten vertreten werden: Überlegen Sie, ob Sie kritische Käufe nicht offline vornehmen wollen, das entsprechende Buch etwa im lokalen Buchhandel erwerben oder dort unter „Tarnnamen" zur Abholung bestellen. Denken Sie dabei aber unbedingt an Barzahlung (sonst sind Sie unter Umständen über die Zahlungsströme identifizierbar).

Kämpfe ums Vergessen

Auch wenn man alle bisher genannten Empfehlungen getätigt hat, kann es sein, dass es trotzdem zu unerwünschten Peinlichkeiten kommen kann, etwa wenn eine andere Person ein Foto in einer unpassenden Situation gemacht und dieses hochgeladen und vielleicht noch mit Ihrem Namen versehen („getagt") hat.

Was kann ich tun, wenn eine längst vergessen geglaubte „Jugendsünde" online wieder auftaucht?

In vielen Fällen kann es bereits ausreichend sein, den Betreiber einer Webanwendung oder eines Forums um Löschung zu bitten. Auch helfen Firmen, die sich auf „Reputation Management" spezialisiert haben, bei der Reinwaschung des eigenen Namens. Eine Garantie jedoch können diese nicht für den Erfolg ihrer Arbeit abgeben. Zu viele Webanwendungsanbieter sitzen im Ausland und sind selbst mit juristischen Mitteln nicht zum Einlenken zu bezwingen.

Wenn es sich erkennbar um böswillige Taten Dritter handelt, empfiehlt es sich, entschlossen dagegen vorzugehen, siehe dazu unten im Abschnitt „sei wehrhaft".

Aber die selbst ins Netz gestellten Inhalte kann man als Anwender doch löschen, oder?

Wenn Sie nun – vielleicht etwas erschreckt durch die Inhalte dieses Buches – Ihre eigenen Social-Media-Profile löschen wollen, werden Sie feststellen, dass dies in vielen Fällen nicht so leicht ist. Während die Anmeldung fast überall mit wenigen Mausklicks erledigt ist, ist die Abmeldung zumeist in den Untiefen der Einstellungsmenüs versteckt oder bedarf zunächst des Kontakts mit einer Hotline, deren Telefonnummer sich nicht ohne weiteres herausfinden lässt. Ist man dann so weit, die eigene Mitgliedschaft aufzugeben, muss man feststellen, dass diese unter Umständen nur „ruht" und die Datenbestände beim Unternehmen verbleiben – zumindest zu dem Teil, der mit anderen Nutzern im gleichen System verbunden ist.

Der viel beachtete Versuch, dem Web-2.0-Nutzer eine Möglichkeit zu geben, „digitalen Selbstmord" zu begehen und über www.suicidemaschine.org sein Profil löschen zu lassen, wurde übrigens beispielsweise von Facebook unterbunden. Ganz klar: Man will dort und nicht anderswo, dass Dienstnutzer sich abmelden. Denn selbst als Karteileiche ist der Anwender noch interessant, da die reine Mitgliederzahl Bestandteil der Unternehmensbewertung ist. Wer fragt denn schon nach aktiven Nutzern und macht sich die Mühe, die nicht aktiven auszusortieren?

Aber kann ich denn wenigstens meine mit viel Zeitaufwand eingegebenen Daten wieder mitnehmen?

Auch den Datenexport machen Ihnen die Anbieter schwer bis unmöglich. Während etwa Facebook keine Probleme damit zu haben scheint, Ihre Nutzerdaten an alle möglichen werbetreibenden Unternehmen weiterzugeben, findet sich keine Option, die einen geordneten Export Ihrer Inhalte (Fotos, Textbeiträge etc.) erlaubt. Hier hilft nur viel Handarbeit („copy und paste") oder die Nutzung eines Backup-Services wie „backupify". Bitte vergessen Sie aber auch hier nicht, das Kleingedruckte zu lesen, bevor Sie eine solche Lösung ausprobieren.

Sei gerüstet

Es ist im Verlauf dieses Buches bereits mehrfach angeklungen: Technische Maßnahmen bieten eine gute Grundlage für „reuefreie" Internetnutzung. Auch wenn dieses Buch dafür keine Anleitung geben kann und will, so seien hier die wesentlichen Aspekte genannt:

- Betriebssystem, wesentliche Applikationen, Plugins und Virenschutz sollten stets auf dem aktuellsten Stand gehalten werden, um die Gefahr von „zero day attacks" zu minimieren. Dies geschieht am einfachsten durch entsprechende Einstellungen in der Software selbst.

- Die Nutzung des Internets sollte nicht mit „Admin-Rechten" erfolgen, sondern gegebenenfalls über ein separates Nutzerkonto mit eingeschränkten Rechten. Auch die Benutzung eines Browsers in einer sogenannten „Sandbox" ist möglich. Man denke etwa an sogenannte

„Virtuelle Maschinen" auf dem eigenen System. Diese Maßnahmen helfen, die Gefahr der Übertragung eines unerwünschten Programmcodes in Form eines „drive by downloads" zu verringern oder im Idealfall ganz zu vermeiden. Als wenig erfahrener Nutzer sollte man sich hier Rat von Experten im Bekanntenkreis einholen.

- Der Webbrowser sollte im „privacy modus" betrieben werden (bei Firefox im Menü unter „Extras – Privaten Modus starten"). Cookies sollten nur sessionbasiert akzeptiert werden (bei Firefox finden Sie die Cookieverwaltung im Menü „Extras – Einstellungen – Datenschutz").

- „Anonym" Surfen kann man durch Nutzung von Diensten, die den Datenverkehr umlenken und damit unkenntlich machen, woher welche Abfrage kommt. Musterbeispiel dafür ist TOR – „The Onion Router". Dabei wird der Netzwerkverkehr über mehrere Stationen umgeleitet, um die wahre Herkunft zu verschleiern. Beachten Sie dabei, dass auch TOR Nachteile (langsame Verbindung) und Risiken (Daten an den Knoten könnten mitgeschnitten werden) hat.

- Surfspuren verwischen kann man auf vielerlei Weise. Neben der Nutzung von Netzen wie TOR hinterlässt jede Nutzung Spuren auch auf dem eigenen PC. Diese sollte man immer wieder löschen. Je nach Browser ist dies mehr oder weniger umständlich gelöst und versteckt sich in den Menüoptionen.

- Natürlich kann man sich auch gegen „bösartige" Userinterfaces schützen. Das Abschalten von Javascript oder die Deaktivierung von Flash ist jedoch keine Lösung, da sie einen erheblichen Teil der legitimen Websites unbenutzbar macht. Browsererweiterungen wie Greasemonkey, adblocker, noscript oder privoxy machen dies jedoch steuerbar, indem sie etwa das automatische Öffnen weiterer Fenster verhindern und dem Nutzer weitgehende Kontrolle über die Interaktion mit der Webanwendung geben.

- Besonders wichtig ist der richtige Umgang mit Passwörtern – insbesondere wenn es um das Risiko des Identitätsdiebstahls geht. Zu schwache Passwörter sind dabei ein wesentliches Problemfeld. So kann ein Angreifer mit Hilfe einer wörterbuchbasierten Software oftmals binnen weniger Minuten zu einfach konzipierte Passwörter ermitteln und sich damit die Nutzeridentität auf einem bestimmten Dienst zu eigen machen. Da viele Nutzer ihre Passwörter auch durchaus mehrfach – in identischer Form bei verschiedenen Diensten – einsetzen, ist häufig so auch mit dem Zugriff auf nur ein Passwort eine ganze Online-Identität in Gefahr – mit unabsehbaren Folgen für das eigene Image.

Zur Konstruktion und Verwendung von sicheren und dennoch einfach zu merkenden Passwörtern gibt es zahlreiche Anleitungen im Netz. Ein guter Weg sind etwa individuelle Sätze, aus deren Anfangsbuchstaben man das Passwort kombiniert. Ein Beispiel: Der Satz „in der Kantine gibt es heute wieder 7-Schwaben-Platte" ergibt das Passwort: „idKgehw7SP" – für sich allein betrachtet unmerkbar, aber sicher. Und über den Satz als „Eselsbrücke" einfach memorierbar.

Sei wehrhaft

Wird man nun etwa Opfer von Cyberstalking-Attacken, so ist Nervenstärke und Ausdauer gefragt.

Die meisten Erscheinungsformen des Cyberstalkings können – nach Empfehlungen von Computerbetrug.de – straf- oder zivilrechtlich verfolgt werden. Strafrechtlich kommen demnach – je nach Einzelfall – Beleidigung, Bedrohung, üble Nachrede, Fälschung beweiserheblicher Daten, Kreditgefährdung, Betrug, Computerbetrug oder Nötigung in Betracht. Zivilrechtlich sind Abmahnung und Unterlassungsklagen, aber auch Schadenersatzforderungen denkbare Wege, um gegen die Täter vorzugehen.

Nachfolgend seien an dieser Stelle die Empfehlungen von Computerbetrug.de wiedergeben, die zeigen, wie Sie als Opfer von Cyberstalking in den verschiedenen Erscheinungsformen vorgehen können.

• Der Stalker droht Ihnen damit, dass er Ihnen schaden werde, über Sie Unwahrheiten verbreiten oder Straftaten ankündigen oder verüben werde.

Schalten Sie sofort (!) Ihre örtliche Kriminalpolizei ein. Sichern Sie die Mail(s) und händigen Sie diese den Ermittlern aus. Bitten Sie den Sachbearbeiter, auch bei der örtlichen Polizei-Einsatzzentrale Bescheid zu geben sowie zu Ihren Personendaten im polizeiinternen Informationssystem einen entsprechenden Eintrag vorzunehmen. Das kann Ihnen später eine Menge Ärger ersparen. Und: Informieren Sie gegebenenfalls auch einen Rechtsanwalt vorab, damit dieser bereits Bescheid weiß, wenn schnelle Reaktion gefordert ist.

• Der Stalker bestellt in Ihrem Namen, auf Ihre Rechnung oder für Sie Waren oder Dienstleistungen über das Internet.

Nehmen Sie die Pakete nicht an und informieren Sie auch Ihre Nachbarn frühzeitig, dass diese keine Waren für Sie annehmen sollen. Wichtig zu wissen: Sie sind nicht verpflichtet, den betroffenen Firmen nachzuweisen, dass Sie nichts bestellt haben. Einen Vertragsschluss müssten die Firmen nachweisen. Letztlich sind also vor allem die Unternehmen geschädigt, die unsichere Bestellungen zulassen.

• Der Stalker veröffentlicht über Sie falsche Behauptungen auf einer Webseite oder in einem Internetforum.

Finden Sie heraus, von wem die Seite betrieben wird. Mit einer Anfrage unter der Adresse www.denic.de erfahren Sie bei einem erheblichen Teil der deutschen Webseiten (Länderdomain „.de") den Betreiber und damit Verantwortlichen. Fordern Sie den Verantwortlichen schriftlich auf, die strittigen Beiträge sofort zu entfernen. Setzen Sie dabei eine angemessene Frist. Fordern Sie den Verantwortlichen – wenn es sich nicht um den Stalker selbst handelt – auf, Ihnen den Autor des strittigen Beitrags zu nennen. Kann er dies nicht, fordern Sie die Herausgabe der IP-Adresse. Es ist sinnvoll, bereits dieses Schreiben von einem Fachanwalt verfassen zu lassen.

Bei im Ausland betriebenen Webseiten nehmen Sie Kontakt mit dem Betreiber des Dienstes auf, schildern Sie ihm die Lage und bitten um Löschung der Einträge beziehungsweise des Accounts des Täters. Gehen Sie aber nicht davon aus, dass die Mitarbeiter der Anbieter der deutschen Sprache mächtig sind, sondern schreiben Sie sofort auf Englisch.

• Sie entdecken erotische/intime Bilder oder Fotomontagen von Ihnen auf einer Internetseite, die ohne Ihre Erlaubnis veröffentlicht wurden.

Gehen Sie vor wie oben. Der Betreiber einer deutschen Internetseite ist nach deutschem Recht dazu verpflichtet, rechtswidrige Beiträge oder Bilder umgehend zu entfernen, wenn er davon positive Kenntnis erlangt. Fordern Sie den Betreiber der Seite oder des Forums auf, Ihnen den Lieferanten des Bildes oder der Bilder zu nennen, da Sie zivilrechtliche Ansprüche gegen den Täter geltend machen wollen. Bei Problemen schalten Sie auch hier einen Anwalt ein.

• Der Täter hat intime/erotische Bilder von Ihnen in einer Tauschbörse oder in einer Newsgroup veröffentlicht.

In diesem Fall können Sie bedauerlicherweise kaum etwas gegen die weitere Verbreitung der Bilder tun, da Newsgroups und Tauschbörsen dezentral ausgerichtet sind, also kein direkter Verantwortlicher zu finden ist. Allerdings ist in Newsgroups in vielen Fällen herauszufinden, wer die Bilder oder Filme ursprünglich wann online gestellt hat. Das ist für Profis einfach zu identifizieren. Gehen Sie in solchen Fällen direkt gegen den Täter vor. Auch dabei hilft Ihnen ein Anwalt.

- Der Täter hat falsche/kreditgefährdende Behauptungen über Sie oder Bilder von Ihnen auf einer ausländischen Internetseite veröffentlicht.

Nehmen Sie in diesem Fall sofort Kontakt mit dem Betreiber der Seite auf und bitten Sie ihn um die Entfernung der fraglichen Texte oder Bilder. Lassen Sie sich in diesem Fall gegebenenfalls von einem fachkundigen Anwalt beraten, ob und wie Sie notfalls gegen den ausländischen Verantwortlichen vorgehen können.

- Der Täter arbeitet bei Mails oder Blogeinträgen über Anonymisierungsdienste oder ausländische Provider.

Schließen Sie sich mit Ihrer ermittelnden Polizeidienststelle kurz und besprechen Sie weitere Maßnahmen. Auch hier gibt es Mittel und Wege, den Urheber herauszufinden. Dies kann zum Beispiel auf dem Wege der Rechtshilfe erfolgen.

In jedem Fall gilt: Gehen Sie sofort, nachdem Sie von einem derartigen Sachverhalt Kenntnis erlangen, dagegen mit allen zur Verfügung stehenden Mitteln vor. Damit wird dem Täter klar, dass er in Ihnen kein leichtes Opfer hat, und er wird eher von weiteren Aktionen absehen.

2 Wer will ich sein? – Mein neues digitales Ich

Viel zu gewinnen oder viel zu verlieren?

Es ist eine Frage der Perspektive. Insbesondere junge Leute sehen primär die Chancen des Social Web, sehen, was es zu gewinnen gibt, während Ältere oder Etablierte sich eher bedroht fühlen durch die neuen Formen der Kommunikation, die die Jüngeren vermeintlich oder tatsächlich besser beherrschen.

Aber wie passt der implizit im Raum stehende Anspruch, online nichts zu tun, was man später bereuen könnte, weil es etwa ein Personalverantwortlicher, der über das berufliche Fortkommen entscheidet, sehen könnte? Was ist mit dem Ausprobieren verschiedener Möglichkeiten und Fähigkeiten als wichtigem Abschnitt des Erwachsenwerdens? Soll man mit Sorge um sein Image und seine Berufs- oder Aufstiegschancen auf Experimente verzichten?

Die Frage ist nicht leicht zu beantworten. Auch der Facebook-Gründer Mark Zuckerberg ist nicht erbaut über den Mitschnitt eines Instant-Messaging-Beitrages aus der Gründungzeit von Facebook, in dem er seine Nutzer (er hatte damals knapp 4.000) als „Dumb fucks" bezeichnete, weil sie ihm ihre Daten so bereitwillig überließen (Volltext hier: www.businessinsider.com/well-these-new-zuckerberg-ims-wont-help-facebooks-privacy-problems-2010-5). Geschadet hat ihm das nicht wirklich, auch wenn diese rund sieben Jahre alte Nachricht ein Schlaglicht auf die Privacy-Debatte wirft.

„Ego-Googlen" ist nur der Anfang

Der erste Schritt zum aktiven Umgang mit der eigenen Online-Identität liegt in der Suche nach Spuren vom eigenen Ich. Systematisches Ego-Googlen enthüllt unter Umständen die ein oder andere „Jugendsünde", zeigt die eine oder andere Verwechslungsgefahr und gibt die ersten Anhaltspunkte für eine eigene Positionierung. Wo will ich hin, aber auch: Wo muss ich hin, etwa um ein Gegengewicht zu namensgleichen Personen zu schaffen und nicht in der Aufmerksamkeitsfalle unterzugehen.

Selbstverwirklichung 2.0

Was man dann daraus macht, ob man sich für sein mehr oder weniger exotisches Hobby als Experte positioniert, als Vertriebler Kundenbeziehungen in die virtuelle Welt übernimmt und darüber pflegt oder als Selbständiger ein Thema möglichst umfassend von Xing über den eigenen Blog bis hin zu Twitter besetzt, ist dann eine rein individuelle Entscheidung.

3   Wie erreiche ich meine beruflichen Ziele?

Anders als im privaten Umfeld lassen sich berufliche Ziele in gewissen Grenzen verallgemeinern und zusammenfassen. Dies soll unter dem Schlagwort „Online-PR in eigener Sache" nun möglichst allgemeingültig diskutiert werden. Vielleicht ist es nicht exakt Ihr Weg, weil Ihnen das Sprichwort „Eigenlob stinkt" zu sehr verhaftet ist? Lesen Sie trotzdem weiter. Der hier vorgeschlagene Weg der aktiven Positionierung hilft Ihnen, dem Medium gerecht zu agieren – und strebt gar nicht erst an, sich in Selbstlobhudelei zu ergehen.

Online-PR in eigener Sache

Zieldefinition

Bevor man zu Mitteln und Maßnahmen kommt, die eigene Online-Identität zu stützen, empfiehlt es sich zunächst, sich über die eigenen Ziele klar zu werden.

Was will ich erreichen? Was sind meine Ziele?

Ziele könnten beispielsweise sein:

Verbindungen schaffen zu:

- potentiellen Kunden,
- Partnern,
- unter Gleichen (peer-to-peer),
- Mentoren.

Gelegenheiten ausfindig machen, um:

- einen neuen Job zu finden,
- seine eigene Reputation zu verbessern,
- sein Fachwissen zu verbreiten oder auch zu verbreitern,
- seine Expertise darzustellen.

Vielleicht sind die eigenen Ziele nur ein Teilausschnitt der obengenannten möglichen Ansatzpunkte. Vermutlich aber werden die Schwerpunkte individuell sein, allein aufgrund der unterschiedlichen Ausgangslage oder der Art der Berufstätigkeit (selbständig, angestellt, Einsteiger oder „Alter Hase").

Verbindungen schaffen – Gelegenheiten finden

Soziale Netzwerke mit dem Fokus auf berufliche Aktivitäten bieten die Möglichkeit, bestehende Geschäftskontakte abzubilden und darüber neue Kontakte zu finden. Als selbständiger Unternehmer oder Vertriebsmitarbeiter eines Unternehmens wird man natürlich sogleich an potentielle Kunden denken. Den Blick vorschnell darauf zu verengen, ist aber nicht zielführend – im Gegenteil: Eine zu hastige Ansprache von als potentielle Kunden identifizierten Personen wird von diesen eher als störend wahrgenommen und ist für die eigenen Ambitionen kontraproduktiv.

Einfacher gestaltet es sich, wenn man etwa mit bestehenden Kunden Kontakt aufnimmt, die Gelegenheit nutzt und sich mit Personen auf einer gleichen Fachebene in Verbindung setzt oder potentielle Partner für die eigenen Aktivitäten anspricht, vielleicht auch mit viel Glück einen Mentor findet.

Der Schlüssel zu all dem liegt in der eigenen Aktivität. Beim „Netzwerken" ist es online wie offline entscheidend für den späteren Erfolg, zunächst Beiträge zu leisten und sich selbst einzubringen. Es geht darum, anderen zu helfen, ohne eine Gegenleistung zu verlangen, und damit eine breite Kontaktbasis zu schaffen, ohne in jedem Fall bereits danach zu selektieren, ob man an den- oder diejenige innerhalb des nächsten Quartals bereits etwas verkaufen kann.

Der Schlüssel zum Erfolg liegt häufiger nicht in dem direkten Netzwerk, also den eigenen Kontakten, sondern bei den Kontakten meiner Kontakte. Das bedeutet, in der Praxis kommen viele Kontakte von jemandem, der jemanden kennt, der etwa auf der Suche nach einer bestimmten Leistung ist.

Die Gelegenheiten finden einen dann nicht selten selbst. Das kann – je nach beruflicher Ausrichtung – ein sogenannter Sales Lead sein, der zu einem Auftrag führt, ein Jobangebot bei einem anderen Unternehmen oder etwa die Chance auf eine Beförderung in der eigenen Organisation. Vielleicht aber ist es zunächst etwas Immaterielles, wie die Einladung, einen Vortrag bei einem Fachkongress zu halten, einen Beitrag in der führenden Branchenzeitschrift zu schreiben oder die Berufung in einen Expertenbeirat einer Fachorganisation. Auch in diesen Fällen zahlt sich Networking aus, da es hilft, auf den eigenen guten Ruf einzuzahlen, auch wenn sich ein monetäres Ergebnis erst später einstellt.

Reputation verbessern

Wesentlicher Bestandteil jeder mit dem Blick auf das eigene berufliche Vorankommen betriebenen Onlineaktivität sollte die Pflege des eigenen guten Rufs sein. Dies betrifft sowohl die persönliche Integrität als auch die fachliche Kompetenz. Dies liefert die Basis für eine hohe Weiterempfehlungsrate, wie im vorigen Abschnitt angekündigt.

Das Social Web erinnert uns heute daran, dass es nicht nur darauf ankommt, was man tut, sondern auch, wie man es tut. „Tue (fachlich) Gutes und rede darüber" ist auch im Onlinezeitalter eine wertvolle Basis für den eigenen Berufsweg.

Wesentlich dabei ist auch eine Wahrhaftigkeit. Ein „Verstellen" der eigenen Persönlichkeit zur Anpassung an vermeintliche Anforderungen – wie es immer noch häufig empfohlen wird – ist keine nachhaltige Strategie. Früher oder später wird die Differenz zwischen dem Selbst und dem projizierten Wunschbild sichtbar – mit unter Umständen erheblichem Schaden für die eigene Reputation.

Die beste Empfehlung, die man hier geben kann: Man sollte sein Onlineleben aktiv leben, aber unpassende oder vom Umfeld möglicherweise als unpassend wahrgenommene Äußerungen oder Verhaltensweisen vermeiden.

In diesem Zusammenhang ist es wesentlich, die Definition über die eigene Person selbst in die Hand zu nehmen, etwa durch die eigene Website, das eigene Xing-Profil, die eigene LinkedIn-Präsenz, statt diese Deutung dem Zufall, nämlich den Suchergebnissen, die mit dem eigenen Namen in Verbindung stehen und vielleicht auch das ein oder andere Negative in den Vordergrund bringen, zu überlassen.

Im Frühjahr 2010 machte ein Fall in Deutschland Schlagzeilen, in dem einem angehenden Lehrer sein „Hobby" als Sänger einer Death-Metal-Band zum beruflichen Verhängnis wurde. Die Presse berichtete vielfach (unter anderem gut zusammengefasst: www.welt.de/kultur/musik/article7468195/Death-Metal-Saenger-darf-nicht-mehr-unterrichten.html) über den Fall. Die beanstandeten – gewaltverherrlichenden – Musikvideos, die vom Betroffenen selbst gedreht und ins Internet gestellt wurden, verhinderten letztendlich seine Übernahme in den Schuldienst, unter anderem als Lehrer für Ethik! Man darf durchaus annehmen, dass die „Musikkunst" des Betroffenen in Zeiten vor dem Internet vielleicht verborgen geblieben wäre.

Profil zeigen

Ein wesentlicher Baustein aller beruflichen Onlineaktivitäten in sozialen Netzwerken ist ein aussagekräftiges Profil. Auch wenn die Inhaltsstruktur bei den meisten Netzwerken vorgegeben ist, seien hier doch einige Hinweise gestattet.

Zieht man Xing als Beispiel heran, so sind sowohl die aktuelle berufliche Aufgabe (oder wenn zutreffend die aktuellen Aufgaben) als auch die berufliche Herkunft – also eine Art kurzer Lebenslauf – Kernbestandteile (bei Xing: Berufserfahrung/Ausbildung). Zusätzlich gibt es die Möglichkeit, ein Bild einzustellen und persönliche Angaben in verschiedenen Unterrubriken zu machen:

- „Ich suche ..."
- „Ich biete ..."
- „Meine Interessen ..."
- „Mitgliedschaft in Organisationen".

Daneben existieren noch eine relativ neue Rubrik: „Referenzen & Auszeichnungen", in der man anderen Nutzern Empfehlungen aussprechen, aber auch Empfehlungen anderer Nutzer erhalten kann.

Neben den Kontaktdaten (geschäftlich/privat, online/offline) gibt es noch die Möglichkeit, auf weitere Profile oder die eigene Website zu verlinken, sowie einige kleinere Optionen.

Beim Verlinken auf andere Profilwebsites sollte man darauf achten, dass sich insgesamt ein stimmiges Bild ergibt, private Interessen, die den beruflichen Ambitionen zuwiderlaufen könnten, haben hier nichts verloren.

Die Profilmechanismen anderer auf Geschäftsanwendungen fokussierter sozialer Netzwerke weisen ähnliche Strukturen auf.

Dass man beim Lebenslauf – schon gar nicht bei einem quasi öffentlichen Lebenslauf – auf keinen Fall unwahre Angaben macht, versteht sich von selbst. Ob man alle Details früherer Beschäftigungen oder Aufgaben öffentlich macht, bleibt jedoch jedem unbenommen. Wesentlich bei allen Einträgen ist, dass aus dem Profil klar die eigene Expertise in einem bestimmten Feld hervorgeht.

Und ja, natürlich sind Rechtschreibung und Grammatik wichtig. Mit Nachlässigkeiten hier kann man schnell den mühsam aufgebauten guten Eindruck verspielen.

Zum guten Eindruck zählt auch ein professionelles Bild, das den beruflichen Anspruch unterstreicht. Party- und Urlaubsfotos haben hier nichts verloren. Typischerweise finden sich hier Fotos, wie sie auch in Bewerbungsmappen verwendet werden. Ob und inwieweit Anzug, Hemd und Krawatte Pflicht sind, hängt von der aktuellen Tätigkeit und den beruflichen Zielen ab. Die Empfehlung aus den Standard-Karriereratgebern des „dress up", das heißt: ziehe dich so an, wie jemand auf der nächsten Stufe der Karriereleiter, ist durchaus auch hier angebracht – es sei denn, der Betrachter merkt sofort, dass das Outfit nur „Verkleidung" ist.

Der Autor dieses Buches etwa wählt für sein Profilbild bei Xing ganz bewusst kein typisches Bewerbungsphoto, sondern eins, das ihn bei der Arbeit zeigt – auf der Bühne bei einer Vortragsveranstaltung. Die optische Erkennbarkeit leidet zwar, aber das Statement ist klar und das Feedback dazu ist überwältigend positiv. Ob ein solcher Angang auch für Sie geeignet ist, lässt sich nicht pauschal sagen. Denken Sie daher bei Bild und allen Teilen des Profils an den Eindruck, den Sie beim Betrachter wecken wollen.

Anwendungsbeispiel Xing/LinkedIn

Wie im vorigen Abschnitt bereits gezeigt, sind Profile ein wichtiger Faktor im Onlineauftritt vieler Social-Media-Anwendungen. Besonders wichtig sind diese bei Business-orientierten Angeboten wie Xing (Deutschland) und LinkedIn (International).

Hierfür gilt:

- Verwenden Sie ähnlich viel oder mehr Zeit auf Ihr Onlineprofil als auf Ihren gedruckten Lebenslauf.

- Denken Sie an die Verwendung von Schlagwörtern, die als Suchbegriffe Personaler oder Kunden ansprechen könnten.

- Seien Sie offen für Verbindungen zu anderen. Auch wenn Ihr direkter Kontakt vielleicht wenig nutzbringend scheint, so sind dessen Kontakte vielleicht besonders wertvoll für Sie.

- Holen Sie sich Empfehlungen und Referenzen ein und geben Sie diese auch anderen.

- Bleiben Sie aktiv bei der Sache! Nichts ist schlimmer als ein ungepflegtes Profil, in dem etwa die aktuelle berufliche Situation fehlt oder keine Kontakte verzeichnet sind.

- Aktivität heißt auch: Ändern Sie häufig Ihren Status (wenn diese Änderung Relevanz für Ihre Kontakte hat), nutzen Sie dosiert die Gruppenfunktion, Antworten Sie aktiv auf Anfragen anderer.

- Nutzen Sie gelegentlich die integrierte Nachrichtenfunktion, um im Kontakt zu bleiben.

- Wenn Sie auf der Suche nach einer neuen beruflichen Herausforderung sind, nutzen Sie auch die Suchfunktion.

- Wenn Sie neu in eine Stadt oder Region gezogen sind und Anschluss suchen, kann der Beitritt zu lokalen Gruppen hilfreich sein. Seien Sie dabei aber vorsichtig. Zu viel Freizeitorientierung in der Wahl Ihrer Gruppen stellt – aus Sicht eines Besuchers Ihres Profils – Ihr berufliches Engagement in Frage.

Anwendungsbeispiel Facebook

Mit mehr als einer halben Milliarde Nutzern weltweit ist Facebook das aktuell reichweitenstärkste Social Network und insbesondere als privates Kommunikationsmedium beliebt. Beruflichen Reputationsgewinn sollte man nicht erwarten. Interessant ist aber unter Umständen für Selbständige und Unternehmer die Möglichkeit, eigene Leistungen zu promoten.

Die Facebook-Checkliste:

- Machen Sie sich mit den Privatsphäre-Einstellmöglichkeiten vertraut, achten Sie auf einseitige Änderungen und stellen Sie den für sich gewünschten Level ein – auch wenn es aufwendig ist.

- Pflegen Sie in Facebook ihr privates Netzwerk – Überschneidungen mit dem beruflichen sind nicht ausgeschlossen.

- Geben Sie Empfehlungen ab.

- Loben Sie andere Mitglieder (wenn es Grund dafür gibt).

- Bedanken Sie sich, wenn Ihnen jemand etwas Gutes getan hat oder eine passende Empfehlung gegeben hat.

- Erstellen Sie eine „Fanpage" für Ihre eigenen Ziele.

- Bleiben Sie dran und pflegen Sie laufend Profil und eventuelle „Fanpages".

- Seien Sie vorsichtig im Umgang mit zu persönlichen Informationen, vor allen Dingen bei Fotos.

Anwendungsbeispiel Twitter

Eine gewisse Sonderstellung nimmt der Kurznachrichtendienst Twitter ein. Hier haben Sie – abgesehen vom Profil bei Twitter – ganze 140 Zeichen für die Selbstdarstellung.

Wichtig bei der Twitternutzung für berufliche Ziele:

• Das persönliche Profil muss zur Botschaft passen. Setzen Sie mit Ihrem Profil Erwartungen und lösen Sie diese auch ein.

• Mehr als anderswo sollte man bei Twitter ein klares Thema fokussieren.

• Zu diesem Thema sollte man ausschließlich twittern (und dabei bleiben).

• Die Inhalte müssen interessant sein.

• Entscheidend ist es, am Thema dranzubleiben.

• Das Gewinnen von sogenannten „Followern" – also Abonnenten der eigenen Tweets – ist häufig ein gegenseitiges Business. Wenn Sie vielen Personen folgen, werden Sie auch neue Follower gewinnen.

• Helfen Sie anderen durch „Retweets" und profitieren Sie im Gegenzug von diesen.

Anwendungsbeispiel Youtube

Ähnlich wie Twitter haben Youtube und die zahlreichen anderen ähnlichen Videoplattformen weltweit eine gewisse Sonderstellung. Hier geht es weniger darum, Freunde oder direkte Kontakte zu generieren, sondern mehr um die Zahl der Abrufer eines Videos. Im Idealfall empfehlen diese das Video weiter und es kommt zu viralen Effekten, die die Weiterverbreitung explodieren lassen.

Was bei Youtube zu beachten ist:

• Was auch immer passiert, taucht irgendwann auf Youtube auf.

• Ideal für fortgeschrittene Selbstdarstellung sind eigene Erfolgsstorys oder Mitschnitte von Vorträgen.

• Youtube liefert „gnadenlose" Rückmeldung über die eigenen Aktivitäten (Abrufzahlen der Videos sind öffentlich).

- Vorsichtiger Umgang mit dem eigenen Namen ist dringend angeraten (am besten zwischen privaten Aktivitäten und professionellen Aktivitäten klar trennen).

- Für Selbständige und Unternehmen ideal als Plattform für Produktdemos, Interviews und Ähnliches.

- Am besten lernt man von anderen (und deren Fehlern wie auch Erfolgen).

- Für die breite Bekanntmachung eines Videos sind begleitende Maßnahmen notwendig (Twitter, Facebook/Xing-Statusupdates, Blogeinträge etc.)

Anwendungsbeispiel Gruppendiskussion und Foren

An der Beteiligung in Fachgruppen – etwa in Xing – scheiden sich die Geister. Zahlreiche „New-Media-Berater" empfehlen hier eine aktive Partizipation zur Stärkung der eigenen Reputation. Der Autor dieses Buches ist skeptisch, was die Erfolgsaussichten dieser Strategie angeht.

Natürlich sollte man sich an allen Diskussionsgruppen, die einem inhaltlich am Herzen liegen, beteiligen (aktiv neue Beiträge schreiben wie auch auf Beiträge anderer eingehen), solange diese keine Gefahr für die eigene Reputation darstellen (etwa durch „spezielle" politische Ansichten, die dem eigenen beruflichen Fortkommen nicht dienlich sind). Was man aber davon nicht erwarten sollte, ist aufgrund der eigenen Beiträge für eine Beförderung durch einen Vorgesetzten oder einen Auftrag durch einen Kunden „entdeckt" zu werden. Das wird aufgrund der typischen Zusammensetzung der Gruppen vermutlich nicht passieren. Zumeist diskutiert hier nur „gleich mit gleich", also etwa Experten zu einem Thema sprechen untereinander oder verwickeln sich unter Umständen in Details von Fachdiskussionen oder streiten gar. Potentielle Kunden bekommen von all dem im Regelfall gar nichts mit. Kurz gesagt: Postings bleiben hier zumeist „vergebliche Liebesmüh".

Eine Ausnahme bieten spezielle „Recruitingforen", wie sie etwa Xing anbietet. Hier ist das Verhältnis durchweg anders als beim Großteil der eher homogenen Fachgruppen, das heißt, es besteht eine realistische Chance, mit potentiellen neuen Arbeitgebern darüber in Kontakt zu kommen.

Anwendungsbeispiel Statusmeldung

Eine besondere Anwendung sind die sogenannten Statusmeldungen, die es etwa bei Xing und in ähnlicher Form und Funktion bei den meisten anderen Plattformen gibt. Damit kann man seine Kontakte wissen lassen, was man gerade tut beziehungsweise für gut oder relevant hält. Auch hier lauert so manches Fettnäpfchen und Geschäftsrisiko – etwa durch versehentliches Ausplaudern von Kundeninterna –, aber durchaus auch Chancen, die eigene Reputation zu steigern.

Beispielhaft an den Xing-Statusmeldungen sollen nun die Möglichkeiten diskutiert werden:

Xing-Statusmeldungen werden ganz oben rechts auf jeder individuellen Profilseite eingeblendet und zudem gesammelt auf der Xing-Startseite eingeblendet. Die beiden offiziellen Xing-Trainer (ja, so etwas gibt es wirklich) Joachim Rumohr und Michael Bader haben folgende Tipps für die Nutzung dieser Funktion bereitgestellt (zitiert nach www.rumohr.de).

5 Tipps zur sinnvollen Nutzung der Statusmeldung

1. Geben Sie Lob und Anerkennung weiter

   Verwenden Sie die Statusmeldung, um jemandem eine überraschende Freude zu machen: beispielsweise als Dank an jemanden, der Ihnen einmal unkompliziert durch einen Forenbeitrag weitergeholfen hat, als Lob für eine gelungene Dienstleistung oder als individuelles Geburtstagsgeschenk in Form eines Dankes an einen wichtigen Kontakt für das entgegengebrachte Vertrauen oder die gute Zusammenarbeit. Sie werden sehen: Ihr Kontaktnetzwerk nimmt dies wahr und die Angesprochenen freuen sich über die unerwartete Anerkennung. Wichtig dabei ist eines: Bleiben Sie authentisch. Man spürt sehr genau, wenn etwas arrangiert wird.

2. Geben Sie brauchbare Hinweise

   Nutzen Sie die Statusmeldung, um Ihr Netzwerk auf ein besonderes Fachbuch, ein Webinar oder einen Eventtermin hinzuweisen, der interessant ist. Wichtig: Social Networking heißt: Geben ohne Erwartungshaltung. Nehmen Sie daher kein eigenes Angebot oder etwas, an dem Sie in irgendeiner Form beteiligt werden!

3. Informieren Sie über offene Stellen

Wenn in Ihrer Firma eine Stelle zu besetzen ist, die in Ihren Fachbereich fällt, informieren Sie Ihr Netzwerk über das Jobangebot. In der Regel haben Sie ein anders zusammengesetztes Netzwerk als die Personalverantwortlichen in Ihrer Firma.

4. Veröffentlichen Sie Ihre Erreichbarkeit

Wenn Sie auf eine Messe oder eine Geschäftsreise gehen: Informieren Sie Ihre Geschäftspartner darüber, wenn Sie online nicht erreichbar sind und geben eine Telefonnummer und einen Zeitraum an, in dem man Sie erreichen kann.

5. Bitten Sie Ihr Netzwerk um Hilfe

Fragen Sie via Statusmeldung nach einer Adresse für einen guten Handwerker oder Dienstleister. Jeder bei Xing hat nicht nur eine Menge zu bieten, sondern benötigt auch Dienstleistungen, Hilfe und Produkte von anderen, um das Business am Laufen zu halten. Entwickeln Sie Bewusstsein und Phantasie dafür, dass erfolgreiches Netzwerken nur dann funktionieren kann, wenn Sie Türen und Fenster auch für (neue) Lieferanten öffnen.

5 Dinge, die nicht in eine Statusmeldung gehören

1. Befindlichkeitsmeldungen

Nichts ist auf Dauer nerviger für das Kontaktnetzwerk, als wenn die Statusmeldung direkt mit der momentanen Stoffwechsellage verknüpft ist. Es interessiert in Ihrem Netzwerk absolut niemanden, ob Sie frische Blumen auf dem Tisch haben, sich auf den Feierabend freuen oder sich gerade einen Kaffee gekocht haben. Wirklich nicht. Nur sagen tut es niemand.

2. Weisheiten des Tages

Manche Xing-Mitglieder beschenken ihr Kontaktnetzwerk mit der Lebensweisheit des Tages. Solche Zitate können das Leben tatsächlich bereichern. Können. Müssen aber nicht. Denn es könnte auch so interpretiert werden, dass Ihnen selbst nichts Kluges einfällt und dass Sie deshalb zum Zitateduden oder gar zu Wikipedia greifen müssen. Machen Sie sich also nicht selbst kleiner durch tolle

Sprüche großer Menschen. Überzeugen werden Sie ohnehin nicht durch das, an was Sie glauben, sondern durch das, was Sie vorleben.

3. Veraltete Statusmeldungen

Nichts ist peinlicher, als wenn in der Statusmeldung Termine oder Ereignisse publiziert werden, die schon längst vergangen sind. Deutlicher kann man seinem Netzwerk nicht zeigen, dass man selbst nicht mehr up-to-date ist.

4. Wetterzustandsberichte

Ich (Michael Bader) arbeite in der Nähe von Basel. Zugegeben, verglichen mit Olten, London oder Moskau ist das vom klimatischen Aspekt her durchaus ein privilegierter Ort. Dennoch käme ich wohl niemals auf die Idee, mein Netzwerk mit den lokalen Niederschlagsmengen, Temperaturschwankungen oder Wetterprognosen zu beschenken. Sie wissen, warum.

5. Selbstbeweihräucherung

Peinlich, überflüssig, kontraproduktiv und streng verboten. Das sind alle möglichen Formen der Selbstbeweihräucherung. Auch die subtilen Formen davon. Denn wer solcher Art Statusmeldungen raus lässt: „T.D. rechnet auch am letzten Messetag mit vielen Besuchern auf der Buchmesse in Frankfurt am Stand H12345 in Halle 12.3." zeigt vor allem Eines: dass er/sie überhaupt nicht verstanden hat, um was es bei Xing geht. Rechnen dürfen Sie. Aber machen Sie das künftig ganz leise für sich.

Zusammenfassend: Stellen Sie sich beim Schreiben immer die Kernfrage: Was hat Ihr Netzwerk von eben dieser Statusmeldung?

Das Digitale Ich als Karrierefaktor

Was ist Karriere für Sie? Das Weiterkommen im Unternehmen durch einen besser bezahlten Job mit mehr Verantwortung? Die Akzeptanz in der Fachwelt? Oder sind Sie selbständig und Ihr finanzieller Erfolg ist Ihr „Karrieremaßstab"? Egal worauf Sie setzen: Das „Digitale Ich" kann Ihnen hier auf vielfache Weise helfen.

Für Mitarbeiter im Unternehmen sind die Schwerpunkte natürlich etwas anders und etwas weniger individuell als für einen Selbständigen.

Der Anfang ist – wie oben bereits ausgeführt – das persönliche Profil. Die Kombination dann mit weiteren Elementen ist zumeist hochgradig individuell und an den eigenen Zielen orientiert. Zwei interessante Ansätze für selbständige Tätigkeit finden Sie nachfolgend.

Beispielauftritt Social Media „Hendrik Thoma"

Wenn Sie wie ich den Namen „Hendrik Thoma" mit Wein verbinden, dann hat es funktioniert, sein Personal Branding. Denn Meister-Sommelier Hendrik Thoma nutzt das World Wide Web und Social Media in intelligenter Weise für sich. Eine persönliche Website (www.hendrik-thoma.de), eine Facebook-Seite, ein Wikipedia-Eintrag, ein Twitter-Account. Kaum ein Platz, an dem man ihm nicht begegnet.

Seine Erfahrungen (unter anderem als einer von 175 Master-Sommeliers weltweit und als langjähriger Chef-Sommelier in einem der besten deutschen Hotels, als Kolumnist in der Presse und als Gast im Fernsehen) nutzt er geschickt, um seine Leistungen als Selbständiger online zu vermarkten: Über seine Website kann man Weinreisen buchen, Weinevents für Firmen und Organisationen (über eine Agentur) oder private Anlässe anfragen oder ihn als Berater für Produktentwicklungen im Weinumfeld engagieren.

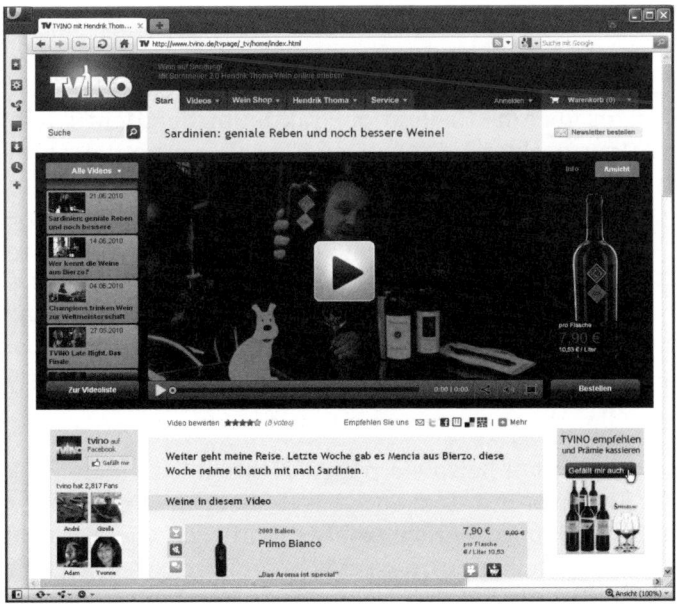

Abbildung 27: TVino

Innovativstes Projekt im Rahmen seiner vielfältigen Webaktivitäten ist sicher www.tvino.de. Eine Videoplattform, in der es – naheliegenderweise – um Wein geht.

Die Weine lassen sich dann – dank der Kooperation mit einem Weinhändler – gleich online bestellen. Die redaktionelle Hoheit und Weinauswahl behält sich Thoma jedoch vor. Schließlich hängt seine Glaubwürdigkeit davon ab. Insgesamt investiert er – nach eigenen Angaben – rund drei bis vier Stunden täglich in seine Internet- und Social-Media-Aktivitäten. Besonders begeistert ist er von der Dialogmöglichkeit: „Bei einem Zeitungsartikel kam ab und an mal ein Leserbrief, in Social Media hingegen habe ich eine laufende Kommunikation. Am Anfang sind es oft nur lose Kontakte, aus denen aber später oftmals Kunden werden." Nach seiner Sicht ist der wesentliche Faktor für die eigene Präsenz im Netz: „Authentizität".

Sicher ist Hendrik Thoma ein Ausnahmetalent, aber gleichzeitig ist sein Social-Media-Auftritt ein Muster für erfolgreiches Reputationsmanagement in der neuen Welt des Web 2.0. Der Kontakt zu Herrn Thoma kam übrigens durch einen „viralen Effekt" zustande. Ein Bekannter (aus dem Xing-Kontaktnetzwerk des Autors), der nichts von dem Buchprojekt wusste, sendete eines Tages eine persönliche Nachricht mit dem Titel „Solltest Du Dir mal ansehen...".

Beispielauftritt Social Media „Markus Henrik"

Markus Henrik ist Journalist, Autor und Musiker. „CopyMan" ist der Titel seines Romans über die Generation Praktikum, den Henrik mit Mitteln des Web 2.0 vermarktet. Erfahrungen hat er bereits mit der viralen Verbreitung eines Musikvideos (Thema Studiengebühren) bei Youtube sammeln können. Um sein Buch bekannt zu machen, wählte er einen ungewöhnlichen Weg. In Eigenregie hat er Szenen aus dem Buch in kleinen Videoclips nachgestellt, eine Serie daraus gemacht und diese dann im Internet und natürlich über seine Homepage und den eigenen Twitter-Account promotet.

Henrik beschränkt seine Aktivitäten auf den professionellen Bereich. Ein privates Profil zu seiner Person findet sich nicht.

Beide hier genannten Beispiele zeigen deutlich, was man als Selbständiger oder Kreativer mit dem Social Web machen kann. Beide wurden im Rahmen der Buchrecherche zufällig „entdeckt". Beide setzen eigene Akzente und zeigen klar auf, dass es keinen „Königsweg" zum Erfolg im Web 2.0 gibt. Auf die individuell passende Kombination der Möglichkeiten kommt es an.

Fazit: Beruf und Berufung

Sie haben sie nun kennengelernt, die einzelnen Facetten dessen, was Social Media heute ausmacht. Bei dem ganzen Auf und Ab in der Branche ist damit aber nicht gesagt, dass in vier oder fünf Jahren die Player noch dieselben sind. Man sieht das am rasanten Aufstieg von Facebook ebenso wie am Aufstieg und Fall von Myspace oder Mebo. Mebo? Richtig. Kaum einer kennt noch den noch vor zwei Jahren gehypten Dienst, der inzwischen praktisch in der Bedeutungslosigkeit verschwunden ist.

Es lohnt sich daher, sich in jedem Fall an den aktuellen – für das eigene Umfeld am besten passenden – Diensten zu orientieren.

Für alle gilt:

- Seien Sie interessant. Haben Sie etwas Einzigartiges zu bieten, dann lassen Sie es die anderen wissen, selbstverständlich mit dem richtigen Maß an „Eigenlob".

- Erwarten Sie keine Privatsphäre. Stellen Sie nichts ins Internet, was Sie nicht auch an der großen Plakatwand am Hauptbahnhof lesen wollen.

- Fallen Sie nicht aus Ihrer Rolle. Niemals.

- Wenn Sie irgendwo neu sind: Seien Sie zuerst nur Zuschauer und lernen Sie die „ortsüblichen" Gepflogenheiten kennen – und orientieren Sie sich später daran.

- Wenn Sie neu sind, seien Sie zunächst zurückhaltend und fangen Sie nicht sofort mit Eigenwerbung an oder fragen Sie nicht direkt nach Hilfe.

- Geben Sie zuerst – durch wertvolle Beiträge, Antwort auf Fragen anderer –, aber erwarten Sie keine umgehende Gegenleistung. Diese kommt im Laufe der Zeit von selbst, aber nicht immer wie erwartet.

- Suchen Sie sich Allianz-Partner, mit denen Sie sich fachlich und/oder persönlich ergänzen, und helfen sie sich gegenseitig.

Und die wichtigste Empfehlung:

- Seien Sie ambitioniert, aber bleiben Sie immer authentisch. In der Offlinewelt ist ein dauerhaftes Verstellen bereits schwer. In der Transparenz der Social-Media-Umgebung ist es so gut wie unmöglich.

Das digitale Ich ganz privat

Natürlich wäre es vermessen zu glauben, die hier ausgesprochenen beruflichen Empfehlungen wären schon alles, was man zur Social-Media-Nutzung sagen kann. Dennoch ist es schwierig oder vielleicht sogar anmaßend, für den privaten Bereich Empfehlungen auszusprechen. Einige besonders wichtige Aspekte sollen dennoch erwähnt werden.

Freunde im Netz

Vom Konzept der Freundschaft in Onlinediensten war bereits wiederholt die Rede. Dies sollte man vor allen Dingen dann in Erinnerung rufen, wenn es darum geht, in der eigenen Online-Community Inhalte zu teilen. Man liefert die Informationen eben nicht nur seinen besten Freunden, sondern einem eher diffusen Bekanntenkreis frei Haus, der manchmal mehrere hundert oder gar über tausend Personen stark sein kann. Man sollte daher auch bei Postings, die nur die „Freunde" sehen können, immer von einer gewissen Öffentlichkeitswirkung ausgehen.

Onlinedating

Ein besonders heikles Kapitel ist das Onlinedating. Zweifellos ein etwas undurchsichtiges Gewerbe, in dem sich die Anbieter mit Versprechungen über die „Erfolgsquote" überbieten. Spricht man mit Nutzern, fällt die Bilanz ernüchternder aus. Von vielen „Fake"-Profilen ist die Rede und von einer Tendenz der Anwender zu lügen, um auf dem „Partnermarkt" in eine bessere Position zu kommen. Letzteres ist sogar wissenschaftlich belegt. Nach einer in der Fachzeitschrift „Journal of Social and Personal Relationships" veröffentlichten Studie (www.theregister.co.uk/2010/03/04/online_dating_web_of_deceit/) lügen Männer häufig über Einkommen und ihre Absichten, während Frauen am häufigsten ihr Körpergewicht „beschönigen". In jedem Fall eine riskante Strategie, ist doch die Idee beim Onlinedating, dass man sich irgendwann persönlich trifft. Damit besteht die Gefahr, dass Lügen irgendwann auffliegen.

Die Empfehlung hier kann daher nur lauten: Ein realistischer Umgang mit dem eigenen Ich kann spätere Enttäuschung ersparen. Allzu idealisierte Profile sollten einen in jedem Fall skeptisch werden lassen. Integrität zahlt sich aus.

Familie & Co

Was ist mit meinen Kindern im Internet? Das werden sich interessierte Eltern sicher inzwischen fragen. Auch wenn dieses Buch kein „Internet für Eltern"-Ratgeber sein will und kann, sollten Sie dennoch einige Punkte beherzigen:

• Kinderschutzsoftware nach gängigem Standard bietet keinen ausreichenden Schutz vor dem Unbill des Netzes. Meist sind diese technisch nur bedingt wirksam und durch computerkundigen Nachwuchs zudem schnell ausgehebelt.

• Ob in der Schule das Thema angemessen besprochen wird, ist reine Glückssache und vom Engagement des Lehrers abhängig. Verlassen Sie sich nicht darauf, sondern nehmen Sie sich der Sache selbst an und lassen Sie Ihr Kind nicht alleine die allerersten Erfahrungen sammeln. Klären Sie altersgerecht über die Gefahren auf. Vereinbaren Sie mit Ihren Kindern, dass diese keinesfalls persönliche Daten, die Rückschlüsse auf Alter, Wohnort etc. geben können, eingeben.

• Wenn Sie Zugangszeiten auf einfache Weise regulieren wollen, kaufen Sie sich eine Schaltsteckdose für den DSL-Router und schalten Sie einfach nachts ab. (Fortgeschrittene Nutzer können auch Zugangszeiten in manchen Routermodellen programmieren, aber seien Sie gewahr, dass Ihr Nachwuchs sich dort vielleicht auch einloggen kann.)

Perspektive 2020
Was bringt uns die Onlinezukunft?

Eine informelle Befragung des Autors unter eigenen Studenten im Sommersemester 2010 hat ergeben, dass praktisch alle intensive Nutzer von Facebook sind und rund drei Viertel StudiVZ verwenden (mit rückläufiger Tendenz). Noch vor zwei Jahren war StudiVZ das dominierende Netzwerk bei derselben demografischen Zusammensetzung (Hauptstudium, gleiches Wahlfach). Wird es zwei oder fünf Jahre nach Erscheinen dieses Buches noch Facebook sein? Oder wird ähnlich wie bei Myspace eine Erosion einsetzen und das „nächste größte Social Network" ein ganz anderes sein?

„Weaseln.com" verspricht schon heute, „Austrias Next Community" zu sein (Eigenwerbung), und fragt frech auf der Homepage: „Geht Euch Facebook schon auf die Nerven?", um das eigene Netzwerk als Alternative vorzuschlagen. So ganz scheint man den eigenen Ambitionen aber noch nicht zu trauen, ist doch der Facebook-Link an prominenter Stelle von „Weaseln.com" eingebunden.

Wer auch immer der Sieger im Rennen um die Nutzergunst in zwei, fünf oder zehn Jahren sein wird, ist unerheblich; der Trend zum Social Web wird nicht vergehen, wenngleich sicher andere Ausdrucksformen für die persönliche Kommunikation Aufnahme finden werden. Der nachfolgende Ausblick versucht, wesentliche Strömungen im Kontext mit der Weiterentwicklung des Internets und vor allem des Social Web zu geben.

Das Leben in der Wolke

In gewisser Weise bringt uns Social Media einen Vorgeschmack auf das, was zukünftig die Informationsverarbeitung am meisten bewegt: Das sogenannte Cloud-Computing. Bei diesem seit einigen Jahren unter wechselnden Begriffen in der Fachwelt diskutierten Ansatz geht es um die Verlagerung von Anwendungen wie auch von Daten in eine flexible über das Internet erreichbare Rechnerumgebung. Diese besteht zwar physikalisch noch aus einzelnen Servern, ohne dass dies dem Nutzer jedoch transparent wird. Seine Sicht ist die auf eine unbestimmte Rechnerumgebung (daher die Wolke), in der er nach Bedarf Daten speichern kann oder aus der er nach Bedarf Rechnerleistung abrufen kann. Im einfachsten Fall geschieht das in einer Art „Onlinebackup".

Aus der Wolke können auch Dienste für Privatanwender oder Unternehmen kommen, die Anwendungen auf dem lokalen Rechner ersetzen. So positioniert Google etwa sein Angebot „Google Docs" als Ersatz für ein lokal betriebenes „Office"-Büropaket mit Textverarbeitung, Tabellenkalkulation und Präsentationsgrafik und positioniert seinen Maildienst „Googlemail" auch als Wettbewerb zu einem herkömmlichen Providerangebot oder einer Kombination aus Mailserver (etwa Microsoft Exchange) und Mailclient (typischerweise Microsoft Outlook).

Dass Google hier Ihre Mails liest oder besser von seinen Programmen lesen lässt, ist weithin bekannt, darauf basiert schließlich deren Werbemodell, das (mehr oder weniger) passende Werbeeinblendungen zu den Inhalten der einzelnen Nachrichten Ihrer elektronischen Post bereitstellt. Ob dies für Ihre privaten Mails akzeptabel ist, müssen Sie selbst beurteilen.

Statt fertige Anwendungen zu nutzen, lassen sich Informationsverarbeitungssyteme von Unternehmen auf cloudbasierten Infrastrukturen realisieren. Das wesentliche Problem ist auch hier die Sicherheit. Die große Chance liegt in der Flexibilität, die es auch Startups erlaubt, klein anzufangen und mit dem Nutzerwachstum „mitzuwachsen".

Das Ende der Offenheit?

Auch wenn die Offenheit von PC-Umgebungen und Internettechnologien die Grundlage für die weite Verbreitung von innovativen Diensten geliefert hat, existieren Bestrebungen, diese einzuschränken. Die Motive liegen überwiegend in den wirtschaftlichen Interessen einzelner Unternehmen.

Am deutlichsten ist diese Entwicklung bei den Internetendgeräten, also den PCs und deren „Verwandten", zu erkennen. Schon in der ersten Phase der PC-Revolution wurden die Hersteller von Endgeräten als zunehmend austauschbar wahrgenommen. Differentiator war eher das Betriebssystem als der Markenname der Hardware (HP, Fujitsu etc.) oder des Prozessorlieferanten (Intel/AMD) – allen Werbekampagnen von Intel „Intel Inside" oder Designinitiativen von Anbietern wie Sony „Vaio" zum Trotz. Einzig Apple konnte und kann durch die Kombination aus (besonders designter) Hardware und Betriebssystem eine gewisse Sonderstellung einnehmen.

Anderen Versuchen, Hard- und Software im Internetkontext zu verbinden, etwa mit speziellen Settopboxen – Zusatzgeräten, um das Internet auf den Fernseher zu holen –, war zunächst kein nennenswerter Erfolg beschieden.

Der Hype um das iPad verdeckt nun weitgehend einen anstehenden Paradigmenwechsel für die PC-Welt. Die bereits bei iPhone und iPod erprobte Bindung von Applikationen über einen sogenannten Appstore an den Hersteller und an das Gerät führt nun auch auf dem wie ein PC bedienbaren neuen Endgerät dazu, dass nur noch von Apple kontrollierte Inhalte und Anwendungen genutzt werden können. Die Kontrolle des Herstellers erstreckt sich damit auf Hardware, Software und die Anwendungsprogramme. Die Stabilität des Gesamtsystems mag damit besser werden, genauso wie die Eignung für unerfahrene Anwender. Die Offenheit bleibt jedoch auf der Strecke, wenn es für alles eine Applikation nach den Vorstellungen von Apple gibt und abweichende Ideen keinen Platz finden, weil der Hersteller es verhindert. Man kann, wie bereits ausgeführt, durchaus auch von Zensur sprechen.

Bleibt als kleines Fenster zur Welt der Browser (auch kontrolliert vom Anbieter und nicht fähig, die im Internet weitverbreiteten flashbasierten Inhalte anzuzeigen). Innovation sieht anders aus.

Dennoch ist zu erwarten, dass für viele Endanwender derartige Einschränkungen der Nutzbarkeit nicht als solche wahrgenommen werden. Die ungebrochene Begeisterung für das iPhone und seine identische Infrastruktur aus Hardware, Software und Apps lässt nichts anderes erwarten. Hinzu kommt, dass geschlossene Systeme im Allgemeinen einfacher und sicherer gegen Schadsoftware und auch „stabiler" sind, das heißt, weniger zu Abstürzen neigen.

Diese Merkmale spielen für eine breite Adaption für Personen, die nicht technologieaffin sind, eine wesentliche Rolle. Wenn man historisch vergleicht, hat etwa das Automobil seinen Siegeszug auch erst angetreten, als es eine gewisse Zuverlässigkeit erreicht hat und es keines Reparaturhandbuches mehr bedurfte, um es sinnvoll benutzen zu können. Die vom Nutzer wahrgenommene Komplexität als Einstiegshürde wird damit geringer, die Akzeptanz steigt.

Neben dem iPad und den dafür zu erwartenden Klonen wird die nächste Welle der geschlossenen Systeme von in TV-Geräten integrierten Internetzugängen geprägt sein. Spätestens hier bleibt die Anwendung auf die vom Anbieter vorgegebenen Möglichkeiten beschränkt. Widerspruch unmöglich.

Offen bleibt zum heutigen Zeitpunkt, inwieweit derartige geschlossene Systeme aus der Nische, in der sie zum Zeitpunkt der Manuskripterstellung stecken, ausbrechen und Mainstream werden. Eine klare Entwicklungslinie lässt sich noch nicht ausmachen, zumal wesentliche externe Einflussfaktoren in ihrer eigenen Entwicklung und den damit

Was bringt uns die Onlinezukunft?

ab und an Links ins Leere, weil sich der Inhalt der Website zwischenzeitlich geändert hat. Das der Websuche zugrunde liegende Funktionsprinzip des „Webcrawling" ist ja auch ein eher gemütliches Verfahren. Bis eine Suchmaschine „wieder vorbeikommt", da konnten bei einer Website schon mal ein paar Monate vergehen.

Aufmerksame Beobachter haben jedoch bereits gemerkt, dass Google in letzter Zeit immer schneller geworden ist. Newswebsites werden alle paar Stunden neu indiziert. Twitter-Inhalte tauchen teilweise noch schneller auf. Die Websuche orientiert sich zunehmend am immer weiter beschleunigten Informationsaustausch. Ab und an ist von einem permanenten Informationsstrom die Rede, in dem man bei Bedarf eintaucht und das, was an Interessantem gerade „vorbeischwimmt", aufgreift und wenig Lesenswertes an sich „vorbeitreiben" lässt.

Das, was „lesenswert" ist, wird zunehmend von dem beeinflusst, was andere – primär die Personen aus unserem Netzwerk – uns empfehlen. Ob eine derartige „Social search" damit Googles Dominanz im Suchmarkt brechen kann, bleibt abzuwarten, vermutlich erfindet sich Google eher neu, als hier Konkurrenz zuzulassen. Auch bei der empfehlungsgetriebenen Orientierung im Web wird Echtzeit an Bedeutung gewinnen, denn was nützt der Empfehlungslink auf eine Onlineauktion, die gestern ausgelaufen ist.

Zu den Gedanken rund um das Echtzeitweb zählt auch, dass man den Strom von Informationen aus seinem eigenen Leben permanent am Fließen hält. Twitter mit seinen vielen banalen Postings liefert eine Vorahnung, wie das aussehen kann und wird.

Sie erinnern sich noch an die Beschreibung von „myskystatus", jenes Lufthansa-Dienstes, der die eigenen Flugbewegungen transparent macht und per Twitter und Facebook in die Welt hinaus verbreitet. Ein klassischer Fall von Echtzeitdienst. Wie wäre es denn entsprechend mit „mysurfstatus", damit jeder sieht, wo man gerade im Augenblick hingesurft ist? Ein Verfolgen von anderer Leute Onlineleben würde damit möglich. Aber es gibt Vordenker, die gehen noch einen Schritt weiter.

Der kanadische Filmemacher Rob Spence lässt über eine „Augenkamera" andere Leute an seiner Sicht der Welt teilhaben. (spectrum.ieee.org/automaton/biomedical/bionics/061110-eyeborg-bionic-eye). Spence hat durch einen Schießunfall ein Auge verloren und an dessen Stelle nun eine drahtlose Videokamera eingesetzt. Klingt nach Science Fiction? Spence nennt sich „Eyeborg" – in Anlehnung an den Begriff des Cyborg. Cyborg leitet sich ab vom englischen „cybernetic organism" und steht für ein Mischwesen aus Mensch und Maschine. Über die Möglichkeiten, derartiges zu realisieren, wird seit den 1960er Jahren vor allem im Kontext mit der bemannten Raumfahrt nachgedacht. Heute ist er ein Beispiel, wohin das Echtzeit-Netz hinführen kann. Vielleicht klinkt man sich zukünftig einfach mal kurz ein, in das Leben von Rob Spence ... oder in die Web-surfing-Session von Ihnen, lieber Leser.

Neue Herausforderungen für eine effektive Wahrung der Privatsphäre sind damit programmiert. Vielleicht ist ein automatisches „Verwittern" von Daten, eine schrittweise Unkenntlichmachung des persönlichen Bezuges, wie von einigen Forschern vorgeschlagen, eine Lösung für das Problem.

M2M – Kommunikation ohne Mensch

Vom Drucker mit eigener E-Mail-Adresse, der vollautomatisch jeden Tag die Zeitung ausdruckt (genügend Papier und Toner vorausgesetzt), war schon die Rede.

Vielleicht schickt Ihnen Ihr „AVM"-Internetrouter aber bereits seit längerem seinen wöchentlichen Statusbericht. In beiden Fällen ist die Kommunikation Mensch-Maschine statt Mensch-Mensch wie in der Mehrzahl der Kommunikation per E-Mail oder Statusmeldung. Nimmt man aus dieser Kommunikation nun noch den Faktor Mensch heraus, erhält man Maschinen, die direkt mit Maschinen sprechen. Um beim Druckerbeispiel zu bleiben, wäre dies etwa ein Drucker, der feststellt, dass der Toner zur Neige geht und automatisch eine Nachbestellung von Verbrauchsmaterial vornimmt.

Damit sind wir bei einem zentralen Zukunftsthema der Kommunikation, das man mangels menschlicher Interaktion auch fast als „Unsocial Network" bezeichnen könnte: M2M – Maschine-zu-Maschine-Kommunikation.

M2M steht für den automatisierten Informationsaustausch zwischen technischen Endgeräten wie Maschinen, Automaten, Fahrzeugen oder Containern mit einer zentralen Leitstelle oder untereinander. M2M-Anwendungen rationalisieren Geschäftsprozesse, indem Maschinen, Geräte und Fahrzeuge über mobile Netzwerke miteinander kommunizieren. M2M-Kommunikation ist grundsätzlich unabhängig von einer bestimmten Übertragungstechnik und bezieht sich auf die Anwendung beziehungsweise den Nutzen. Der gängigste Übertragungswert ist aber der Mobilfunk.

Die Anwendungsfelder von M2M sind vielfältig: Die Palette umfasst zum Beispiel Anwendungen im Einzelhandel, im Gesundheitswesen, der Energieversorgung, der Logistik, aber auch in Landwirtschaft und Versicherungswesen. Konflikte mit dem Schutz der Privatsphäre sind programmiert, man denke an die bereits beschriebenen möglichen Nebenwirkungen der mit Funkchips ausgestatteten Bekleidung.

Wandel der Erwartungen

Ist es nicht verdächtig, wenn man, sagen wir mal als Student mit Anfang oder Mitte 20, kein Facebook- oder StudiVZ-Profil hat? Fragt man Personen in der Altersklasse der Teens oder Twens, dann gilt Facebook weithin als unverzichtbar – zur Organisation des Privatlebens. Wer nicht drin ist, ist in vielen Fällen nicht eingebunden, wenn es etwa darum geht, für die nächste Party einzuladen.

Hier zeigt sich, wie der Wandel der Erwartungen einen Druck aufbaut, „drin zu sein", das heißt an dem aktuell angesagtesten Social Network teilzunehmen. Diesen Zusammenhang als Jugendphänomen abzutun, greift zu kurz. Ähnlichen Druck spürt auch der ein oder andere Selbständige in der IT-Branche, sein Xing-Profil zu hegen und zu pflegen.

Dieser Gruppenzwang ist nichts Neues. Schon das Mobiltelefon brachte – Jahre nach seiner Einführung – gewisse Erwartungen an die Erreichbarkeit, denen sich nur wenige Nutzer noch entziehen können oder wollen. „Warum soll ich jemanden anrufen wollen, wenn ich nicht zu Hause bin", so hat es eine alte Dame mal mir gegenüber ausgedrückt, als ich sie von den Vorzügen eines rentnertauglichen Großtastenmobiltelefons überzeugen wollte. Das Handy fand sie bereits suspekt und die Vorstellung, jemanden anzurufen, der vielleicht irgendwo unterwegs bei irgendeiner Tätigkeit gestört werden würde, war ihr mehr als zuwider. Ganz anders denkt und agiert heute der Durchschnittsnutzer. Wurde man mit den frühen GSM-Telefonen wie dem „Knochen" genannten Schwergewicht von Motorola noch belächelt bis verspottet, so sind die Spötter von einst längst nicht nur verstummt allesamt Handynutzer geworden oder im Falle eines Kultgerätes wie des iPhones sogar mehr als das. Sie sind „Fans" des Produktes und der Marke. Niemand macht sich mehr über jemanden lustig, der an der Straßenecke, im Café, im Gehen oder auf dem Fahrrad telefoniert. Es wird inzwischen weithin erwartet, dass man das tut und somit mehr oder weniger allzeit erreichbar bleibt.

Dieses Phänomen kann man nicht nur im Berufsleben beobachten, sondern gerade auch im privaten Umfeld kann es verdächtig sein, ohne naheliegende Erklärungen wie „saß im Flugzeug" etc. zeitweise das

Mobiltelefon ausgeschaltet zu haben. Ein gelerntes Verhalten. Und der Mensch ein digitales Gewohnheitstier.

Aber was wird sich mit einer absehbaren zukünftigen weiten Verbreitung von ortsabhängigen Diensten an Änderungen in den Erwartungen und Vorstellungen ergeben? Macht man sich irgendwann verdächtig, wenn man die Ortungsfunktion ausgestellt hat? Heute können wir uns das noch nicht vorstellen. Aber was ist in zwei, fünf oder zehn Jahren?

In gleicher Weise wie heute das Mobiltelefon oder der Social Media Account werden die neuen Location Based Services irgendwann zum Muss werden. Aus der anfänglichen sozialen Akzeptanz wird irgendwann auch hier erst ein Gruppendruck und später dann sozialer Zwang entstehen, „drin zu sein".

In gleicher Weise wird auch unsere heutige Vorstellung vom Umgang mit persönlichen Daten verändert. In der Folge befindet sich die eigene Privatsphäre weiter auf dem Rückzug.

Die Nachrichten vom Ende des Internets sind stark übertrieben

2010 sollte es eigentlich so weit sein. Nach Prognosen verschiedener Marktforscher und Netzbetreiber sollte das Internet an seine Grenzen kommen:

- Nach einer Studie der amerikanischen Marktforschungsfirma Nemertes aus 2007 droht der *Web-Infarkt* bereits 2010 (zitiert nach: Studie Nemertes aus Spiegel Online vom 21.11.2007).

- Jim Cicconi vom US-Telekommunikationsunternehmen AT&T warnte 2008 auf einer Konferenz vor einer *Überlastung des weltweiten Netzes:* Die vorhandene Netzwerkinfrastruktur erreiche spätestens 2010 seine Grenzen (Westminster eForum on Web 2.0 in London, April 2008).

- *Tsunami im Netz:* 40 Jahre nach seiner Erfindung steht das Internet vor seiner größten Belastungsprobe. Telefonate und Videos, TV-Übertragungen und Software-Downloads belasten das Kommunikationsnetz, dazu macht der steigende Energiebedarf den Betreibern zu schaffen – der Erfolg rächt sich (Handelsblatt vom 8. April 2008 unter Bezug auf verschiedene Experten).

Betrachtet man das Datenverkehrsaufkommen am wichtigsten deutschen Internetknoten DE-CIX in Frankfurt, so sieht man auf Jahresbasis einen kontinuierlichen Anstieg des Datenverkehrs und zusätzlich heftige Ausschläge bei den zu übertragenen Spitzenlasten.

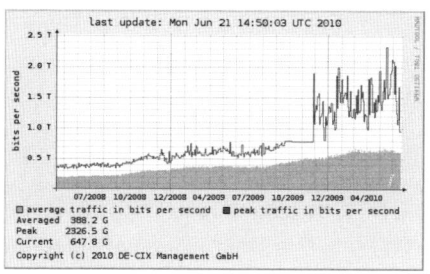

Abbildung 28: Datenverkehrsaufkommen

Die zunehmende Nutzung von Video und Web 2.0 gilt als ausgemachte Ursache für den deutlichen Anstieg. Insbesondere der Mobilfunk muss einen extremen Anstieg der Datenvolumen verkraften – getrieben durch den gerade erst am Anfang stehenden Trend zu Smartphones. Zu allem Überfluss droht auch noch das Echtzeit-Web mit einem weiteren Mehr an Kommunikation.

Aber Telekomausrüster wie große Provider geben bereits Entwarnung. Das Netz wird weltweit massiv ausgebaut. Die große Katastrophe bleibt aus oder wird zumindest vertagt.

Denn was wir bisher gesehen haben, ist erst der Anfang. Auch und gerade im Umgang mit persönlichen Daten im Netz.

Glossar

App

Eigentlich Kurzform von „Applikation". Gemeint sind mit App aber Anwendungsprogramme, die auf einem Smartphone laufen und zumeist über einen in das Betriebssystem integrierten Onlineshop („Appstore") bezogen werden können.

Blog

Sogenannte Weblogs oder einfach Blogs sind elektronische Tagebücher im Internet. Mit regelmäßig neuen Einträgen liefert der Betreiber des Weblogs – der sogenannte Blogger – Informationen aus seinem Leben und/oder Inhalte zu einem ganz bestimmten Themengebiet aus dem privaten oder geschäftlichen Umfeld. Im Unterschied zu einfachen persönlichen Websites erlauben Blogs Diskussion und vertieften Gedankenaustausch durch die Kommentarfunktion und die Verknüpfung mit anderen Webseiten und Weblogs (über Hyperlinks und sogenannte Trackbacks). Online-Foren, die eine themenbezogene Diskussion erlauben, sind altbekannte Verwandte der Weblogs. Im Unterschied zu Letzteren fehlt den Foren aber die zentrale Rolle (beim Blog ist das der sogenannte Blogger) und damit derjenige, der die alleinige Themenausrichtung bestimmt. Weblogs haben innerhalb weniger Jahren eine enorme Popularität erlangt. Mitentscheidend für die hohe Akzeptanz ist die einfache Bedienbarkeit (eine Weblogsoftware – wie etwa „Wordpress" ist im Prinzip nichts anderes als ein browserbasiertes, funktionsreduziertes und auf einfache Benutzbarkeit hin optimiertes Web-Content-Management, das zudem meist fertig installiert im Rahmen eines Blogaccount oder eines Webhostingdienstangebotes kostenlos oder kostengünstig genutzt werden kann). Während Weblogs zunächst im privaten Bereich ihren Siegeszug antraten, werden neuere Aktivitäten in diesem Umfeld primär von Unternehmen betrieben. Zahlreiche Unternehmen nutzen Blogs, um etwa die mehr oder weniger persönlichen Ansichten von Führungskräften oder Schlüsselmitarbeitern aus dem Technikumfeld ihren Kunden bekanntzumachen. Auch intern – im Intranet eines Unternehmens – können Weblogs als gesteuerte Diskussionsplattform eingesetzt werden.

Bundestrojaner

Unter dem Schlagwort Bundestrojaner wird (zum Zeitpunkt der Erstellung dieses Buches) die Diskussion um die Ausspähung von Rechnerinhalten durch staatliche Stellen in der Bundesrepublik Deutschland geführt. Die Idee ist dabei, dass ein Trojaner (siehe: Trojanisches Pferd) in den Rechner des Verdächtigen eingeschleust wird, der eine Ausspähung erlauben soll. Aus den Vereinigten Staaten ist seit einigen Jahren unter dem Stichwort „Carnivore" ein ähnlicher Ansatz bekannt.

Cloud

Bezeichnung für Rechnerkapazitäten, Dienste und Speicherplatz, die netzbasiert, das heißt im Internet, als Dienstleistung angeboten werden.

Co-Creation
Von Co-Creation spricht man, wenn ein Kunde an der Entstehung eines Produktes mitwirkt. Diese Mitwirkung beschränkt sich zumeist auf Designaspekte, kann aber auch darüber hinausgehen.

Cyberstalking
Andauerndes Verfolgen und Belästigen einer Person im Internet. Ähnlich dem Online-Mobbing.

Cyberwar
Wortschöpfung aus den Begriffen Cyberspace und War. Bezeichnet eine Auseinandersetzung im Internet und anderen Netzen. Das denkbar einfachste Ziel in einem solchen auch als Information-Warfare bezeichneten Konflikt ist die Störung von Verbindungen und das Lahmlegen von Rechnersystemen. Fortgeschrittenere Ziele können das Manipulieren von Systemen beinhalten.

Dark Web
Dark Web oder Deep Web bezeichnet den von Suchmaschinen nicht erfassten Bereich des World Wide Web. Nicht von den Suchmaschinen erfassbar sind unter anderem private Webangebote (die Nutzername und Passwort erfordern), dynamische Webseiten, nicht verlinkte Webangebote, Dokumententypen, die nicht von Suchmaschinen gelesen werden können, sowie zahlreiche dynamische Webseiten und Datenbanken.

Digitale Reputation
Glaubwürdigkeit einer Person innerhalb einer Online-Community. Diese wird durch entsprechende Äußerungen und Beiträge in Foren und Weblogs begründet. Nur selten wird berücksichtigt, dass diese Äußerungen auch nach Jahren noch auffindbar sind – etwa für Kunden, Interessenten, Geschäftspartner, Personalchefs oder Journalisten. Innerhalb von Communities besteht eine zunehmende Tendenz, den Wert der Beiträge einer Person zu ranken und so ein mechanistisches Hilfsmittel – quasi als Messverfahren für Reputation – zu implementieren.

Digital Natives/Digital Immigrants
Digital Natives oder „Eingeborene des Internets" ist eine gängige Bezeichnung für die Altersklasse, die mit Internet (und Mobiltelefon) aufgewachsen ist. Im Allgemeinen werden darunter die ab 1980 Geborenen gefasst. Ihnen wird – nicht immer zu Recht – ein entsprechend fortgeschrittenerer Umgang mit dem Internet zugeschrieben als den „digitalen Migranten", den Älteren, die erst später im Studium oder Berufsleben mit den neuen Medien konfrontiert wurden.

Digital Preservation
International gängiger Begriff für die Langzeitspeicherung und Archivierung digitaler Daten. Digitale Daten können durch die laufende Wandlung von Datenformaten und Speichertechnologien im Laufe der Zeit unlesbar werden.

Downloader
Hier: Schadsoftware, die die Funktion hat, andere Programme nachzuladen.

Echtzeitsuche
Oberbegriff für verschiedene neuartige Suchtechnologien, die anders als die klassische Websuche zeitnah (beinahe in Echtzeit) Nachrichten und Meldungen aus Social Networks durchsuch- und auswertbar machen.

„Follow-the-sun"-Prinzip

Arbeitsprinzip, bei dem Aufgaben global – über verschiedene Zeitzonen hinweg – im Tagesverlauf weitergegeben werden. Ziel ist es, die Gesamtdauer etwa eines Projektes zu verkürzen oder einen 24-Stunden-Service (etwa in einem Callcenter) sicherzustellen.

Identitätsdiebstahl

Missbräuchliche Nutzung personbezogener Daten durch einen Dritten. Im Regelfall erfolgt die Aneignung der Identität einer anderen Person mit dem Ziel, einen eigenen Vorteil zu erlangen (etwa durch die betrügerische Bestellung von Waren und Dienstleistungen) oder die Person gezielt zu schädigen (etwa durch Verbreitung von Unwahrheiten).

IP-TV

Mit IP-TV wird die digitale Übertragung von Fernsehprogrammen und Filmen über ein Datennetz bezeichnet. Hierzu wird das dem Internet zugrunde liegende Internetprotokoll (IP) verwendet.

Linux

Von Unix abgeleitetes freies Computerbetriebssystem. Linux wird (wie Free-BSD) von einer freien Entwicklergemeinde weiterentwickelt und steht in verschiedenen Varianten auch als Betriebssystemumgebung für Mobiltelefone, Router, Unterhaltungselektronik und andere Geräte jenseits des klassischen Computerbegriffs zur Verfügung.

Location Based Services

Zumeist im Kontext mit Mobilfunknetzen erbrachte Dienstleistungen mit Orts- oder Ortungsbezug, wie etwa Navigation.

Long-Tail-Effekt

Die Grundidee ist sehr einfach. Demnach kann man im E-Commerce auch mit Artikeln Geld verdienen, die im stationären Umfeld als Ladenhüter keine Beachtung finden und im Kampf um den dort begrenzten Regalplatz nicht gelistet und daher nicht verkauft werden. Online ist jedoch Regalplatz im Prinzip unendlich vorhanden, das heißt, auch Produkte mit einer geringen Umschlagshäufigkeit können Erfolg bringen – die Masse macht es. Dies gilt ganz besonders für digitale Güter. Digitale Güter sind Produkte oder Dienstleistungen, die sich mit Hilfe von Informationssystemen entwickeln, vertreiben oder anwenden lassen.

M2M – Machine2Machine

Bezeichnung für automatisierte Transaktionen, die ohne menschliches Zutun direkt von einem Rechnersystem an ein anderes weitergegeben werden, etwa automatische Nachbestellung von Teilen beim Unterschreiten einer bestimmten Vorratsmenge.

Malware

Auch: Schadsoftware. Oberbegriff für Software mit Schadenspotential wie Viren, Trojaner und Würmer.

Man-in-the-Middle-Angriffe

Als „Man in the Middle Attack" bezeichnet man Angriffe im Netzwerk, bei denen sich der Angreifer in den Datenverkehr zwischen Sender und Empfänger einklinkt und diesen für seine Zwecke manipuliert.

Mashup

Bezeichnung für das Zusammenmischen und Verknüpfen von Informationen aus verschiedenen Webanwendungen. Im Web-2.0-Umfeld gängige Vorgehensweise, die von Webseitenbetreibern durch das Zur-Verfügungstellen von Programmierschnittstellen teilweise aktiv gefördert wird. Populärste Basis für Mashup sind die von Google bereitgestellten Geografieinformationen (Google Maps/Google Earth), die etwa von FON (siehe: FON) genutzt werden, um eine Karte mit allen von diesem Dienst offerierten WLAN-Hotspots im Web darzustellen.

Mass Customization
Herstellung eines nach Kundenwunsch individualisierten Produkts mit den Methoden der Massenfertigung. Dieser Ansatz versucht, die Vorteile der Massenfertigung mit hohem Individualisierungsgrad zu verbinden. Häufig wird versucht, durch eine Art Baukastenfertigung (Modularisierung) oder durch Anpassung von Designs oder Passformen eine derartige Individualisierung zu erreichen. Insbesondere bei Softwareprodukten wird eine Individualisierung (etwa der Benutzeroberfläche eines Webportals) häufig außerhalb der eigentlichen Herstellung durch den Endanwender vorgenommen. Ein weiterer Schritt für die zukünftige Weiterentwicklung des Mass-Customization-Konzeptes wäre die Integration von Innovationen der Kundenseite in die Produktentstehung.

Mechanical Turk
Bezeichnung für einen vermeintlichen Schachautomaten aus dem 18. Jahrhundert. Wird vom Internetanbieter Amazon für ein innovatives Webprojekt, bei dem menschliche Arbeit über das Internet erfolgt, verwendet.

Multitasking
Gleichzeitige (parallele oder scheinbar parallele) Abarbeitung von verschiedenen Aufgaben.

Netiquette
Kunstwort aus Network und Etiquette. Informelle Verhaltensregeln im Internet. Kein festes Regelwerk. Dennoch gibt es Versuche einzelner Online-Gemeinschaften, selbst Verhaltensregeln zu definieren und diese auch schriftlich niederzulegen. Verstöße werden entsprechend von Moderatoren einer Community verfolgt und mit Löschung der Beiträge oder – in extremeren Fällen – Ausschluss aus einer Community „geahndet".

Netzwerkeffekt
Beschreibung für die Beobachtung, dass der Nutzen eines Standards oder Netzwerks mit der Zahl der Nutzer anwächst. Durch steigende Nutzerzahlen steigt die Attraktivität für weitere Nutzer. Dies wird auch als positive Rückkopplung bezeichnet. Mit Erreichen einer kritischen Masse kann die Nutzerzahl exponentiell anwachsen.

Ökonomie der Aufmerksamkeit
Eine von Georg Franck entwickelte wissenschaftliche Theorie, nach der Aufmerksamkeit (etwa in den Massenmedien) ein knappes Gut ist, das eine ähnliche Funktion wie eine Bezahlung erfüllen kann.

Open Innovation
Öffnung des Innovationsprozesses in einem Unternehmen für Einflüsse von außen zur Vergrößerung des eigenen Innovationspotentials und zur Vermeidung von „Betriebsblindheit".

Open Source
Ein Programm ist Open Source, wenn der Quellcode für jedermann offen liegt. Open-Source-Programme sind meist kostenfrei und meist im Internet herunterladbar.

Peer-to-Peer
Hier bezogen auf ein Computernetzwerk (nach engl.: peer = Gleichgestellter, Ebenbürtiger). Alle Systeme innerhalb eines Netzwerks sind (im Unterschied zum Client-Server-Modell) gleichberechtigt und stellen Dienste bereit, sind aber gleichzeitig auch Nutzer von Diensten, die von anderen bereitgestellt werden. Peer-to-Peer ist die Grundlage von Tauschbörsen.

RFC – Request for Comment
RFCs (auf deutsch etwa „Bitten um Kommentare") sind eine Reihe von technischen und organisatorischen Dokumenten zum Internet, die Grundlage für eine Standardisierung des jeweiligen Beschreibungsinhalts sind. Bei der ersten Veröffentlichung noch im ursprünglichen Wortsinne zur Diskussion gestellt, behalten RFCs auch dann ihren Namen, wenn sie sich durch allgemeine Akzeptanz und Gebrauch zum Standard entwickelt haben.

Robot
Auch: Bot oder Webcrawler. Hier: Ein Programm, das selbständig Webseiten besucht, vorhandenen Links folgt und die gefundenen Inhalte für die Websuche auswertet.

Rootkit
Bezeichnet ursprünglich eine Anzahl von Softwarewerkzeugen, die nach dem Einbruch in ein Computersystem dort installiert wurden, um Aktivitäten des Einbrechers zu verbergen. Der Angreifer verbirgt damit, dass er Root-Rechte (siehe: Root) besitzt. Heute wird der Begriff „Rootkit" auch auf Nicht-Unix-Systeme angewendet. Ein Rootkit dient dazu, Malware (siehe: Malware), Viren (siehe: Virus) und Trojaner (siehe: Trojanisches Pferd) vor den Augen des Nutzers und der Erkennung durch Antiviren- und andere Anti-Malware-Software zu verbergen.

Scareware
Software, die dazu dient, unerfahrene Computerbenutzer zu verängstigen. Häufig wird die Beseitigung einer nicht vorhandenen Gefahr (z.B. vermeintlicher Virenbefall) gegen Entgelt angeboten.

Smartphone
Mobiltelefon mit hoher Prozessorleistung, dass PC-ähnliche Zusatzfunktionen und die Installation von Applikationen (siehe: Apps) erlaubt sowie einen Internetzugang bereitstellt. Gängige Betriebssysteme für Smartphones sind Symbian, Android, iPhone OS und Windows Mobile. Viele Smartphones setzen auf Touchscreen-Bedienung.

Social Media/Social Web/Social Software
Oberbegriff für alle Programme und Systeme, die menschliche Kommunikation und soziale Interaktion über das Internet unterstützen und fördern. Wird teilweise als Synonym für „Web 2.0" gebraucht.

Social Commerce
Begriff für die Beteiligung der Nutzer an E-Commerce-Aktivitäten zum Beispiel durch Ranking, Empfehlungen und Mitgestaltung von Produkten.

Social Networks
Online-Communities, die als Basis für die Pflege bestehender sozialer Kontakte und das Eingehen von neuen Beziehungen im Internet dienen – zumeist auf einzelne Gruppen und deren Bedürfnisse zugeschnitten, zum Beispiel für Studenten, Berufstätige, Mütter/Väter, Singles etc.

Statusmeldung
Hier: Kurze Textnachricht, mit der sich Nutzer eines Social Networks mitteilen.

TOR (The Onion Router)
Netzwerk zur Anonymisierung der Verbindungsdaten. TOR reicht Daten über verschiedene Stationen verschlüsselt weiter, so dass der eigentliche Dienstnutzer oder Nachrichtenversender (im Regelfall) nicht ermittelt werden kann.

Virus
Ein Virus (auch: Computervirus) ist ein sich selbst verbreitendes Computerprogramm, welches andere Dateien befällt und sich mit deren Benutzung weiter verbreitet.

Vorratsdatenspeicherung
Gesetzliche Verpflichtung für die Anbieter von Telekommunikationsdiensten (auch: Internetprovider) zur Speicherung bestimmter Verbindungsdaten auf Vorrat (für einen definierten Zeitraum) für alle Anwender. In Deutschland nach Urteil des Bundesverfassungsgerichtes (März 2010) zunächst nicht wirksam.

Web 2.0
Vom Verleger Tim O'Reilly geprägter Oberbegriff für neuere, interaktive, nutzerzentrierte Techniken und Dienstangebote im Internet. Auch als „Social Software" bezeichnet (siehe: Social Software).

Web-Bug
Möglichkeit zur statistischen Erfassung und Nachverfolgung der Nutzerbewegung auf Internetseiten durch den Einbau eines einzelnen Seitenelements. Ist ein solches Element in hinreichend vielen Websites integriert, so kann die Bewegung eines Nutzers im Internet über verschiedene Seiten hinweg weitgehend nachvollzogen werden.

Wiki
Ein Wiki, auch WikiWiki oder WikiWeb genannt, ist eine Sammlung von Webseiten, bei denen jeder Nutzer nicht nur lesenden, sondern auch schreibenden Zugriff hat. Mit einer in die Wiki-Software integrierten Bearbeitungsfunktion kann der Anwender – ähnlich wie in einem Web-Content-Management-System – Inhalte bearbeiten und etwa einzelne Beziehungen durch Querverweise (Hyperlinks) kenntlich machen. Der Name stammt von wikiwiki, dem hawaiischen Wort für „schnell". In Entstehung wie Bedeutung kann man Wikis den Wissensmanagementwerkzeugen zuordnen. Wikis können im Internet oder Intranet eingesetzt werden, um das Wissen zu einzelnen Themengebieten – etwa einem Entwicklungsprojekt – auf einfache Weise zu sammeln. Aufgrund der einfachen – browserorientierten – Bedienbarkeit ist die Einstiegsschwelle für eigene Beiträge gering. Viele Unternehmens-Wikis haben daher eine weit höhere Akzeptanz als herkömmliche Intranetanwendungen für Wissensmanagement. Ähnlich wie bei Weblogs spielt auch bei Wikis der persönliche Faktor, das heißt die Möglichkeit, sich bei einer aktiven Beteiligung Respekt innerhalb der Gemeinschaft oder Gruppe zu erarbeiten, eine treibende Rolle.

Wikileaks
Website, die es erlaubt, anonym Dokumente zu veröffentlichen, an denen ein öffentliches Interesse besteht. Die Website arbeitet nach dem Wiki-Prinzip.

Wikipedia
Auf Basis des Wiki-Prinzips (siehe: Wiki) konzipiertes Online-Lexikon, bei dem jeder Besucher auch eigene Beiträge erstellen kann (http://www.wikipedia.org).

Wurm

Würmer (auch: Computerwürmer) sind Schadprogramme (siehe: Malware), die sich selbständig über Rechnernetzwerke ausbreiten können. Strenggenommen gilt folgende Abgrenzung zu Computerviren: Computerviren verbreiten sich durch infizierte Dateien, während Computerwürmer sich unabhängig in Netzen verbreiten und dies aktiv tun können, ohne darauf warten zu müssen, dass infizierte Dateien den digitalen Standort wechseln.

„Zero-Day-Exploit"

Sicherheitslücke, die Dritten vor dem Hersteller bekannt ist. „Zero-Day" bezieht sich auf die Zeit, die der Softwareanbieter hat, die Sicherheitslücke zu schließen.

Weitere Begriffe zum Internet, zur Informationsverarbeitung und zur Telekommunikation finden Sie in Thomas R. Köhler: „IT von A bis Z – Das schnelle und kompakte Nachschlagewerk", Frankfurter Allgemeine Buch 2008, ISBN 978-3-89981-152-0.

Register

Der Autor

Thomas R. Köhler, Jahrgang 1968, gilt als einer der führenden IT/TK-Experten im deutschsprachigen Raum. Über zehn Jahre – von 1994 bis 2005 – realisierte er mit seinem Team Webanwendungen, darunter zahlreiche Pionierleistungen (u.a. in den Bereichen E-Commerce, M2M, Location Based Services). Mit seinem Unternehmen CE21 – Communication Experts berät er seither große Unternehmen und öffentliche Einrichtungen bei Fragen der erfolgreichen Nutzung von Informations- und Kommunikationstechnologien.

Köhler ist Autor zahlreicher Standardwerke zu Internet- und Technologiethemen (u.a. „IT von A bis Z", „Die leise Revolution des Outsourcing", „Communications Resourcing") und häufig geladener Sprecher auf Fach- und Firmenveranstaltungen.

Unter www.dieinternetfalle.de bloggt er regelmäßig über die neuesten Entwicklungen rund um das Internet und das Social Web.

Rainer Hank Hg.
Erklär' mir die Welt
Was Sie schon immer über
Wirtschaft wissen wollten
336 Seiten. Hardcover mit Schutz-
umschlag. 24,90 € (D), 44,00 CHF
ISBN 978-3-89981-156-8

Hanno Beck
Die Logik des Irrtums
Wie uns das Gehirn täglich ein
Schnippchen schlägt
208 Seiten. Hardcover mit Schutz-
umschlag. 24,90 € (D), 25,50 € (A)
ISBN 978-3-89981-157-5

Sabine Strick Hg.
Die Psyche des
Patriarchen
200 Seiten. Hardcover mit Schutz-
umschlag. 24,90 € (D), 44,00 CHF
ISBN 978-3-89981-172-8

Rainer Hank Hg.
Neues vom Sonntagsökonom
Geschichten aus dem wahren Leben
240 Seiten. Hardcover mit Schutzumschlag.
17,90 € (D), 31,70 CHF
ISBN 978-3-89981-219-0

Hanno Beck
Das kleine Wirtschafts-
Heureka
Ökonomische Geistesblitze
für zwischendurch
224 Seiten. Flexcover.
17,90 € (D)
ISBN 978-3-89981-189-6

Dirk Freytag
Macht
Eine Gebrauchsanweisung
für den Alltag
232 Seiten. Hardcover mit Schutz-
umschlag. 17,90 € (D), 31,70 CHF
ISBN 978-3-89981-171-1

Daniel Schäfer
Die Wahrheit über
die Heuschrecken
Wie Finanzinvestoren die
Deutschland AG umbauen
224 Seiten. 2., akt. Auflage.
Hardcover mit Schutzumschlag.
24,90 € (D), 44,00 CHF
ISBN 978-3-89981-119-3

Hans Kammerlander, Rainer Kurek
Direttissima zum Erfolg
Was (Automobil-) Manager vom
Höhenbergsteigen lernen können
192 Seiten. Mit zahlreichen Farbbildern.
Hardcover mit Schutzumschlag.
24,90 € (D), 44,00 CHF
ISBN 978-3-89981-158-2

Daniel F. Pinnow
Elite ohne Ethik?
Die Macht von Werten und
Selbstrespekt
196 Seiten. Hardcover mit Schutz-
umschlag. 24,90 € (D), 44,00 CHF
ISBN 978-3-89981-137-7

Im Buchhandel oder unter www.fazbuch.de erhältlich.

Frankfurter Allgemeine Buch

Stefanie Unger Hg.
Vertrauen ist gut
Werte in der Krise oder Krise der Werte?
240 Seiten. Hardcover mit
Schutzumschlag.
19,90 € (D), 34,50 CHF
ISBN 978-3-89981-207-7

Judith Lembke
Neulich in meinem Café
Ökonomische Gespräche
beim Cappuccino
224 Seiten. Hardcover mit Schutzumschlag.
17,90 € (D), 31,90 CHF
ISBN 978-3-89981-205-3

Michael Best
Kapitalismus reloaded
Wohin wir nach dem Debakel müssen
240 Seiten. Hardcover mit
Schutzumschlag.
24,90 € (D), 42,80 CHF
ISBN 978-3-89981-202-2

Winand von Petersdorff
Das Geld reicht nie
Warum T-Shirts billig, Handys
umsonst und Popstars reich sind.
Ein Wirtschaftsbuch für Jugendliche
176 Seiten. Hardcover.
19,90 € (D), 35,10 CHF
ISBN 978-3-89981-150-6

Simone Uttich, Steffen Uttich
Es ist nur Geld
10 Fehler, mit denen Sie sicher
Ihr Vermögen versenken
240 Seiten. Flexcover.
17,90 € (D), 31,90 CHF
ISBN 978-3-89981-206-0

Gerald Braunberger
Keynes für jedermann
Die Renaissance des
Krisenökonomen
200 Seiten. Flexcover.
17,90 € (D), 31,90 CHF
ISBN 978-3-89981-203-9

Katja Gentinetta, Karen Horn Hg.
**Abschied von der
Gerechtigkeit**
Für eine Neujustierung von Freiheit
und Gleichheit im Zeichen der Krise
120 Seiten. Broschiert.
19,90 € (D)
ISBN 978-3-89981-216-9

Annette Kehnel Hg.
Geist und Geld
220 Seiten. Hardcover mit
Schutzumschlag.
39,90 € (D), 55,00 CHF
ISBN 978-3-89981-211-4

Nadine Oberhuber
Kassensturz
Wie aus weniger wieder
mehr wird.
Gute Tipps für harte Zeiten
200 Seiten. Flexcover.
17,90 € (D), 31,90 CHF

Im Buchhandel oder unter www.fazbuch.de erhältlich.

Frankfurter Allgemeine Buch

Françoise Hauser
Reisejournalismus
Das Handbuch für Quereinsteiger,
Globetrotter und (angehende) Journalisten
224 Seiten. Hardcover mit Schutz-
umschlag. 24,90 € (D), 44,00 CHF
ISBN 978-3-89981-184-1

Heiko Burrack, Ralf Nöcker
Vom Pitch zum Award
Insights in eine ungewöhnliche Branche
224 Seiten. Hardcover mit Schutz-
umschlag. 24,90 € (D), 44,00 CHF
ISBN 978-3-89981-164-3

Hartwin Möhrle
Krisen-PR
Krisen erkennen, meistern und vorbeu-
gen – Ein Handbuch von Profis für Profis
200 Seiten. 2. Aufl. Hardcover mit Schutz-
umschlag. 29,90 € (D), 52,00 CHF
ISBN 978-3-89981-135-3

Norbert Schulz-Bruhdoel, Katja Fürstenau
Die PR- und Pressefibel
Zielgerichtete Medienarbeit. Das Praxis-
lehrbuch für Ein- und Aufsteiger
400 Seiten. 5., akt. Auflage.
Hardcover mit Schutzumschlag.
29,90 € (D), 52,00 CHF
ISBN 978-3-89981-170-4

Norbert Schulz-Bruhdoel,
Michael Bechtel
Medienarbeit 2.0
Cross-Media-Lösungen.
Das Praxisbuch für PR und Journalismus
von morgen
244 Seiten. Hardcover mit Schutzumschlag.
24,90 € (D), 44,00 CHF
ISBN 978-3-89981-193-3

Viola Falkenberg
Pressemitteilungen
schreiben
Die Standards professioneller Pressearbeit.
Mit zahlreichen Übungen und Checklisten
240 Seiten. 5., akt. Aufl. Hardcover mit
Schutzumschlag. 24,90 € (D), 44,00 CHF
ISBN 978-3-89981-169-8

Christian Sauer
Souverän schreiben
Klassetexte ohne Stress.
Wie Medienprofis kreativ und
effizient arbeiten
224 Seiten. Hardcover mit Schutz-
umschlag. 24,90 € (D), 44,00 CHF
ISBN 978-3-89981-139-1

Renée Hansen, Stephanie Schmidt
Konzeptionspraxis
Eine Einführung für PR- und
Kommunikationsfachleute.
Mit einleuchtenden Betrachtungen
über den Gartenzwerg
200 Seiten. 3., akt. Aufl. Hardcover mit
Schutzumschlag. 25,90 € (D), 45,50 CHF
ISBN 978-3-89981-125-4

Hans-Peter Förster
Texten wie ein Profi
Ein Buch für Einsteiger und Könner.
Mit über 5.000 Wortideen
zum Nachschlagen
270 Seiten. 11. Auflage. Hardcover mit
Schutzumschlag. 25,90 € (D), 45,50 CHF
ISBN 978-3-89981-186-5

Gerald Braunberger,
Judith Lembke Hg.
Finanzdynastien
Die Macht des Geldes
232 Seiten. Flexcover.
17,90 € (D), 31,70 CHF
ISBN 978-3-89981-188-9

Christoph Moss
Deutsch für Manager
Fokussierte Stilblüten aus der globalisierten Welt der Sprach-Performance
184 Seiten. Flexcover.
17,90 € (D), 31,70 CHF
ISBN 978-3-89981-173-5

Alexander Ross, Reiner Neumann
Fettnapf-Slalom für Manager
In 30 Tagen sicher ans Ziel
200 Seiten. Hardcover mit
Schutzumschlag.
17,90 € (D), 31,70 CHF
ISBN 978-3-89981-129-2

Günther Würtele Hg.
Machtworte
Wirtschaftslenker und Staatsmänner
stellen sich den Fragen der Zukunft
252 Seiten. Hardcover mit
Schutzumschlag.
24,90 € (D), 44,00 CHF
ISBN 978-3-89981-127-8

Alexander Freiherr von Fircks
Business-Etikette
So bewegen Sie sich sicher auf
jedem Parkett
186 Seiten. Hardcover mit
Schutzumschlag.
24,90 € (D), 44,00 CHF
ISBN 978-3-89981-178-0

Rainer Wälde
Understatement
Der Stil des Erfolgs
200 Seiten. Hardcover mit
Schutzumschlag.
24,90 € (D), 44,00 CHF
ISBN 978-3-89981-174-2

Wolfgang Koch,
Jürgen Wegmann
Tugend lohnt sich
232 Seiten. Hardcover mit
Schutzumschlag.
17,90 € (D), 31,70 CHF
ISBN 978-3-89981-138-4

Benno Heussen
Machiavelli für Streithammel
Lernen Sie die Regeln der Macht
kennen
192 Seiten. Hardcover mit
Schutzumschlag.
17,50 € (D), 31,20 CHF
ISBN 978-3-89981-049-3

Jürgen Fuchs
Das Märchenbuch für Manager
Gute-Nacht-Geschichten für
Leitende und Leidende
256 Seiten. 7. Aufl. Hardcover mit
Schutzumschlag.
19,90 € (D), 35,10 CHF
ISBN 978-3-89981-107-0

Im Buchhandel oder unter www.fazbuch.de erhältlich.

Frankfurter Allgemeine Buch